中国国际商会商业行业商会现代商务管理译丛
全国高等商科教育"十三五"规划教材
全国商业信息化应用能力考试指定教材

网络零售实务

面向管理者的理论与实践的整合

Internet Retail Operations

Integrating Theory and Practice for Managers

〔美〕蒂莫西·M. 拉塞特（Timothy M. Laseter）
〔美〕埃利奥特·拉比诺维奇（Elliot Rabinovich） 著

王 曦 姚 歆 译

中国财富出版社

图书在版编目（CIP）数据

网络零售实务：面向管理者的理论与实践的整合/（美）拉塞特，（美）拉比诺维奇著；王曦，姚歆译.—北京：中国财富出版社，2015.9

（中国国际商会商业行业商会现代商务管理译丛）

书名原文：Internet Retail Operations：Integrating Theory and Practice for Managers

（全国高等商科教育"十三五"规划教材　全国商业信息化应用能力考试指定教材）

ISBN 978-7-5047-5733-3

Ⅰ.①网…　Ⅱ.①拉…②拉…③王…④姚…　Ⅲ.①网上销售—零售—高等学校—教材　Ⅳ.①F713.36

中国版本图书馆 CIP 数据核字（2015）第 121668 号

Timothy M. Laseter, Elliot Rabinovich: Internet Retail Operations-Integrating Theory and Practice for Managers
ISBN：978-1-4398-0091-1

策划编辑　寇俊玲	责任编辑　苏佳斌　辛倩倩			
责任印制　何崇杭	责任校对　饶莉莉		责任发行　敬　东	

出版发行　中国财富出版社

社　　址　北京市丰台区南四环西路 188 号 5 区 20 楼　　　邮政编码　100070

电　　话　010-52227568（发行部）　　　　　010-52227588 转 307（总编室）
　　　　　010-68589540（读者服务部）　　　010-52227588 转 305（质检部）

网　　址　http://www.cfpress.com.cn

经　　销　新华书店

印　　刷　中国农业出版社印刷厂

书　　号　ISBN 978-7-5047-5733-3/F·2403

开　　本　787mm×1092mm　1/16　　　　　版　次　2015 年 9 月第 1 版

印　　张　12.75　　　　　　　　　　　　　印　次　2015 年 9 月第 1 次印刷

字　　数　279 千字　　　　　　　　　　　定　价　36.00 元

译者简介

王曦，西南大学管理学硕士毕业，现任中国国际贸易促进委员会商业行业分会（中国国际商会商业行业商会）副秘书长、（国资委）商业国际交流合作培训中心副主任、亚洲营销联盟中国副首席代表、新加坡营销学院中国办公室主任、亚洲授权业协会办公室主任、中国职业技术教育学会科研工作委员会办学模式研究会副主任。曾于 2013 年获得全国商业科技进步奖二等奖和三等奖各 1 项。牵头负责《企业管理培训机构经营服务规范》《企业管理咨询机构经营服务规范》《客户服务专业人员技术要求》《服装网上定制服务规范》《会议服务机构经营服务规范》和《会展设备技术服务机构经营服务规范》等 6 项商务部流通行业标准的编制工作。

研究方向：电子商务、旅游管理、职业教育

电子邮件：ccpitwx@163.com

姚歆，法国巴黎第一大学企业管理学硕士毕业。现任中国商业联合会培训部副部长。国家职业分类大典修订工作专家委员会委员、新加坡营销协会（MIS）中国顾问委员会委员、美国社团管理者协会（ASAE）中国顾问委员会委员、中国商业会计学会职业教育分会副会长、全球华人营销联盟（GCMF）副秘书长、中国商业会计学会理事、对外经济贸易大学奢侈品研究中心特邀研究员、华侨大学旅游与服务管理研究中心特约研究员。曾主持和参与工业和信息化部课题 2 项和国务院国资委课题 1 项；并于 2010 年和 2013 年两次获得全国商业科技进步奖二等奖，2011 年获得中国商业联合会服务业科技创新奖二等奖。曾主持起草国家标准 1 项、行业标准 1 项和协会标准 3 项。

研究方向：品牌管理、会展管理、职业教育

电子邮件：osticjnjs@163.com

前　言

　　网络零售虽然出现不久，但已经历了高低起伏。就像其他新生事物一样，它先是被过分炒作，然后便幻灭消失，其实两者都不可取。因为网络零售并没有从根本上对零售重新定义。尽管早期的拥护者认为网络零售可以提供无限的货架空间，使消费者轻击鼠标就可以找到最便宜的商品，实际上商家仍然需要对商品进行分拣和标价，并及时高效地送达到顾客手中。不断更新的货品种类通常使顾客困惑，而如果商品送迟或损坏了，可能再低的价格都难以达成交易。

　　然而，零售经营管理经历了极其深刻的变化。大多数在传统实体店铺工作的零售业从业人员被新的网络模式所淘汰。传统的零售商需要精通供应链管理和物流，他们的分销商经公共承运人运输货物，而不是把单独的包裹送达客户手中。因此这不是"新经济"。基本原则并没有变，只不过是在新型商业平衡中得到的另一种结果。

　　网络零售出现时间相对较短，目前许多从业者和满怀希望的企业家仍对网络零售的历史和核心运营原理缺乏清晰的认识。因此，本书对我们过去10年的研究成果和经验进行总结。希望在融入我们个人观点的同时能够切实做到理论和实际相结合。书中章节涵盖了我们在过去几年中调查的一系列时事，并提供了案例教学。

　　在学习过程中你会发现，许多实践因为从业者还没有领会基本原理而失败，但是其他人或许仅仅是提早知道了这些原理而取得了成功。尽管网络零售是大势所趋，但其所占的也只是零售总额中的一部分，它还需要进一步的实践和发展。希望本书可以成为读者忠实的向导，帮助他们在网络营销时代经营得更加有成效。让我们拭目以待！

蒂莫西·M. 拉塞特

弗吉尼亚洲　夏洛茨维尔

埃利奥特·拉比诺维奇

亚历桑耶那州坦佩

致　谢

　　为了本书的付梓出版，许多人给予了我们无微不至的帮助和支持，在此表达衷心的感谢。首先，要感谢学生们，他们是我们教学和案例编写中的灵感来源。他们的好奇心鼓励着我们，并激励我们深入思考当今时代所面临的问题。更加明确地说，许多学生写的小组论文是本书众多案例教学章节的基础，使研究内容更加丰满。

　　其次，我们必须感谢众多从业者，他们分享了真实的故事。你们对事业的热情极具感染力，使我们不至于因于学术的象牙塔中裹足不前。其中很多人强烈要求不露真实姓名，我们也认为在此逐一点出他们的姓名也不会得到同意。所以你们明白这份心意就好了。

　　我们也要特别感谢《战略与商业》的两任主编阿特·克雷那（Art Kleiner）和兰迪·罗森伯格（Randy Rothenberg）。他们所编的获奖无数的期刊使我们接触到的读者更具有商业常识。二位鼓励我们思考，其宗旨"告诉读者考虑什么而不是想什么"使我们更加清晰地表达了问题。和我们一样，二位憎恶"最好的实践"这种表达方法，他们更加倾向于鼓励人们多加思考。多年来，书中的众多内容都遵循了这一教导。

　　达登商业出版社的史蒂文·蒙佩尔（Steve Momper）热情地用我们之前出版的教学案例的出版权换取了这个项目中新案例的出版权。我们希望本书可以增加销售额。

　　尽管多年来我们二人建立了良好的科研伙伴关系，我们还是和许多世界级研究者一起工作，他们直接或间接地为本书做出了贡献，其中包括：约瑟夫·贝利（Joseph Bailey）、玛丽·乔·比特内（Mary Jo Bitner）、山姆·柏迪利（Sam Bodily）、肯·博尔（Ken Boyer）、史蒂文·布朗（Steve Brown）、艾德·达维斯（Ed Davis）、飞利浦·埃文斯（Philip Evers）、布兰特·戈德法布（Brent Goldfarb）、埃里克·乔纳森（Eric Johnson）、大卫·柯思奇（David Kirsch）、迈克·科迈尔（Michael Knemeyer）、阿诺·马兹（Arnold Maltz）、戴安娜·莫伦科夫（Diane Mollenkopf）、查理斯·诺贝尔（Charles Noble）、卡马里尼·拉姆达斯（Kamalini Ramdas）、夏娃·罗森茨维格（Eve Rosenzweig）、阿拉达·罗斯（Aleda Roth）、

·　1　·

强尼·朗塔山纳森（Johnny Rungtusanatham）、拉吉夫·辛哈（Rajiv Sinha）、埃利奥特·维斯（Elliot Weiss）和罗恩·威尔克斯（Ron Wilcox）。

当然，我们需要感谢支持机构，佛吉尼亚大学的达登研究生商学院（Darden Graduate School of Business at the University of Virginia）和亚利桑那州立大学的凯里商学院（the W. P. Carey School of Business at Arizona State University）。在 10 年来的研究生涯中，两家机构给予我们坚定的支持。尽管对我们二人来说，本书都代表着学术生涯的重要里程碑，但是我们保证将在这一领域继续研究至少 10 年。

最后，我们要感谢家人一直以来对于本书和学术事业的支持。大学教师和顾问不能始终是人生中的最佳拍档，如果真让我们那样做的话可能胃也受不了。谢谢乔迪（Jody）和蕾切尔（Rachel），谢谢你们相伴一生的鼓励和支持。

目　录

1 网络零售：从试验到执行[①]

互联网出现后逐渐成为买卖双方进行交易的工具，从而成为商业中具有重要意义的一步。追溯到 19 世纪，西尔斯-罗巴克公司（Sears-Roebuck）通过电话目录向美国偏远地区的消费者出售物资。1 个世纪之后，网络技术彻底改变了这一商业模式，它进一步扩大了消费者从商家或其他人手中购买商品的选择范围。然而，随着 21 世纪初网络泡沫的崩溃，人们重新蜂拥至实体领域创业，并且认识到实实在在的利益比单单吸引人眼球要重要得多，好的零售仍需要有合适的商品与定价。进一步来说，虽然货架是虚拟的，但现实世界中有效的执行管理仍是重中之重。

在本书中，我们认为电子商务最重要的功能和意义在现实领域里发挥了巨大作用。毕竟，大多数顾客经常在网上购物是为了可以更加方便地选择更多种类的商品，他们不愿意从成堆的货品中挑选出商品再费力把他们运回自己家中。但是买卖双方之间以网络为基础的交易要想成功，也必须依靠一系列实体设备，包括火车、飞机、物流中心和物理封装中心。因此，互联网商务不单单存在于网络空间里。

从我们教授给新一代的经理人工商管理硕士课程的经验来看，我们必须意识到他们对于发展中的网络零售历史的认识是一片空白，因此，这也是一项风险因素。就这点来说，在讲述本书主要内容之前，本章将从世纪之交时互联网泡沫的历史讲起，然后回顾过去十年中网络零售的发展。

1.1 最后的泡沫的教训

2000 年 3 月 10 日，纳斯达克指数（NASDAQ）达到最高值 5132 点，却继而在接下来的两年半中，翻滚着下降了 78%，毁掉了数以万亿的金融资产。到 2004 年，大约一半的网络公司破产，但是剩下来的幸存者极大地影响了今后商业的运行模式。或许互联网没有从根本上创造出"新经济"，但是它确实促成了转型，这转型直到今天仍在继续。过去十年里的美国，网络零售年均增长 20%，是总零售量增长速度的 10 倍。当然，2010 年规模最大网络零售商中十之有八都是传统型的，亚马逊（Amazon）和新蛋（Newegg）是这前十中仅有的快速无仓储模式的电子零售商。

[①] 经过作者许可，本章内容引用了提姆·拉塞特、大卫·科瑞斯奇和本特·高德法伯的文章 *Lessons of the Last Bubble*，出版于《策略与商务》杂志，2007 年春季刊，第 46 册。

1.1.1　失败太少

当我们正确地看待这一问题时，发现互联网公司 50％的失败率看似过高。然而与其他商业领域的公司相比：从 1996—1998 年，开业三年的个体饭店的存活率是 39％。这一商业领域的市场是可测量的，拥有十年甚至十年以上的烹饪技术，仍然还会有 61％的饭店惨遭淘汰。通过对比发现，网络公司通过未知技术平台去触动未知的市场机遇而遭遇的失败还稍显温和。

或许这个数据仅仅证实网络公司总体来说获得了成功。尽管当互联网泡沫破裂的时候数以万亿的金融资产缩水，人们还应该庆祝损失还不是很大。但是我们不认同这种观点。实际上，我们却为较低的失败率哀叹。

更明确地说，我们不希望更多的创业公司破产。我们宁愿认为低失败率意味着少有创业者受到资助并且少有新合资企业成立。尽管个人企业成倍地出现，但短期内失败率高，然而大多数成功的商业模式还是会从中出现，这可能会对更多的企业造成深远影响。就如健一大前（Kenichi Ohmae）在《无形的大陆：新经济时代的四大战略要义》（2000 年，哈伯商业杂志出版 Harper Business）中指出的，网络公司时代就像 18、19 世纪美国的西进运动中推动的探险热潮。互联网就像开启了殖民时代的一个全新大陆，众多冒险家都渴望占据自己的新地盘。经过考验后，如此多的公司能够存活下来就证明了网络公司改革的第一波浪潮是因太少公司参与而蒙受损失。虚假繁荣时期的泡沫造成了抢地皮的心态，先进入者寻求占领高地而不是继续开发。当泡沫破灭时，新的创业者得不到资金支持，无法在既有的未知领域继续新的开发。如果泡沫没有崩塌得如此迅猛，更多的公司或许就可以追求发掘新的领域了。

1.1.2　规模越大风险越大

这一领域将"迅速扩大规模"作为自己的宗旨，但是这种战略既可以带来好处又会带来风险。规模经济必定会使公司发展壮大。沃尔玛超市（Wal-Mart）可以先购买然后以较低的成本运输货物，因为它每年可以卖掉超过 4000 亿元的货物。再加上沃尔玛有能力去搜寻世界上出价最低的供应商，它能通过顶尖水准的无线射频身份识别技术（RFID）来经营其分销网络。当分销网络拥有足够的密度来实现经济的交叉与对接经营，货物在货车之间就可以自由转运，无须因长时间运输支付多余的仓储费用。因此，沃尔玛超市的存货每年呈 8 倍的增长，而整个产业的增长中间值仅仅是 4 倍。

然而，"迅速扩大规模"战略因过分追求规模经济也产生了不利的影响，尤其是在难以预测的市场环境之中。举例来说，电子货车公司（Webvan）成立于 1996 年，1999 年上市，2001 年申请破产保护。1999 年夏天，公司的报告中指出，截至 6 月公司半年的收益总额为 39.5 万美元，净损失为 3510 万美元。除了这些财务数据之外，公司与贝克特尔公司（Bechtel Corporation）签署了一项价值 10 亿美元的合同，商议在全国范围内共同建立 26 个分销中心，仿效在加利福尼亚州奥克兰（Oakland, California）的试运营模式，而这一试点能否成功还未经检验。

电子货车公司最终也只建造了 3 个高度自动化、大规模的分销中心，其中没有一家能够做到保本经营。每个分销中心的供货能力都相当于 18 个传统的杂货商铺，这给一个成熟的产业在一段时间内带来巨大的线上销售能力。电子货车通过高使用率预估成本，但是 30%～40% 的使用率实际上是由设备完成的，公司的成本要远高于传统模式，可以说是花钱如流水。

相反，沃尔玛通过很长的时间才达到了现在的规模。山姆（Sam）和巴德·沃尔顿（Bud Walton）于 1962 年开设第一间沃尔玛超市，在这之前山姆花了 12 年的时间为本·富兰克林连锁公司（Ben Franklin）经营一家小的廉价物品商店。8 年后的 1970 年，沃尔玛公司上市，18 家店铺创造了 4400 万美元的销售额，并于当年开设了首家分销中心。山姆·沃尔顿（Sam Walton）扩张得很缓慢，也只有在小城镇的打折商铺获利之后才会选择进一步扩张。电子货车公司寻求快速增长，但是高度自动化的商业模式和不确定的需求错综复杂，使其寸步难行。或许，随着时间的推移，通过更多的运用这一模式可以证明它是有利的，但是"迅速扩大规模"的理念制造的危机还是太极端了。

1.1.3　第一推动者谬论

抢地盘心理的一个主要推动因素就是第一推动者谬论：相信谁首先扩张并扩张得最快谁就是获胜者。传统理论认为占据某一位置的第一家公司会统治整个产业，尤其是在互联网刚刚兴起时的快速发展时期。然而，历史已经证实了这往往并不正确。柯曼德（Commodore）、奥斯本（Osborne）和凯普勒（Kaypro）在 20 世纪 80 年代初处于个人电脑产业的先锋位置，但是没有占据统治地位。严谨的学术研究已经表明了先行者或许对取得市场份额较为有利，但是他们并不能相应地获得更多的利润或者更高的存活率。

回顾一下网络零售就可以看出，你不必为了获得成功而成为第一个行动者。亚马逊网（Amazon. com）成立于 1994 年，是网络零售额的领头羊，但是它直到 2003 年才实现了全年赢利，直到 2008 年才实现了累计正的净利润。2010 年，实现了 3.4% 的净收入，保持了边际获利率。另一家先行的网络经销商电子玩具（eToys）进展更加糟糕。电子玩具公司于 1996 年成立，1999 年上市，2001 年在它的股价达到最高点（1999 年 10 月）85 美元之后暴跌并宣告破产（见图 1-1）。相反地，新蛋公司在 2001 年还没有成立，却依靠卖新的或二手的电脑和电子设备成为第二大快捷无仓储模式网络零售商，并在 2009 年使销售额达到了 23 亿美元。

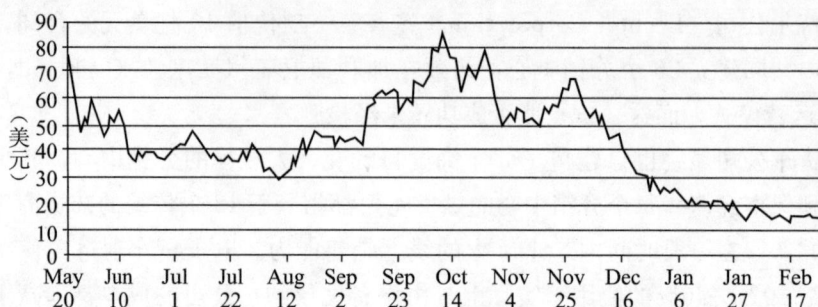

图 1-1 1999 年及 2000 年 eToys 股票价格估值

注：eToys 于 1999 年 5 月 20 日上市。

先行者没有必要一下找到最肥沃的土壤。因为那些先耐心等候再创业的人将获益于先行者的经验教训。他们可以避开先行者们创建的不灵活且不稳定的销售模式并在其中去其糟粕取其精华。想想新鲜速递公司（Fresh Direct），一家纽约在线杂货零售商，它的发货模式与先行者电子货车很相似。这家私人公司在 2009 年预计获得了 2.4 亿美元的年销售额。新鲜速递 2009 年的获利在全美网络零售商中列第 70 位。

与电子货车视"最后一英里①"（The Last-mile）为黄金准则并力争成为行业先行者不同的是，新鲜速递公司从网络先行者戴尔公司（Dell）那里获取灵感。公司的创立者力图重新设立杂货店的供应链，通过快速生产线"创立到下单"的方法来用最低的成本提供最新鲜的货品。但他们认为开发这一能力会很费时并需要大量试验。2008 年，新的首席执行官决定不再寻求新的顾客，而将目光转向通过提高服务质量保留现有客户。2010 年，公司扩张了业务，目前通过位于曼哈顿外的皇后中央分销中心为 60 万客户提供服务，这些客户分布于纽约、新泽西、康涅狄格州。

1.1.4 群居本能

为什么如此多的公司都试图成为先行者，追求"迅速扩大规模"战略，而忽视了经济环境和战略逻辑方法呢？这要归结于风险资本家，他们在经济运作中扮演着重要的角色。这些风险资本家在早期商业失败率极高的时候就注资，并通过一系列此类的投资，运用风险资本基金获得了巨额的回报，即使只有一小部分业务成功也依旧如此。在通常情况下，风险资本公司可以从激情澎湃的企业家身上得到数以千计的好处，但实际上这些公司每年仅注资少量业务，当公司逐步证实这一商业模式可行时，风投公司便可以从中获利。

相反，在网络公司盛行的年代，风险资本家发现自己已经有足够的钱，进而越来越多的投资者想要采取行动。尽管在过去，网络公司之外有很多项目需要这些资金，

---

① 1 英里≈1.61 千米。

但风投公司并没有运用足够的资源在如此严峻的形势下对他们进行帮助。因为在泡沫加剧的年代，投资者无法保持之前较高水准的谨慎观察能力，他们做投资仅是随波逐流。就像大草原上的水牛，当缺少领头者且其他跟随者不知该走向何处时，最安全的方法就是跟着族群走。

社会学家给这种群居本能取了一个迷人的名字：模仿同构。社会学家已经证实了它就如货运业和银行业一样在业内极为普遍，研究同样指出模仿别人存在的合理之处。尽管模仿很难创超出新的商业模式，但它可以确保公司不会在行业中被湮没。只有勇敢的水牛才会突出重围，但除非那只水牛拥有敏捷的身手，不然它很可能会被族群阻挡。

遗憾的是，一旦这种模仿同构行为开始，便很难停止。在网络公司的全盛时期，得到资金的唯一方法就是开拓一个新市场，然后确保赢利指数增长。指数的增长需要庞大的资金支持，而这些钱都是从潜在的后来者身上获取的，因为他们可以从最初的失败之中得到教训。"迅速扩大规模"战略带来了很多损失，因为公司更多关注的是市场份额而不是利润。风险资本家在资本市场进行了巨额投资，获得的却是损失。避免过分依赖利润的唯一方法就是继续寻求发展并且获得更多的注资。在上市之前，电子货车筹集了10亿美元的市场资本，却在400万美元的收入上成指数发展，比一个普通杂货店年收入的1/4还要少。

尽管在流动量大且动荡不安的时期跟随群体显得较为理性，但需要注意到的是商机已经所剩无几。最近，在达登商科研究生院（Darden Graduate School of Business）的礼堂内，通用公司（General Electric）的首席执行官杰弗里·伊梅尔特（Jeffrey Immelt）警告所有攻读工商管理硕士的学生要避免群居本能。他讲了1982年在哈佛（Harvard）的激动人心的个人校园经历。他说那一年，只有他和另外一个同学进入通用公司工作，仅仅在杰克·韦尔奇（Jack Welch）任职几个月后，通用公司在之后的二十年里历经了从未有过的辉煌时刻。哪家公司是1982年哈佛毕业的工商管理硕士们的最大雇主？是一家叫作阿塔里（Atari）的热门技术公司，它招聘了17名毕业生（当2002年韦尔奇退休之后，阿塔里就解散了，它的分支机构被卖给了Hasbro Interactive）。

群居本能的最大危险就是当人们不再跟风，当领头者放弃群体背道而行时，当网络公司的狂热把自己埋没时，数以百万的投资者将丧失大量资金。在2000年10月到2001年7月短短10个月的时间里，超过10万名网络公司职员丢掉了工作。当泡沫破灭，许多人受到了影响。

为了避免泡沫，我们建议循序渐进地小幅度实施扩张，这样可以使群体走向多种不同的方向。避免"迅速扩大规模"战略和群居本能造成全面的地域开发。许多群居成员会陷入困境并死亡，但是从长期来讲，对硕果累累的土地进行细心灌溉可以创造更强大的族群，而不是让几个偶尔发现机会的幸运者在肥沃的土地上过度放牧。

1.1.5 验证所有假设

卡尔·波普尔 (Karl Popper) 是 20 世纪领头的哲学家，他所支持的古老箴言富有争议："批评我们的理论，就等同于灭亡它们。"一个新的商业冒险就等同于一个被现实世界检验的理论。诸如此类的假设需要更多的被验证，就如同在市场检验并驳回我们的商业理论之前我们也应该验证自己的推断。在网络公司经营的高峰时期，小赌注或许已经给如何更明智地投资提供了许多借鉴，从而大笔资金注入时或许就可以少亏损一点。这也证明了制造假设比找到支持性证据更有价值是不可能的。波普尔同时指出："不管我们已经注意到多少白天鹅的实例，这都不能证明所有的天鹅都是白的。"

在网络公司的泡沫时期，先行者想要快速发展而投入了大笔资金。投资者们通过观察一些具有网络效应或者规模经济效应的大且成功的商业案例，总结出所有的天鹅都是白的。实际上，黑天鹅是存在的，还有相当数量的鹅、鸭子和白鹭。如果投资者投资时更加沉着冷静，如果投资种类更加丰富的话，市场结果和社会反响可能会更好。尽管大多数公司失败了，但是失败可能会变少，代价也会变小。多种多样的小型试验不仅能在互联网中为推动者们在实现价值创造时提供更多洞察力，还可以鼓励他们去探寻更多未开发的领域。

动荡的时代比比皆是，尽管马克思主张必然性，商人也在避免重复过去。网络公司时代教我们要用小投资做测试，不断地挑战传统模式并寻找恰当的市场时机创造最佳路径。不管你的公司现在面临何种程度的问题，都不要任由你的未来变成悲剧或者闹剧，因为历史没有必要重演。

1.2 延续的故事

通过认识网络公司发展的鼎盛时期，我们可以更好地了解目前的环境并预知可能的未来。我们可以看到仍有许多问题存在，但是也可以从淘金热过后留下的许多未被开发的领域中找到希望。

令人吃惊的是，多年来，许多商业专家都忘记了在互联网商业风险投资中掌握现实环境的重要性。只有那些懂得为什么自己需要通过扩大规模来获取利润和那些懂得达到适度发展的商人，才既能在 20 世纪 90 年代网络公司繁荣的鼎盛时期乘胜追击，又能在衰落时期安稳度过。

今天，存活下来的网络零售商继续茁壮成长，其他正在扩大交易规模和销量的竞争者也参与进来。正如图 1-2 所示，在新千年的前十年中，这一行业保持了平稳的增长，尽管在 2000 年泡沫破灭之后经历过一段危机。像谷歌 (Google) 和雅虎 (Yahoo!) 这种 Web 浏览器公司年销售量也约达到 1000 亿元，其中包括来自旅游网站和拍卖网站的收入。

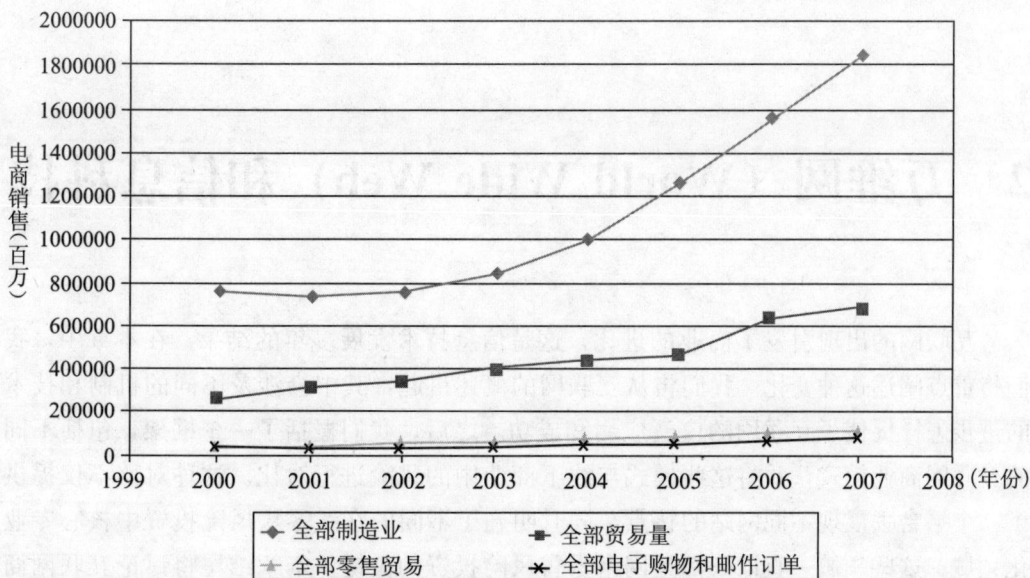

图 1-2 2000—2007 年电子商务收入

资料来源：美国商务部。

　　在本书的其他章节中，我们将重点讨论这一概念，使读者可以更加了解网络贸易行业的现实情况和其内在运作机制。为了达到这一点，本书在 9 个主要章节中都展现了理论和实际的结合。这些连贯的章节指出了网络零售的主要理论和其在网络贸易中是如何被运用的。每一章都会使读者了解企业所做的决策，而不仅仅去建议一个简单的"最佳实践"模式。"最差实践"在网络零售中的确存在，而且在错综复杂的环境下没有一个通用的解决方法。例如，回收政策取决于产品特性、顾客行为和竞争动向。最佳的商业决策必须考虑所有这些因素，最后根据零售商的能力来获利。我们以实际研究和逸闻为经理人们提供了有帮助的指导。

　　本书的第一版涵盖了丰富的案例，第二版中有笔者所写且被课堂检验过的一系列教学案例。这些案例可以用于了解不同种类的网络零售商的概况，并把读者置于经理人的角度，让他们去做出战略性的运营决策。这些案例不仅对课堂里的学生很有吸引力，还同样帮助了正在面临相似挑战、积极从公司内部寻求解决方案的众多从业者们。

2　万维网（World Wide Web）和信息科技

互联网的出现引发了商业的进化，这是信息技术发展多年的结果。在本章中，我们将重点阐述这种变化。我们将从互联网的概述讲起，其中会涉及不同的机制和技术的进步怎样促使了互联网的广泛应用和成功。之后，我们概括了一个框架，包括不同的互联网商业模式，并将这些模式与线下商业中的风险进行对比。这种对比不仅提供了一个平台去展现不同网站的特点，同时明确了不同的在线零售风险投资中核心专业化领域。这些领域一直以来都是网络零售风险投资的关键。本章结尾将讨论互联网商业的功能，它创造价值的潜力和效率及如何加强与供应链底端消费者的协作。

2.1　什么是网络

要追溯互联网的起源，那是三十多年以前，在美国国防部高端研究项目部门工作的科学家对电脑网络的相互连接。最开始被称为 ARPA（Advanced Research Projects Agency）网络，逐步发展成为应用标准化的接口信息处理机，使每台电脑接触到从其他网络终端发送的信息，就好像这些信息来自自己的硬盘驱动器。这种网络的另一个重点就是，它把终端之间传输的信息分解成数据包，数据包可以通过网络中最有效的联系任意传输，然后汇编成需要的信息最终送达到指定的目的地。[①]

这种系统设计取决于信息传输的规章限制。这些限制称为传输控制协议和互联网协议，简称 TCP/IP（Transmission Control Protocols/Internet Protocols），它们塑造了我们今天熟知的互联网。

这种网络设计同时也考虑到在未来实施时有些传播应用可能并不能被使用。因此，网络不属于任何人，也不被任何人控制，就这样延续至今。较之前相比已经有了很大改善。传统传播网络由政府或私人部门掌有和控制，由垄断和寡头垄断行业进行调整。

此外，互联网没有被优化并被作为其他用途使用。从某种意义上说，互联网注定是沉默的，或许只能从一个终端接收数据包，然后再传输到另一个终端。然而，设计它就是为了使用户不需了解数据包的内容或者对数据包的内容施加影响。简单来说它

---

① 想要了解更多关于互联网的历史，请看文顿•瑟夫 *A Brief History of the Internet and Related Networks*，网址为：http://www.isoc.org/internet/history/cerf.shtml，李察格•里菲菲斯《Internet for Historians, History of the Internet》，网址为：http://www.let.leidenuniv.nl/history/ivh/frame_theorie.html。

的作用就是传递接收到的信息。互联网中的智能性大多存在于网络边缘和用户使用的网络终端。根据以上设计原则，如果使用者有了一个不错的应用设计，又可以通过传递数据包而去实现，那么互联网将毫无疑问成为一个执行平台。

这一简单且有力的结构使创新变得突飞猛进，其中最显著的当属万维网。万维网开启了互联网商业应用的新时代，让普通人能轻松地获取网络上的信息，万维网在其中做出了重要的贡献。总体来说，这些进步（其开拓者为欧洲核研究所的 Tim Berners-Lee at CERN）使用户在互联网上的定位和相互回复信息变得更加便利。

2.2 网络科技进步使商业应用成为可能

根据萨罗那（Saloner）和思彭斯（Spence）的说法，第一次技术进步是超文本传输协议（HTTP）的发展，它为互联网上的信息指派地址制定了一个简单的标准。通过搜索浏览器地址，使搜索信息的过程变得更加便利。

第二次进步是使数据存在于网页中，因超文本置标语言（HTML）的发展使之嵌入到网页之中。通过在网页中使用超文本置标语言，个人用户可以在互联网的网页中边搜索数据边阅读其他网页。超文本置标语言允许网页地址隐藏在其他网页之中，因此，用户在超文本置标语言的代码之中点下鼠标就可以找出相关地址。这一新的发展给用户提供了一个更加动态和流畅的网络信息接触渠道（萨罗那和思彭斯，2002）。

超文本置标语言的出现推动了用户友好型浏览器的发展，使它可以在 MS Windows 系统中运行。第一家浏览器是马赛克（Mosaic），由伊利诺伊大学（University of Illinois）国家超级计算应用技术中心（National Centre for Super Computing Applications）的马克·安德里森（Mark Andreesen）推动建立。马赛克和接下来的浏览器在万维网上的普通用户之中很流行，因为基于 Windows 系统的入口对个人用户来说，他们可以很容易通过图形接口获取置于互联网上的内容。有了这种接口，不懂技术的人不必知道数据存在哪也都可以获取信息。

最初，马赛克和它的继任者美国网景公司（Netscape）只允许网络上的单向沟通。网页中的数据可以既在服务器上储存，又可以在每一个用户的电脑上播放。当太阳微电子公司（Sun Microsystems）开发出 Java 之后，网络上的双向沟通才变得可行。

Java 是一种程序语言，可以用来编写一页内用户所触及到的小应用程序，无论用何种浏览器（MS Explorer 和 Firefox）阅读网页。这些小应用程序可以和用户互动，根据用户输入的不同指令提供不同的数据，而不必请求原始数据所在的浏览器。那样，用户可以在网络上以无缝填补命令形式提出疑问或者直接回应其他用户的疑问。

最后，搜索引擎的引入使用户可以接触到网络上具体的信息，用来回应个人需要和关于利益的具体疑问。早期，搜索有效性通过门户网站可以实现，例如雅虎（Yahoo!），通过把网页分成反映不同利益的不同种类（如运动，购物），用户可以根据需求搜索网络。这种方法依靠于门户设计师对于网页分类的判断而存在潜在错误。Altavista 和谷歌（Google）引入了页面等级算法解决了这个缺陷。这种算法依靠指向某一特定网页的链接的数量，以及网页中回复用户疑问的内容，根据问题中的文本，网页列表由那些不仅对应文本，还对应有众多指向的链接组成，因此这个数量是依据其他网络用户的评价，此网页多具有关联性（Battelle，2005）。

2.3　网络商业模式：一个框架

一开始，互联网经济被分为三个互相支撑的部分（见图2-1）。基于马哈德万（Mahadevan）的研究，第一个部分包括门户和搜索引擎网址，他们通过网页输送流量到其他网址。像谷歌和雅虎这样的公司是其中的一部分。第二部分由社区和市场庄家组成，他们便于在互联网用户中交换信息、产品和资金流。这一部分的组织包括脸书（Facebook）和易趣（eBay）。这些组织负责信息的传送和散播，在网络中通过私人联系为同龄人提供安全有保障的交往平台。第三部分包括服务和产品供应商给互联网用户提供机会去购买服务、商品和二者的组合。这些组织包括卖各种产品的零售商和金融、运输、保险以及各种面对个人服务的公司。在零售商之中，有像 ITunes 卖音乐和视频下载服务等的数字产品。进一步讲，还有像亚马逊网这样既卖数字产品、实体产品（如书），又提供必要的配送服务便于将货品送到顾客手中。

图 2 - 1　互联网经济的 3 大板块

资料来源：马哈德万，B.（2000），《加利佛尼亚管理评论》，2000，42（4）。

有必要强调一下，这几个部分是高度相互依存的。特别是，第三部分的用户将受益于接受来自门户和搜索引擎网址的流量。因此，他们必须和谷歌以及其他用户一起增加捕获流量的机会。

此外，这三部分的分离界限随着时间逐渐模糊。例如，一开始专注于卖产品和服务的公司也开始通过在顾客和第三方公司中便利商业交易，而争做市场庄家。一个例子就是亚马逊。在最初只在网站上卖自家产品之后，它向第三方商贩开启了大门，收取佣金，允许他们贩卖商品。

这些重叠的部分每个组织不是统一的。一些公司在互联网经济三个部分中都很积极地增强能力去竞争。通过这样做，这些组织将商业模式合在一起，展示出不同的创新和功能聚合性。图 2-2 代表了这些商业模式的分类安排，基于蒂默尔斯（Timmers）（1998）的框架。这个分类方法表明了现存的九种商业模式，根据创新和聚合性的程度排列。

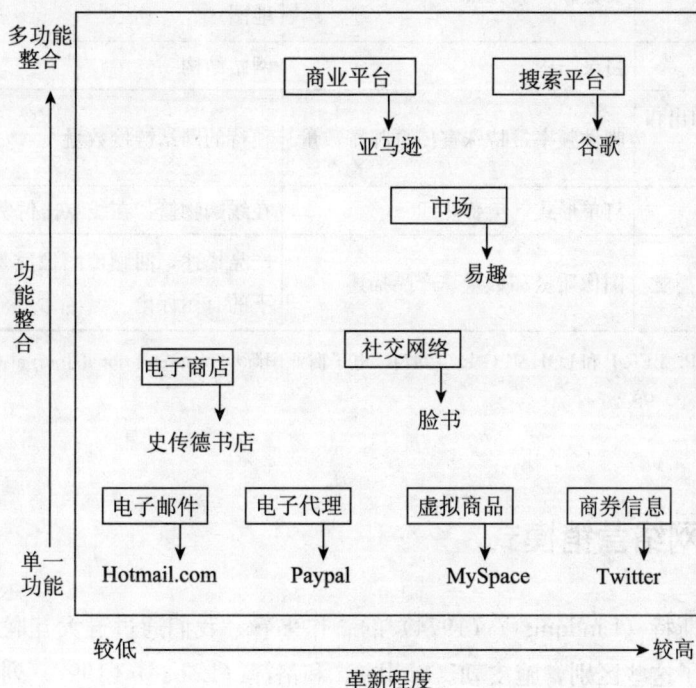

图 2-2　商业模式创新和功能整合

资料来源：Timmers，P.（1998），《电子市场》，Vol. 8，No. 2. 2。

此外，零售商利用网络商业模式分享共同的重点，将自己与传统零售店同行分开。表 2-1（Spiller 和 Lohse，1997）总结了这些差异，表明了不同产品之间的差异，他们有不同的价格、促销手段和服务。

表 2－1　　　　　　　　零售店、传统书籍和网络零售商之间的类比关系

零售商店	传统书籍	网络零售商
销售人员服务	产品简介，销售客服，产品信息页	产品简介，产品信息页，礼物服务，独特搜索功能
店内促销	特殊折扣，彩票，销售目录	特殊折扣，在线游戏和彩票，其他网站链接或第三方供应商利益，产品小样
店内橱窗展示	前后封面	主页
商店氛围	书籍质量，图片，产品安排，感知图像	界面一致性，网站组织，界面和图片质量
过道的产品	产品集中在头 2～4 页和中间页	网站每一级有各有特点的产品
商店布局	页数和产品分布	屏幕深度，浏览和搜索功能，指数，图像地图
商店层数	目录结构	网站结构
商店入口数量和出口数量/分支数量	邮件频率，特殊宣传页邮寄数量	独特的网站链接数量
收银台	订单形式，免费热线	在线购物篮，在线点击付费
视觉呈现和商品感觉	图像质量和数量，产品描述	产品描述，回顾，图像质量，其他顾客留下的有用评论

资料来源：SPILLER P 和 LOHSE G L（1997）。电子商业国际期刊 International Journal of Electronic Commerce，Vol. 2，No. 2，PP. 29－56.

2.4　描述网络营销模式

从林德奎斯特（Lindquist）（1974）的著作来看，我们通过五大互联网零售网站的细节特点扩大了这些区别。施皮勒（Spiller）和洛泽（Lohse）（1997）列出了这五大特点，分别是商品、服务、促销、导航和用户界面。

商品描述了用户在互联网零售网站上所面对的众多可选的商品。它可以由流水量和可售的产品种类的数量反映出来。确认零售网站可售商品的数量是具有挑战性的，因为各种不同的商品可以被归类为不同的组别。例如，传媒产品中的书有不同题材的，又可以进一步深层次地分为许多小类。另外，服饰配件如手袋和鞋没有更细的组别，可以归为少量的组，而对每组内容的描述中又不失内容的丰富性。

服务描述了增值帮助，即互联网零售商提供给顾客购买产品之外更多的利益。其

中一些服务包括帮助顾客去处理用户的问题和咨询。其他的服务少了些互动性，它们仅致力于提供产品信息，通过各种内容介绍、样品、专家和顾客浏览。

促销包括回头客方案或者订阅包，如亚马逊网致力于建立顾客忠诚度，他们为了吸引对价格敏感而不会光临第二次的顾客提供了免费运输的方案。其他方案包括了产品退回。作为这些方案的一部分，零售商通过取消罚金放松了产品退回政策，这些都是为了吸引不太愿意冒险尝试网络购物的，且认为网上的商品很难甄别和鉴定的顾客。

导航描述了互联网零售者提供的工具，帮助顾客在多层级网页中能够迅速定位想要买的商品。想要突出导航功能，零售网站必须好好组织网页，确保各层级网页可以被顾客很容易的理解。导航需要搜索功能的支持，也需要顾客掌握一定的浏览能力，能够通过不同的属性找出想买的产品。

用户界面增加了对互联网用户需求的关注，使用户在浏览网站的时候以他们熟悉的形式搜索到自己最感兴趣的且为自己量身订制的产品信息。用户们熟知的形式包括凭直觉就可以使用和方便找到的搜索栏，通常在页面的最顶端。提供客户化信息是用户界面的重要组成部分，因为它过滤了可能和顾客无关的广告，又帮助他们将注意力集中到对自己最重要的东西上。

2.5　网络零售风险投资成功案例中商品、服务、促销、导航和用户界面的作用

刻画零售商店的基础是商品、服务、促销、导航和用户界面，而这些特点是团体互联网零售商的基础，同时也根据他们在网络竞争中所采用的商业模式有所区别。我们考虑到了不同的零售商：早进的和后来的，大的和小的，涉猎产品种类宽的和窄的。

表2-2表示了互联网零售网站的分类。第一类是大型网站，包括拥有大量商品的商店，拥有品种最全的服务和促销，有最好的导航和用户界面。这些网站的运营者想要有最高水平的销量，其中不少公司同时也经营着传统的沿街店面。平均来说，这些网站也比其他公司运营时间长。亚马逊网是网上经营的大型网站的典型例子，而沃尔玛（Wal-Mart）是后者的典型例子。

表2-2　　　　　　　　　　　　　　网络零售店模式分类

分　组	主要特点	例　子
大型网站	拥有全面综合服务和营销且保有先进导航和用户界面工具的老牌企业	亚马逊 Overstock. com 沃尔玛 Buy. com

分　组	主要特点	例　子
聚焦网站	拥有较窄的产品范围但是有全面综合的服务和营销的老牌企业	巴恩斯和诺贝书店 Toys "R" Us 在线烹饪 Zappos. com
基础网站	这些公司具有攻击性的促销战略，他们积极为顾客提供独特的价格方案和服务安排。背后的零售商们不善于为顾客提供导航和用户界面。与此相反，他们针对不同的商品都提供了吸引人的价格	好市多超市 Dollar Tree Woot. com 清算人在线
陈列网站	这些公司的网站只展示很少种类的货品，而这些货品又在导航和用户界面功能中评价很高。这些网站陈列和推销产品，只是为了引导顾客在实体店铺中购买这些产品	Zara Roche Bobois 21 世纪 丰田

资料来源：作者分类基于 Spiller, P. 和 Lohse, G. L. 的框架（摘自 Spiller, P. 和 Lohse, G. L.【1997】。电子商业国际期刊 International Journal of Electronic Commerce，Vol. 2，No. 2，pp. 29 - 56）。

第二类是聚焦网站，包括那些提供很窄的商品范围，专注于很少的商品种类的，如巴恩斯和诺贝书店（Barnes and Noble）以及在线烹饪（Cooking. com）。尽管他们经营范围小，但他们的网站中拥有超凡的导航和用户界面。此外，因为在大部分情况下，这些网站也由实体传统店面的零售商运营着，所以他们提供一系列丰富的服务和促销活动，尤其是与运输、操作、产品退回相关的。

第三类是基础网站，靠的是攻击性的促销战略，他们积极为顾客提供独特的价格方案和服务安排。背后的零售商们不善于为顾客提供导航和用户界面。与此相反，他们针对不同的商品提供了各种吸引人的价格。其中一些公司包括了大型的大箱零售商，如好市多超市（Costco），和供货商一起来弥补不足，以争取在网络环境中有效竞争。其他公司，如清算人在线（Liquidation. com）是向价格敏感型顾客贩卖过剩或季节性存货而少为人知的公司。

第四类是陈列网站，指的是网站只展示很少种类的货品，而这些货品又在导航和用户界面功能中评价很高。这些网站陈列和产品销售，只是为了引导顾客在实体店铺中购买这些产品。汽车制造商丰田（Toyota）和服装零售商飒拉（Zara）提供了最好的例子。因此，这类网站不是基于商品和促销活动的丰富性而获取竞争优势。此外，因为他们专注于陈列和推销产品，这些网站所能提供的服务只有产品信息而已，他们的销货渠道是实体店铺（如服装和家具）或者代理商和商人（如汽车和房地产）。

零售商店中商品、服务、促销、导航和用户界面的特点也提供了一点参考，以便于理解为什么一些公司不能在互联网零售产业中获得成功。一些公司像价值美国（Value America）选择了一种非常宽泛的商业模式在互联网上销售产品。该公司建立于1996年，它的商业模式致力于通过网络将顾客直接与消费品生产商相联系。目标是为顾客提供丰富便捷的产品选择，使他们不仅能在家下单并收到货品，而且还能享受低廉的价格。通过价值美国的网站，顾客可以下单买一系列的产品（从杂货到办公用品到电子产品），然后将这个订单直接传送到生产商，然后生产商进行生产，最后将产品送到顾客手中。

然而，这些商业计划的执行事实上是异常复杂的。货品品种丰富考验着公司和生产商之间的沟通。在协调过程中，给众多生产商发送订单也是会出现问题的。这可能导致严重的延误，并且在传送顾客订单和退回商品过程中经常出现错误。

同时，顾客可以在许多实体店中找到价值美国网站中在售的大多数商品。这迫使价值美国在价格上进行竞争，不仅包括产品本身的价格，还包括涵盖订单传送支出的运输费和手续费。这种价格主导型战略执行力低下，最终导致了公司于2000年宣告破产。它不仅是互联网零售业的先行者之一，同时也是第一个高调见证互联网幻影破灭的公司。

激进的仅仅依靠促销手段的战略妨碍了柯茨玛公司（Kozmo）在网络中的成功发展。它的商业模式依赖于激进地在全美国城市地区推销一小时免费运送各种产品服务，这些产品从录像出租到咖啡，应有尽有。这个战略被证实成本是巨大的。公司试图通过激进使用这一促销手段扩大订单量，从而实现分销产品过程中的规模经济。然而，它无法达到使得商业模式赢利的成交数量，不得不在2001年关门。

电子玩具公司是一家玩具零售商，成立于1997年。落后的用户界面功能是公司失败的部分原因。自开业以来，它就面对着来自大型零售商的巨大竞争，如 Toys "R" Us，大型零售商可以为顾客提供品种丰富的库存，通过实体店铺网络提供折扣价格。为了在业界赢得立足点，电子玩具开始积极地通过广告宣称从自己网站下单的便利，尤其是在年底节日期间，以此来拓宽潜在顾客群体。这一战略在1999年节日期间陷入了危机，电子玩具公司发现自己深陷于海量的订单之中。由于网站中的订单蜂拥而来，以至于公司无法处理订单，无法将货物送到热切盼望货物的顾客手中，因此只能焦急等待礼物送达的顾客们发送了海量的询问。

最后，在圣诞节期间，一大部分顾客无奈只能等着无法准时送达的商品。这对电子玩具是巨大的冲击，销售量急转直下，最终于2001年破产。

2.6 网络商业功能和潜在供应链价值创造力

万维网和它潜在的科技在高速发展的数据互联网时代是有益的。然而，万维网是否拥有一个好的应用可以使互联网成为商业的平台呢？简短的回答是可以，但是在一定程度上依赖于交易货物的种类。一些产品更适于在网上销售，因为公司的功能可靠，可以通过新媒体卖东西。

其中一个功能是范围。万维网的飞速发展扩大了在个人用户和公司中的媒体范围。范围大总是有价值的，尤其是对那些购买电子产品的用户，如购买下载音乐，这可以将两个实际距离遥远的独立部分相联系。此外，大范围对消费者来说是有价值的，因为可以去接近和评价一系列即使离自己很近也可能接触不到的产品。媒体产品如书就能很好的解决这个问题（Shapiro 和 Vasian，1998）。

这并不是说所有产品都受益于网络的触及范围。总体来说食品，尤其是农产品，要求库存少且接近市场需求。否则，他们就不能在食物变质之前及时销售出去。此外，有些商品如服装，很难在网络上形成商业化，因为对消费者来说很难通过网络切实评估和检查。通常，这些产品的网络销售必须伴随着相当慷慨的退货政策，降低消费者的购买风险。

第二个功能是顾客化。万维网提供给卖家一系列潜在的应用，可以通过文本、声音、图画和视频直接向个体顾客推销产品。此外，因为它允许追踪卖家行为，万维网可以通过网络上顾客先前的搜索、购买和回顾记录，来编辑顾客接收的信息。

顾客通过与店家的实时互动，来接收网络上适时的信息。这种互动性方便个人给商家提示，以便商家提供更新的信息，瞄准顾客不断变化的需求。

想想亚马逊为顾客提供的心愿单服务。这个做法使卖家追踪顾客不断变化的爱好，同时当商品价格变化或商品更新模式时都可以及时通知顾客。

因为网络的设计基于网页和超文本置标语言链接，所以它可以有高效益的存储和搜索信息功能。因此，网络用户动动指尖，就可以获取不断增加的海量的产品信息。这些信息可以是产品样本的形式，如声音片段或者真实的照片。这些内容也可以提供给顾客其他商家的参考信息。

最后，网络的一个重要功能就是它通过互联网管理不同时信息的传送。网络用户可以任何时间登录，不管是否有其他卖家在别的终端登录，买家一天 24 小时，一周 7 天都能获取产品信息并下订单，同时收发信息。这使得顾客可以有效率地、便捷地购买商品。久而久之，也方便了卖家处理订单。也就是说，卖家可以展开处理订单活动，从而达到更加统一、成本更低的连续工作量。

然而，这需要假定所有的顾客都可以承受所买产品延期收到。很明显，这是不现实的。既能减少延时又能降低成本的卖家才能获得竞争优势。这就是有实体店铺的卖家比只单纯经营网络店铺的卖家更有竞争力的原因。然而，多种渠道的结合又带来了很多挑战，需要在实现竞争优势之前克服。许多卖家很努力地在多重渠道背景下获得竞争优势，因为他们无法在实体店铺提前控制实时存货状态、分拣和包装，只有顾客前来购买时才能准备充分。

如果拥有更多的商品种类，或用户在网络购物时能体验到更高水平的服务或者其他的顾客福利来缓解延期收货的话，即使在多渠道零售和降低价格都不可行的条件下，卖家仍然能获得竞争优势。本章的最后一部分将会讨论，通过支持供应链下游顾客们的协调合作，网络在创造成本有效性和顾客福利方面的影响。

2.7 网络带来成本效率和顾客利益

最简单地说，公司通过网络销售产品的最大挑战就是他们需要确保商品及时送到顾客手中。在网上购物时，顾客不需要去实体商店挑选商品。结果是，卖家不需要大规模分销产品供顾客挑选，他们只需要参加供应链下游的分销系统。但这一系统更贵，因为它需要将小包裹运输到无数的顾客所在地。

由于卖家可以选择不通过实体零售商铺卖货，这些额外成本可与运营中的资本和支出节余相抵消。然而，这些节余对于网络中的所有竞争者都是可得的，因此提供了非常有限的竞争优势。卖家的关键竞争优势就是可以发展专长，使产品到目的地的分销管理有利可图。分销是供应链中的重要环节，其成本占卖家运营成本的很大部分。在某些情况下，卖家在分销过程中很受困扰，他们为买家提供免费装运和手续费，为了弥补损失将商品价格定的很高。还有的卖家，如在杂货产业的卖家，进行内部分销管理，由此来补偿高成本。各种不同的战略会影响卖家所采取的方法，这部分内容本书将在之后的章节拓展。

对卖家来说，另一个与竞争优势相关的问题就是处理已下订单。通过网络，卖家能够同时处理几乎没有限制数量的信息。这需要更快的订单量、最少的处理订单的劳力、更完整的库存记录和相对便宜的顾客关系管理。卖家面临的一项挑战就是鉴别买家，并提供必要的保护措施以确保不会发生信用卡诈骗和违规履行的情况。另一项挑战是及时确保库存记录的完整性。随着一大批订单涌入，卖家将面临很大的风险，即确定到底有多少库存是可以用来应对订单的。如果库存记录没有及时更新，来订单时就有可能措手不及，遭遇缺货困境。

2.8 网络带来个体的合作

网络对便利大型个体合作有重要影响，这些人生产的产品具有一定内容，如可以进行商业化运作的音乐和书籍（包括整套百科全书）。这是怎么实现的？个人是怎么在既没有加入到规范的组织或公司,又没有求助于市场支付的条件下参加到联合生产事业中的?

网络支持在分散的许多目的地之间的运输和信息的管理是其原因,它不会利用生成的代理合同和财产损失的信息。通过这种分散管理,网络允许参与者自身去确认和分配人类可能的创造力,从而可以高效处理大量的信息。

合作网络的形成很适合内容密集型产品如软件和视频的生产,因为他们专门以一种被一人使用而不会剥夺其他人使用权利的信息为基础。此外,这些产品依赖以创造能力作为另一种主输入。创造能力总的来说是可能实现的,但是又分散于各种不同的个人贡献形式的来源中。这增加了确认和定位这些来源的难度,网络被证实可以有效地应对无中心的结构和低成本储存、交流和处理能力。

然而,为了合作,参与者需要有动力去为自己决定应该要做出什么贡献。以前,这种动力来自于社会或心理报答。除了动力,参加者被假定为他们对自己可以做什么才能拥有最好的信息。网络允许集中利用这些信息,分配也是基于其他参与者的评价。

此外,允许参加者做出组合贡献是很重要的,这便于可以实现不同时的增值生产。因为贡献是一点一滴积聚而成的,需要去收集个人的投入,他们的目的一直都是为了实现更大的目标而逐步努力。同时,肯定有低成本的模块质量控制整合和成品实现整合。参加者自身可以通过其他人的检验对能用的和鉴定为合格的产品进行相关控制,从而执行这项活动。

这一领域的其他活动推动了重要产品的发展,例如开放型软件的形式或是以联合设计和被消费者推崇的服装。此外,我们已经目睹了联合网络的应用和商业工具的发展,如 Netflix 公司应用的推荐者系统。

通过应用联合网络,有大量的机遇可以用来进一步推动产品的创造力和商业化发展。公司的收益将是那些应用在创造新产品和在重新设计现有产品中获得的共同知识和灵感。这点在市场中尤其重要,因为在市场中,用户在决定哪个产品会成功中起着重要作用。同时,有机会去挖掘设计者的智慧,去指导产品项目的增长,去发展那些可以使买家大量购货的潜能。亚马逊在它的建议系统中引入了这个观点。这样做,可以增加大笔订单,可以以低成本实现更大的销售量。

参考文献

[1] 巴特尔. 谷歌和它的对手是如何改写商业规则和转变我们的文化 [M]. 纽约:投资组合,2005.

[2] 林德奎斯特. 图像的意义 [J]. 零售期刊,1974,50 (4):29 - 38.

[3] 马哈德万. 互联网商务中的商业模式:一种解剖学 [J]. 加利佛尼亚管理回顾,2000,42 (4):55 - 69.

［4］萨洛那，思朋丝．创造和占领价值：电子商务中的观点和案例［M］．纽约：约翰威立国际出版公司，2002.

［5］夏皮罗，瓦里安．信息规则：网络经济的战略指导［M］．波士顿：哈佛商业出版社，1998.

［6］斯皮勒，洛泽．互谅网零售商店的分类［J］．电子商务国际期刊，1997，2（2）：29－56.

［7］蒂默尔斯．电子市场的商业模式［J］．电子市场，1998，8（2）：3－8.

3　规模经济和网络零售中的网络效应[①]

正如第 1 章讲过的，互联网泡沫淘汰了早期的一大批网络零售商，因为这些公司一心只追求"迅速扩张"战略。尽管所有生意都追求销售量的增长，但是单靠规模经济是无法保证成功的。就如电子货车所证明的，超过市场需求的规模经济反而会侵蚀公司利润，导致最后将所有身家赔进去。但是与此同时，仅仅只看利润，公司也可能会错失成为主导者的机会。毕竟，亚马逊花了 14 年才实现了正的利润累积。如果当时贝佐斯（Bezos）没有继续投资以拓展业务，亚马逊可能也在泡沫破灭后的倒闭浪潮中完结。利润增长的关键是首先要理解增长背后的理论，然后再决定你的商业模式。只有有了这种洞察力，互联网零售商才能做到收支基本平衡。

三种不同的理论为利润快速增长战略提供了依据，它们分别是：规模经济、网络效应和范围经济。

3.1　规模经济

说到规模回报或者说规模经济理论，可以追溯到 20 世纪初，当时有一系列的英国经济学家代表，如阿尔弗雷德·马歇尔（Alfred Marshall）、A. C. 庇古（A. C. Pigou）和尼古拉斯·卡尔多（Nicholas Kaldor）。依据亚当·斯密（Adam Smith）最初的理论，这些经济学家认为大公司会获得生产优势，因为劳动分工会带来更多的收益机会。

从学术上说，规模曲线可作为设施容量函数去衡量生产成本。当设定为对数值时，曲线下倾表明容量翻倍后固定成本减少的百分比。能够提供重大规模经济的运营业务，如集成电路中的晶圆制造，有着很陡的规模经济曲线，当设备容量增加时，成本便下降很快。这也就是为什么英特尔公司（Intel Corporation）和其他晶片制造商会定期投资数十亿美元在高容量设备上。其他业务，如服装生产厂，只能产生非常有限的规模经济。因为对于缝补一件裙子或衬衫来说很难实现自动化生产，大型的服装厂最多只是有更多的缝纫机而已。个人经营的厂子拥有 200 台缝纫机来生产衬衣和裙子的成本比有 100 台缝纫机的厂子便宜不了多少。有些大一点的服装厂反而产生价值很少。

沃尔玛现在是世界上最大的公司之一。尽管在总体上，零售业很少能受益于规模

---

　　① 经过作者许可，本章提出了新的论证材料，同时引用了提姆·拉塞特、玛莎·特纳和罗恩·威尔考克斯的文章 *The Big，the Bad，and the Beautiful*，出版于《策略与商务》杂志，2003 年冬季刊，第 33 册。

经济，沃尔玛却能通过增大规模逐步发展业务。例如，一家沃尔玛超市店铺不会提供引人注目的规模经济。一方面，10 万平方英尺（1 平方英尺≈0.09 平方米）店铺的建造成本只比 5 万平方英尺的店铺低一点。另一方面，零售分销网络在设备成本、存货成本和运输中不断探索，降低成本，从而获得了规模经济。沃尔玛的分销网络使小型竞争者的零售网络相形见绌，据我们估计，可以产生 1%～2% 的边际收益。尽管边际很小，但是收益是巨大的。

亚马逊在追寻，或者说在某种程度上已经实现了规模经济。尽管它的分销网络规模不敌沃尔玛，但也跻身为最大的、可以直接满足顾客需要的网络公司之一。沃尔玛通过高效的交叉对接和短途运输获得了巨额效益，个人包裹的直接运输无法使亚马逊获得像沃尔玛那样巨大的效益。进一步说，尽管在实践操作中实现规模经济可能性是微小的，亚马逊与其网络对手（即使是沃尔玛）相比却实现了规模经济。

出口运输代表了网络零售业的一个关键的成本因素。运费基于每箱货物的整体重量或体积重量征收。亚马逊巨大的规模使其有能力一次就能运输多种货品，由此减少了每件货品的成本。

然而，亚马逊支持大规模量的关键在于它有能力分期偿还在网络购物机制中的巨额投资。在互联网零售的早期阶段，亚马逊有能力资助其在线界面的成本，通过与合作公司签订服务合同，如大众玩具（Toys "R" Us）、目标公司（the Target Corporation）和环形城市商店公司（Circuit City Stores）。在线零售软件最初建立时需要数千万美元，而现在仅需几万美元。然而没有一个下架的软件可以媲美亚马逊在线购物界面的用户友好功能。

若仅为获得规模经济，在业务趋于稳定的条件下，过分追求大规模量反而不会带来好处，实际上还会导致边际减少。如果是基于降低价格的策略，规模急剧的增长是可能实现的，但是并不一定会带来规模经济。公司必须不断探索发掘如何产生规模效益。沃尔玛和亚马逊的例子突出强调了规模的具体来源及公司是如何从中获取竞争优势的。

事实上，哈洛韦尔（Hallowell）认为在互联网零售中存在对规模的内在限制。他的规模连续性包括高度规模化的电子产品，如下载音乐或者流放电视；也有很难达到规模经营的独特奇怪的商品，如古董和绘画。在这之间，他总结了可以经标准处理的商业产品，如书和玩具及一些独特的产品如飞机票。有些内在的规模限制已经阻碍了公司的发展，如索斯比公司（Sotheby）没能在网络上有效拓展业务。然而另一个极端是，由于电子市场取代了实体店铺，整个音乐产业正经历着巨大的重组。

补充知识：规模曲线计算

规模经济这一术语有精准的意思和精准的计量方法——规模曲线。学术上，规模曲线衡量的是，通过一系列代表在同一全效使用效能水平上不同设备规模单位成本的点所得到的对数曲线的斜率。在外行看来，斜率定义了通过双倍效能达到的新的成本基础。

下图分别给出了一系列设备规模的 90%、80% 和 70% 的规模曲线，其中 90% 规模曲线表明设备规模增加一倍，设备单位成本下降 10%；80% 规模曲线表明单位成本下降 20%，依次类推。由图可见，由于对数模型三条曲线由极度倾斜到最终趋于平缓。正如横轴所写的，每个连续的"翻倍"需要相当大的容量增量，但是成本却平稳地下降。

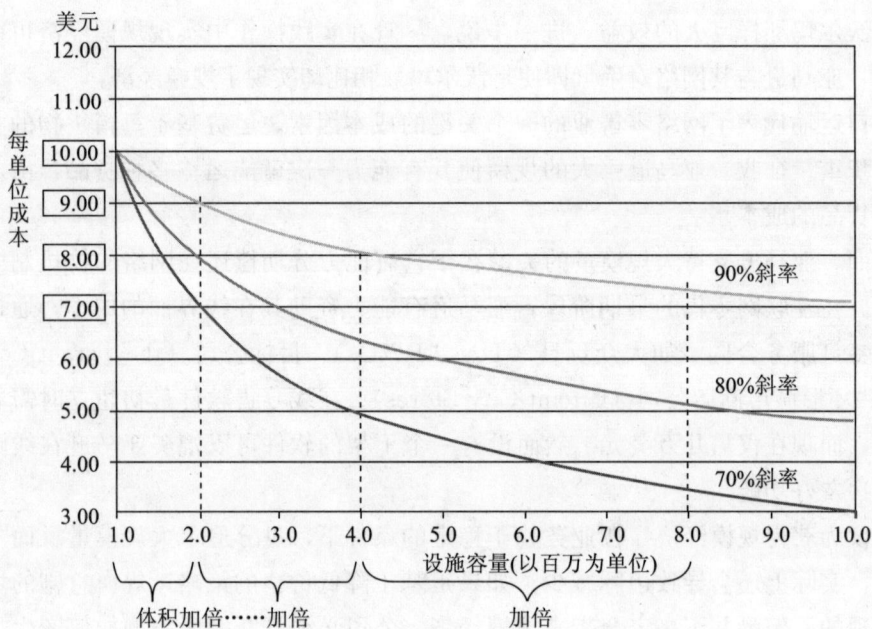

规模曲线图

计算规模曲线的公式会令人生畏，但是它只包含几个关键的变量：

$$\text{Scale Effect (S)} = 2\left(\frac{\text{Ln}(\text{Cost}_2/\text{Cost}_1)}{\text{Ln}(\text{Copacity}_2/\text{Capacity}_1)}\right) \tag{3-1}$$

在公式中，第一台设备提供的数据点用成本 1 和容量 1 表示，代表设备全效使用时的单位成本。第二台设备提供第二组数据为成本 2 和容量 2。有了这四个数值，再通过解决式（3-1）的等式，就可以得到规模曲线大概的斜率。

或者，通过已知的数据点（成本 1 和容量 1）和一个已知（或估计）的规模效应，可以估计出不同规模设备（例如，一个有着不同容量水平的容量 2）的单位成本（成本 2）：

$$\text{Cost}_2 = \text{Cost}_1 \times \left(\frac{\text{Capacity}_2}{\text{Capacity}_1}\right)^{\log_2(s)} \tag{3-2}$$

如果你有一系列不同规模设备的数据点，你也可以通过做对数回归、观察系数或者简单地从两个成本的简单比得到的精确的翻倍容量的两个点估计出规模曲线。

如上所述，规模曲线在分析中假定所有设备都发挥了全部效能。遗憾的是，实际中很少有设备可以发挥全部效能，所以全部效能的单位成本必须通过固定和可变成本分析来估计。

资料来源：Heckel，Huang 和 Laseter，《竞争成本分析：规模和使用》，达登商业出版，OM‑1256。

3.2 网络效应

在互联网时代的高峰时期，网络效应先于商业战略出现，足以证明了网络创业公司现象的价值。股票分析师认为网络的价值与用户的平方数应成比例地增长，鲍勃·梅特卡夫（Bob Metcalfe）提出网络的这一观念，他是以太网（Ethernet）（一项在局域网范围内连接电脑的技术）的开发者和 3Com 公司的成立者。根据众所周知的梅特卡夫规律（Metcalfe's Law），用户成倍增长则公司的价值会翻番，或者说如果用户数翻番，则价值会增长 16 倍。只要互联网用户数量成指数增长，获得的价值将是庞大的。

遗憾的是，即使用户通过网络连接到了某个公司的网站，业务本身却不会必然地呈现出网络效应。为了更好地理解其中的道理，我们需要重新回到这个夸大噱头的经济学争论上来。

经济学家在研究中指出网络的外部性质可以存在于万物中，从 ATM 机到电力再到软件。一般来说，当参与部分的价值有一方或几方已经属于网络时，就会产生网络外部性。因此，网络效应就是需求方争取规模和供给方争取规模经济之间的抗衡。

反思到电话产生的早期。1876 年，在亲身参与到华盛顿和费城之间的电话试验之后，罗斯福德·B. 海斯总统（President Rutherford B. Hayes）提到："这是一项伟大的发明，有谁不想拥有一部电话呢？"海斯总统（President Hayes）没有理解到新生工具带有网络可能性。一部电话连接一座城市中的使用者，相比于已经存在的电报技术优势并不大。然而，与电报不同的是，使用电话不必进行专门的培训，因此，这一网络可以覆盖众多使用者。进一步说，随着越来越多的私人拥有了电话，对网络中的每个人来说，拥有一部电话的价值都提升了。近期，互联网制造了相同的效应。

经济学家认为市场领跑者可以通过建立"转换壁垒"获得垄断地位。只有小型网络的竞争者很难引诱顾客加入到它的网络中，因为它提供了较低的网络价值。微软公司（Microsoft）主导个人电脑操作系统和主要应用软件市场，这就是个很好的例子。尽管其他的操作系统如 Unix、Linux 和苹果 OS 系统（Apple OS）挑战着微软的 DOS 和 Windows 系统，这些系统也宣称自己提供了非凡的操作性能，但是始终没有一个能够替代微软。为什么？因为个人电脑用户与其他用户交换文件时不必担心兼容问题的风险。相似的，庞大基数的 Windows 用户激励着应用程序开发者去开发更多的适合用户的产品。这同样为主导网络的用户创造了更多的价值。

在以互联网为基础的公司中，易趣呈现出最强的网络效应。随着越来越多的人在易趣上列出待售的物品，该网站也吸引了更多的买家。在一件商品上出价的买家越多，对卖家来说价值也就越大，因此也随之吸引了更多的卖家。相比较而言，亚马逊和易趣拥有数量相同的顾客，但是它的核心零售业务创造的是名义上的网络效应。亚马逊的顾客收益于其他人对商品的评价，以纳入更多的顾客去帮助亚马逊来挖掘销售数据并创造顾客定制化的购买建议，但是与易趣相比，这种网络效应的影响相对较小。随着亚马逊转变为在线零售平台并为其他卖家服务，网络效应将会变得更加重要。

作为拍卖领域的领头者，易趣已经通过提升网络效应来占领市场。在 2002—2009 年，易趣的活跃客户量从 2800 万跃至 9000 万，与此同时，订单量从 1600 万美元攀升至 1.18 亿美元。与之对比的 uBid 公司，2002 年的第二大拍卖公司，它宣称拥有 300 万注册用户来竞标不断更新的 1.2 万种品牌商品。2009 年，uBid 公司转变业务，专注于资产追回，为生产商、分销商和零售商清算多余存货。到 2010 年，uBid 公司的股票亏损严重，公开宣布管理已经保留了的重组公司，但实际距离破产只有一步之遥。

尽管 uBid 和易趣都是通过拍卖进行销售，uBid 最初的商业模式显现出的网络效应很小。易趣有超过百万客户，并对他们宣称这是他们主要的或第二收入来源，这其中主要包括一群钛能量卖家（Titanium Power Sellers），每月能有 15 万元营业额或者卖出 1.5 万件产品。uBid 最初从小范围的专业卖家中拍卖新的品牌产品，后在小部分的顾客寻求清算货物。在这种不对称的模式中，增加了投标人数却只有少量的卖家获益，因此伤害了大部分的买家，多数的投标买家仅仅推升了价格而不是吸引了更多的卖家。

换句话说，有时即使网络规模大，产生的价值也很小。许多网络公司专注于顾客数量的增长，把这作为主要的核心原则。实际上他们做出了错误的推断，认为通过规模经济和网络效应，规模总能转变为竞争优势。许多公司如网络货车、柯茨马（Kozmo）和城市到达公司（Urban Fetch）就败在了"最后一英里"的魔咒上，但是实际上，他们的成本不断变化，他们的顾客却没有从增长的数量基数中获得效益。这里大规模量只带来了少量的优势，也正是过分追求高速增长使他们最终走向了终结。

3.3 · 范围经济

第三种支持规模的理论就是范围经济，它认为可以通过在同一组织内提供不止一种产品或服务来获得效益。范围经济既影响供给又影响需求。

通用公司（General Electric，GE）能够把融资领域的服务置换为生产领域的产品，因此占领了需求方的效益。例如，通用（GE）一直允许其顾客通过通用金融（GE Finance）的出租协议去筹措百万美元的资金购买喷气飞机发动机。近期，通用实施了出卖"小时电力"的服务战略，航空公司可以不必再买特定的发动机。相反地，顾客可以购买通用服务并保留的一系列发动机。在供给方，通用电气（GE Appliances）联合通用发动机（GE Motors）和通用航天器（GE Aircraft Engines）一起，以低廉的价格购买了大量的钢板。

然而，对于通用来说，最强有力的范围经济来自于无形物——它那被吹捧的管理发展系统。公司能够向经理人们提供很多经验，他们可以通过截然不同的部门进行实践。例如，Six Sigma 是一种分析的提高过程，在很大程度上被视为高容量生产运作的工具，直到通用证明它可以应用于多种业务中，包括广播网美国全国广播公司（NBC）和财政分部通用信用（GE Credit）。

亚马逊获利或投资于许多小型公司，从宠物食品公司宠物在线（Pets.com）到网上杂货铺网络货车。这些公司大多数被证实是经营不善的，但是在许多人对商业模式充满信心的早期互联网西部荒野时代，它确实使公司免于被连累。贝索斯（Bezos）已经宣布，除了火器和牲畜，亚马逊将会销售任何商品，同时，公司令人欣慰的股票价格也为收购方提供了相当低廉的价格。

最近，有关鞋子网络零售商 Zappos 的收购案例为范围经济提供了一个很好的解释。Zappos 在收购期间年销售额达到了 10 亿美元，它代表了一个足够成熟的商业模式，亚马逊也同意使它成为独立实体。Zappos 的管理团队强调自身的独立性，贝索斯高调宣布了学习 Zappos 文化以强调这一理念。双方都以顾客为中心，但是亚马逊更多地关注于价格和技术，而 Zappos 更注重通过高技术、个性化的模式去传递快乐。贝索斯指出，亚马逊的规模几乎是 Zappos 的 20 倍，因此从 Zappos 向亚马逊传递人才和实践经验会对合并后的实体产生成功的影响。

范围经济既可以是消极的，又可以是积极的。经验主义的研究已经证实了"重点工厂"的价值，这一观点于 20 世纪 70 年代早期首先由哈佛大学商学院的史蒂文·威尔莱特教授（Harvard Business School professor Steven Wheelwright）阐述。亚马逊将这一哲学通过不同型号的设备应用于自身的实践中心。一方面，大多数设备专注于核心的传媒产品，如书、CD 和 DVD。所有这些产品只占有较小的空间，并受益于高度自动化的分拣设备。另一方面，草地和花园产品趋向于有多种规模和较低容量的设备，因此它受益于灵活的人工分拣操作。

专注核心竞争力，或者更通俗地说，专注于做自己擅长做的事，这起源于人们认识到多线的商业经营也会承受复杂性成本（有时会被误称为规模不经济，规模的弊端更适合被叫作范围不经济）。亚马逊或许会在与杂货商接触时面临一些风险。这类产品可以增加销售量，但是或许需要亚马逊扩大运输范围，显然运输对它来说并不是核心竞争力。更糟糕的是，亚马逊可能会遭受到感性不协调。尽管消费者很乐意接收到将干性物品如清洁剂、香皂和书或者 CD 装在一起的包裹，但是他们或许无法接受鲜肉和其他产品放在一起。

扩大产品线或使业务多元化都无法自动地产生范围经济。只有当公司确认和取得了协同作用，并同时管理好越来越复杂的风险之后，范围经济才会积累增长。因此，范围增加提供了强大的双刃剑。广阔的范围可以给供给方和需求方带来效益。然而，增加的复杂性会给消费者带来困扰，使公司从其主要价值业务上分心。尽管一个多线公司应该在各个不相关的业务单元中找到协同作用，但也要谨防单纯的在范围经济的基础上去验证扩张战略。

3.4 防御对抗进攻

尽管上述三种理论都提出了坚实的论据来证明规模经济的优势，但这需要公司成功推进更大的规模。虽然沃尔玛 2009 年的总收入高达 4010 亿美元，但 1983 年收入只有 47 亿美元，仅仅是当时主导零售商 Sears 的 1/8。直到 1990 年和 1992 年，在这两年，沃尔玛在总收入上超过了卡玛特公司（Kmart Corporation）和 Sears。现在，这两家公司已经无力再和沃尔玛相抗衡。

沃尔玛能发展到如此统治性的地位，是因为它提供了与众不同的顾客提议服务。随着它不断发展壮大，其确实产生了更大的利益，也扩大了规模，但是它不是只通过简单的扩大规模战略去获得统治地位。事实上，规模经济依赖于更有策略的进攻。

尽管网上销售仅占沃尔玛总收入的 1%。然而，多亏了它庞大的规模，这 1% 的销售量使其排在互联网总零售商的第六。与亚马逊 245 亿美元的销售量相比，沃尔玛 35 亿美元的在线零售量会黯然失色，但是对比两家公司的总销售量，后者又远高于前者。沃尔玛或许无法媲美亚马逊在线销售的成功，但是它能够利用它的规模捍卫自己的地位。

规模经济确实为了解和发掘规模化公司带来了好处，但是它本身仅为公司战略提供了一个相对较弱的根基。做好小公司的实践与大公司相比将会发掘更多的潜力。最后，不是规模本身重要，而在于你如何利用规模。

4 网络经营战略

在互联网的早期，经历了"迅速扩大规模"和"确定先行者地位来吸引眼球"战略的商家开始着眼于实行在某种程度上看似过于简单的"选择大市场"的战略。一般的实际经营战略在大多数商业计划中显得微不足道。他们认为互联网应该真正成为一个可以去处理订单过程的模式，因为只有技术和市场才是重要的。

价值美国成立于 1996 年，并于 1998 年 2 月开始运营。企业家克雷格·温（Craig Winn）希望可以进一步优化其价格俱乐部（Price Club）模式，因此它减少了中间人环节，允许顾客直接从制造商处购买更多的商品。然而，在温（Winn）的模型中，价值美国甚至不需要花钱去购买和维持存货，因为制造商可以直接将产品运输到顾客手中。公司只需提供简单技术来接受订单，然后将其传送给制造商，再由市场部门将顾客吸引到相关网站上。它通常会在国家日报《今日美国》（USA Today）中刊登整版的全幅广告，不过有贬低者替顾客指出，这些广告旨在吸引潜在目标投资者推动首次公开发行股票（IPO）。

1999 年 4 月，公司的首次公募开始于公司成立的 14 个月后，期间最高值达到 74 美元每股，收于 55 美元每股，公司总价值为 24 亿美元。8 个月之后的 1999 年 12 月，公司削减了 300 个职位，这些职位涉及人数近一半员工的数量。到了 2000 年 8 月，股票价每股低于 1 美元，公司申请破产保护并裁员 185 人，裁减数相当于剩余员工的 60%。

或许实际经营战略终究还是重要的。

4.1 经营战略[①]

在讨论互联网零售业经营战略之前，我们首先需要定义经营战略是由什么组成的。每当阐述自己如何为公司制定经营战略的时候，大多数执行官会强调他们在降低成本和提高质量上所做的努力，例如精益（Lean）或 Six Sigma 理论。尽管这些很重要，但是在经营范围内联合实体资产并组织资源去支持公司的战略，很难单单通过这些理论来获得竞争优势。

---

① 经过作者许可，本章内容引用了 *An Essential Step for Corporate Strategy*，出版于《策略与商务》杂志，2009 年冬季刊，第 57 册。

Michael Poter 提出了"五力"模型（Five Forces）的战略，其宗旨为实现效率，这一模型在各商学院中被广泛传授并在各国公司中被大量应用。1996 年，哈佛商业回顾（Harvard Business Review）刊登了一篇标题具有煽动性意味的文章——《什么是战略?》，迈克·波特的争论焦点总体上来说是大部分公司已经丧失了洞察战略重要性的能力。波特认为，10 年来，坚持不懈地通过缩小成本和质量之间的差距去追求经营效益以抗衡日本竞争者，已经使得许多行业走上了激烈的竞争道路。他担心单一追求经营有效性可能会给双方都带来毁灭性的后果，那就是最终造成行业合并，其幸存者也只是那些比其他公司活得更久一点的公司，他们并没有获得真正的竞争优势。

波特十分关注这种趋势，他用醒目的粗体字标题开始他的文章，试图吸引每一个执行官的注意力，标题是"经营有效性并不是一种战略"，副标题为"日本公司基本没有战略可言"。尽管波特从来没有在补充资料里提过丰田汽车公司（Toyota Motor Corporation），但是很明显，他在攻击丰田复活经营的催化剂及一些它在制度化管理方面被吹嘘的概念，例如总体质量管理、及时生产和持续改善概念。那么，波特是真的很轻视由制造模范丰田公司所推崇的经营改革战略吗?

是的，他是。因为波特强烈地认为战略和经营是分开的，就像经营被理所应当地认为是任何有效的公司都应具备的，而战略是由"各种不同的独特的有价值的活动"所创造的。他也指出战略使公司在竞争中获得平衡，包括选择不去做什么。最后，他强调战略在公司活动契合度中的重要性，"战略的成功取决于把许多事情做好，而不仅仅是其中一部分，然后再把这些相关的事情进行连接"。

尽管战略的开拓者和学者们对波特淡化经营的观点表示不满，但是仔细研究他的论点确实可以认识到，波特和他的批评者都必须承认，战略和经营是有共同点的。根据波特自己的定义，经营战略在有效的总体战略中是十分重要的。波特只看到日本公司专注于降低成本和提升质量，但是他没能看到一个公司的经营也需要丰富的战略，例如丰田公司在创造一种与众不同的产品地位。这也是"五力"模型（Five Forces）战略中的本质。不可否认的是，丰田公司的产品在行业中并没有非常突出。然而，丰田的生产体系源于供应链系统中一个革命性的功能：它可以及时地生产出顾客想要的车子，而不是把车子硬塞给经销商，并让顾客在议价后买走它们。这种模式成就了一系列的经营创新，使得丰田能更容易地迎合顾客不断变化的需求。

与其淡化经营有效性和强调日本制造商这点，如丰田，波特更应该解释经营战略在公司总体战略的成功中是如何起到重要作用的。归根结底，是谁负责设计和实施一系列的公司活动并对他们进行整合呢? 尽管波特为行业领导者如宜家（Ikea）、先锋（Vanguard）和西南航空（Southwest Sirlines）设计了"活动系统"，但他很少指导公司去创造这些可以显示良好战略协调性的自我强化系统。然而，这就是经营战略的本质。

4.2 从生产到经营战略

对波特公平起见，在淡化经营方面他不是孤单一人。数十年来，公司战略都在淡化经营上起到了作用。另一位哈佛大学的教授，威克姆·斯金纳（Harvard professor, Wickham Skinner）于 1969 年在哈佛商业回顾（Harvard Business Review）上发表了文章。他试图使商业开拓者们更加意识到制造功能的重要性。文章题目为"制造业：公司战略中缺失的一环"，该文章提前 25 年预言到了 Porter 的论点，认为"一个生产体系不可避免地需要进行权衡和妥协"。然而，与其聚焦于战略位置，斯金纳重点强调了一些在经营活动中需要重点权衡的问题所在的决策领域。

随着制造战略的概念逐渐演化成更广范围的经营战略，一些学者在斯金纳的基础上提出了新的观点。在 20 世纪 70 年代晚期，史蒂文·威尔莱特（Steven Wheelwright）强调了制造业基础设施决策的重要性，最终导致了结构性决策的分歧，如工厂位置、容量和基础设施建设，并涉及改进电脑系统，如用来管理设备的制造资源计划（MRP）。

最后，战略决策逐步受到人们关注，它包含在竞争战略中支持商业过程的系统即公司资源视图（RBV）。波特的行业组织经济学派认为，行业的选择对公司是否可以获得成功是极为重要的，然而，资源基础观察学派则把经营能力作为战略的重心。资源基础观察战略可以追溯到 50 年前一本具有煽动性标题的书——《公司增长理论》，作者是艾迪斯·彭罗斯（Edith Penrose）。20 世纪 90 年代，杰·巴尼（Jay Barney）使这一战略学说普及开来。它应用了一种自下而上的观点，即关注的是公司而不是行业。它的支持者强调培育经营能力是很有必要的，同时指出随着公司投资于各种不同的战略活动，"路径依赖"会限制公司的选择。

波特认为公司必须选择独特的活动来保证它的竞争地位，但这个观点忽略了实施中所面临的困难。他暗示到，一个公司选择活动就像从中国菜单中点餐一样。联合企业可以在一系列行业中进行选择。因此，战略学家可以理性选择能够制造竞争优势的活动，执行官只不过需要去执行。而在实际中，随着时间的推移，经营战略必须明确地考虑培育和完善公司经营所需要的能力。

结合波特的定位观点，与斯金纳（Skinner）的制造决策领域和巴尼（Barney）的能力基础战略，经营战略的定义拥有了更丰富的内涵：经营战略决定结构性决策，经营能力需要被提高到在总体上可以帮助公司达到期望的竞争地位的水平。

4.3 结构性决策

开拓者和学者都承认，大多数公司的经营战略通常都是由许多临时的大小型经营决策产生的积累效果所决定的。公司很少去深思熟虑地设计和记录它的经营战略。从最好的角度来看，在公司整体战略中可以找到少数且关键的经营战略。看一些以前的案例其实更可以发现经营战略设计良好的重要性。

结构性决策可以决定投资经营的内容、时间、地点和方法。经营战略最初只聚焦于制造业工厂，但是后来发现互联网零售商的设备运营和呼叫中心也同样需要战略的制定。就像我们在随后章节所要讲到的亚马逊的案例中所提到的，四个相互关联的决策领域最终影响一个互联网零售商经营的规模和范围，这也正是需要依据公司的竞争水平而被明确定位的。

4.3.1 垂直整合

这一问题的起点就是考虑活动（按波特所说的）是应该在内部解决还是外包出去。亨利·福特（Henry Ford）在底特律的 River Rouge 公司中所使用的经营战略就是垂直整合的缩影。那时福特（Ford）用 T 模式（Model T）和 A 模式（Model A）改革汽车产业。它用大量铁矿石供养钢厂，实际上是为装配厂供应所有的配件。福特的系统应用新的批量生产范例和规模经济控制住了公司众多的小型竞争对手。

在互联网零售商制定一个战略决策时，他们要选择垂直整合的最适合维度。在 20 世纪 90 年代中期，亚马逊最初成立的时候，它没有采用互联网零售商通常采取的外包等主导模式，它建立了实施中心的垂直整合网络，直接从网上装配并运输接收到的顾客订单。亚马逊继续开发并完善着网络实施的经营模式，它深知外包很有可能把自身的竞争优势置于危险边缘。公司一位资深的执行官曾经说过："我们可以当老师，给我们的竞争者提供服务。"

就像之前说过的，价值美国通过采用制造商直接对接顾客的落船模式，追求最小的垂直整合。然而，价值美国的失败并不意味着垂直整合应该做到最大化。易趣就针对包裹递送采取了有效的落船模式。因此，亚马逊没有进一步对投递进行整合，这个决定对于它从前的老对手电子货车来说是非常重要的。

4.3.2 设备容量

假设一个公司预想通过一定程度的垂直整合获得充足的竞争优势，设备的规格就成了重中之重。公司需要在了解市场需求前有预见地扩大规模，还是采取更加保守的路线，只在市场份额少量增加和市场不确定性趋缓的时候扩大规模呢？思考一下爱默生电机公司（Emerson Electric Company）中科普兰（Copeland）的例子。1987 年，科普兰引入了涡旋式压缩机，这是家用空调行业中新设计概念的首次应用。公司在确立市场需求之前扩大了生产规模，甚至在 1989 年市场需求低于预期水平的情况下仍然继续进行容量扩张。这一决定被证实是正确的，就像历史表明的那样，新的管制效率标准会倾向于涡旋技术，它直到今天都保有竞争优势。今天，涡旋技术主导了市场，科普兰的设计引领着整个行业，但它却始终没有依赖规模经济。

在互联网零售领域，电子货车在规模扩张上加大了赌注，即使最初设立在加利福尼亚州的奥克兰的建造中心仍在边际利用率水平上运营，该公司也花费近 3 千万的价格在一些城市增加了运营中心。爱默生（Emerson）对市场需求的自信是源于它严密分析了大众市场新型资源节约管制所造成的影响。与此相反，电子货车为购买杂货而开发的基础性新型商业模式需要不停地为天性善变的消费者做出戏剧性的改变。在合理的不确定性中做出的大赌注比在正规市场中做出的大赌注要面临更高的风险。

就像在第 3 章提过的，规模经济的程度为设置生产容量提供了考量。尽管电子货车预期在实践中可以达到高水平的规模经济，但是竞争者用体积与风险都相对更小的设备进入市场。最后，电子货车因设备的使用缺陷没有实现预期的规模经济。在一个理想的环境中，当市场需求增加时，设施容量可以小幅度增长，但是很少有公司可以在理想环境中运营。

4.3.3　设备位置

不管设备在内部还是外包出去，选择合适的位置放置设备需要权衡公司的经营范围。Inditex（因其主导品牌 Zara 而享誉全球的西班牙服饰公司）通过减少内部大规模密集生产模式，将劳动密集型的缝纫工作外包给附近区域的小型作坊。大多数时髦的零售商把剪裁和缝纫工作外包给亚洲工厂以降低成本，但是他们却面临着缺少成熟设计师和先进生产设备的长期供应链。Inditex 高效迅速的供应链迎合了其战略：增强内部控制可以更好地填补那些缝纫工厂在劳动力成本方面的劣势。

许多互联网零售商都已经建立了靠近各自总部而不是物流枢纽的运营中心。例如，1800-PetMeds 公司是网络上领头的药店，它的运营中心拥有 34 名雇员，且与执行办公室都坐落于佛罗里达州的庞帕诺比奇市，距离其在美国境内的消费者都很远。

与此相反，Zappos 在肯塔基州的谢波兹维尔建立了自己的运营中心，与内华达的公司总部分开。根据公司网站所述，Zappos 选择这个位置，因为它的中心位置可以覆盖到更多的顾客。谢波兹维尔距离肯塔基州路易斯维尔的联合包裹服务（United Parcel Service）所在的世界港不到 20 英里距离，该航空港有 400 万平方英尺的设备（相当于大约 80 个足球场的面积）为运输业巨头服务，是著名的世界航空枢纽。

确立合适的呼叫中心位置对许多互联网零售商来说都是一个令人畏惧的挑战。在了解客户服务的重要性后，尽管在美国国土外设立呼叫中心可以节省一半甚至更多的潜在成本，大多数互联网零售商仍然选择在国内建立呼叫中心。《互联网零售商》杂志讲述了 Hayneedle 公司（Hayneedle）的故事。它于 2010 年建立了可以容纳 140 名客服代表的基地，新基地使得公司重新夺回了国内 25％的订单量。公司将订单外包给危地马拉（Guatemala），并将 30％的同期收入增长量归因于新基地，是它使内部员工可以更好地接洽顾客，从而建立品牌忠诚度。

4.3.4 加工技术

最后，结构性决策应该包括设备的加工技术。再回顾一下科普兰涡旋式压缩机的案例：在引入新设计后的十余年中，科普兰不得不在中国增加一个工厂。因为它的许多竞争者都在中国进行生产制造，它们以区域劳动力成本优势来抵消部分公司规模优势。于是，爱默生于 2000 年在苏州开设了一间新的涡旋式压缩机厂。然而，科普兰在不考虑加工技术的因素下并做出了完全不同的决策。例如，基于对知识产权保护的考虑，公司不再使用私有加工技术，转而从美国工厂进口重要的涡旋式金属板。

在互联网零售中，工厂加工自动化的程度不同，在不同公司或同间公司的不同设备中能产生不同的效果。例如，位于特拉华州维明顿的亚马逊，虽然使用了智能化的软件去选择加工路线，但是加工过程大部分还是采用人工方式。然而，在内华达州的里诺公司（Reno）选择使用数英里长的输送机，把从电子标签技术使用者处收到的货物，运送到高度自动化的 Crisplant 分类机处。

在现有系统无法保障加工技术充足的灵活性的前提下，基瓦系统（Kiva Systems）提供了一个独特的方式，那就是使用独立的机器人代替输送带。这一技术被许多行业先行者应用，如 Diapers 公司和 Zappos。米克·蒙兹（Mick Mountz）是电子货车分销战略商业加工小组的前任成员，这一技术由他负责设计创立。在 2010 年《商业周刊》的文章中，蒙兹自信地维护到，如果 1999 年基瓦系统（Kiva）存在的话，电子货车就不会破产。尽管这对老问题而言是个具有创造性的解决方法，但是它仍然没有办法证明灵活性的增加是否与加工技术成本的增长成正比。

4.4 经营能力

尽管一个公司的经营范围决定了公司的关键战略决策，但是管理者也需要利用经营活动去重点培养独特的战略能力。波特没能清楚地认识到公司竞争差异之间的联系，他只是不再追求经营有效性，从而低估了建立经营能力的重要性。

波特认为，许多执行官也不会去考虑培养独特的经营能力，但是会一心追求"最佳实践"。换句话说，他们只是掌握了竞争对手已经掌握的能力。实际上，"最佳实践"强化了错误的概念，这才会使波特对经营有效性进行攻击。实际上，没有通用的方法可以适合所有的行业参与者。这种模式只能使产量竞争收敛并且对纯成本竞争造成破坏。相反地，想要培养公司的经营能力必须聚焦于公司在市场中的差别化定位。然而，这种定位能力该如何培训呢？

为了详细说明这个概念，我们将举几个互联网零售经营过程实例，看它们是如何发展自身竞争优势的。

4.4.1 顾客服务管理

Zappos 通过充满激情的顾客服务承诺体系，签订了价值 10 亿美元的订单。公司践行了"因服务而有力量"的标语，用"通过服务传递惊喜"的方法实现了网站目录中的 10 个核心价值。首席执行官托尼·谢川（Tony Hsieh）在他 2010 年出版的畅销书《传递欢乐：通往利润、激情和目的的道路》中描述了公司的承诺。

然而，简单地向顾客许下服务承诺并不能提供竞争优势。公司必须具有真正独特的能力去实现波特提出的差异化定位。Zappos 提供独特服务的内容包括安排 UPS 提取服务，为顾客母亲去世送去慰问。这种体贴周到的服务会增加成本，但是公司认为它减少了市场成本。专家建议，建立实在的顾客忠实度比培养一个新顾客更值得公司花费本钱。

除需要立刻支付的成本之外，Zappos 会投资培训对顾客忠实的员工。在培训公司文化 1 周后，公司出 2000 美元让新员工退出。继续留下学习的员工将再被培训三周去适应在顾客忠实组中的不同职位。和大多数呼叫中心员工不同的是，Zappos 的顾客忠实小组成员没有特定的呼叫目标，而是尽可能的确保顾客能够得到更多的惊喜体验。2009 年的记录显示，有员工和一位想要买鞋的女士通话 4 小时，听她讲了自己的健康状况，她患了周边神经病变，时常走着走着就不自觉地走丢了鞋。Zappos 小组成员找到了一双有 Velcro 皮链的鞋，帮那位女士解决了问题。

4.4.2 经营计划和控制

Zappos 已经明确地在顾客服务领域培养了一种独特的经营能力。这种能力对 2009 年的亚马逊来说显得尤为重要，因为它要在十年内帮助公司获得 10 亿美元以上的年收入，然而公司创立者和首席执行官杰夫·贝索斯（Jeff Bezos）认为自己的公司是"世界上最以顾客为中心的公司"。它的方法与 Zappos 不同，它着重为顾客提供协同作用的潜力。亚马逊依靠高科技来提供广泛的商品，且时刻遵守诺言为顾客提供最低的价格。Zappos 使用"高度个性化"战略，而亚马逊使用的是"高技术"战略，实际上，亚马逊有意的在联系线下客服上制造困难，并且尽量避免线上问题，同时使用自我服务技术来解决已发生的问题。

亚马逊不像 Zappos 那样，追求用非凡的购物体验给顾客带去惊喜，它着重通过改善经营能力为顾客传递运送承诺。正如之前所说的，亚马逊做出的战略决策包括实践程序的垂直整合。亚马逊利用结构性投资在经营计划和控制阶段投资发展一个拥有竞争优势的运营策略。例如，亚马逊承诺让希望节省时间的顾客次日就收到运送的货物。没有一家竞争者可以如此精确地管理众多的产品。

为了利用规模，增强经营性竞争优势，亚马逊继续接受互联网零售中一些令人生畏的挑战。例如，2007 年，亚马逊与在线杂货商一起开启了新的项目"新鲜送达"

（Amazon Fresh）。尽管清楚地知道电子货车以及其他在线杂货商所面临的挑战，亚马逊还是希望可以成为世界上最大的在线零售商。公司知道食品杂货的销售量占据了总零售量的很大一部分，在线销售渠道也会不可避免地被继续拓展。2009 年 9 月，亚马逊消费品部的副主席道格·赫林顿（Doug Herrington）告诉布鲁姆伯格（Bloomberg）："我们对长期经济增长有很大的信心。对部分重要的社会成员来说，他们将会对在线杂货店的便利购物、选择众多和价格低廉产生极大兴趣。我们想要成为一个你可以随时随地在线购物的网站。"

尽管在杂货零售市场的利润相当微薄，亚马逊还是通过经营计划和控制方面的卓越能力使其获得一定的市场利润。从装箱产品到冷冻产品再到冷冻冰激凌，食品杂货店需要一系列对温度的独特操作和严格控制。例如，香蕉需要在华氏 $56°\sim58°$ 的范围内储存以防止早熟，只要温度到了 $59°\sim68°$ 就会加速它的腐烂。再比如说，冰激凌需要严格的温度控制以保持它的乳脂状，解冻过后再冷冻的冰激凌就只剩下冰的口感了。诸如此类的困难将会挑战亚马逊现有的能力。没有一个互联网零售商可以全然无忧地精确、低成本且有效地应对这些挑战。

4.4.3 购买和供给关系管理

在过去的二十多年中，制造商已经在通过战略性购买和供给关系体系投资发展他们的供给基础上投入很多。随着时间的推移，这些努力已经产生了巨大的效果，制造商得以继续在诸如汽车制造和半导体制造这类行业中追求最大程度的成品制造，从而变得更加依赖他们的供货商。

据我们了解，在这一领域，还没有一家互联网零售商可以取得竞争优势，但是 Zappos 掌握着可以去建造这一优势的哲学基础。在《传递欢乐》一书中，商品部的领头人（在 Zappos 网站上被诡异地称为"我们的猴子"的三人执行小组中没有头衔的成员之一，目前涉及其他工作。）弗莱德·莫斯勒（Fred Mossler）在传统的零售关系模式方面提出了以下观点：传统行业对待商贩的方式就像是对待敌人一样。不需要对他们表现出任何的尊敬，不回他们的电话，让他们等时间安排，让他们埋单。

莫斯勒解释到，Zappos 与供应商遵守黄金准则，建立了共享收益的协作关系。与其寄希望于在谈判中掩盖信息而居于上风，Zappos 追求的是与供应商之间的"透明度"，它与自己员工的关系也同样如此。供应商可以和 Zappos 的买家一样，看到存货水平，销售量和利润指标。供应商也可以使用 Zappos 的外联网为下单系统提供建议，甚至可以接触到公司的创作团队，改变网站上的品牌时装店。

4.5 从理论到实践

正如维克汉姆·斯金纳（Wickham Skinner）在 40 年前的例子中提到的一样，经营决策领域需要被权衡。此外，即使是最好的管理也会遇到频宽限制，即强制优先级。这对于易受到资源限制的互联网零售商来说显得尤为重要。就像迈克·波特（Michael Porter）提出的，在商业战略中决定不做什么与决定做什么同等重要。经营战略将会指导结构投资与建设能力投资。这些结构性决策所体现的持续且适宜的经营能力将会决定互联网零售商能否实现公司总体战略中预期达到的市场地位。

尽管大多数互联网零售商确实没有明确地表述其经营战略，但是员工在经营中所做出的决策将会最终影响公司的竞争优势。如果你没有明确地说明经营战略，你将如同置身于一台令人畏惧的跑步机上，正如红皇后（Red Queen）在《爱丽丝梦游仙境》中描述的："现在仅为了留在原地，它就已经耗费了你所有的精力。如果你想要去别的地方，你就必须用比现在快两倍的速度向前奔跑。"明确地将你的经营战略与商业战略相结合或许可以帮助你创造竞争优势。

5　虚拟世界的供应链管理

供应链管理可以有效地帮助电子商务面对挑战，这点在其他商业领域中并不多见。互联网是一个可以帮助顾客们获得产品信息的独特且有力的工具。通过网页，顾客们可以不费吹灰之力搜索到多种多样的商品。但是，互联网零售商很快发现他们必须提供给顾客一系列可供选择的产品，以迎合大多数顾客难以理解的偏好。我们将在本章的开头详细解析这些互联网零售商将要面临的挑战。

此外，在本章的第二部分（5.2），我们将会探讨互联网零售商们是如何通过多种多样的产品来满足顾客的需求，其中包括小型订单流是如何兴起或者是怎样被传递到更广范围的顾客手中。因此，在处理订单的过程中，必要的订单处理环节和存货管理活动将存在于互联网不同的供应链中。在其他类型的供应链中，散货装运是最为普遍的，但在互联网零售业中，订单可能涉及不同供应链等级的货物，并且需要转运送到不同距离的客户手中。为了应对这些挑战，互联网零售商必须考虑一系列严谨的存货管理政策。这部分内容也会在本章第二部分（5.2）进行阐述。

最后，通过互联网，顾客可以根据自己的偏好定制不同的产品。然而，这种定制化服务在顾客最初接触商品和评价时是有限制的。在本章的第三部分（5.3），我们将指出互联网零售商可以使用哪些传统渠道打破这些限制。

5.1　长尾理论和网络零售中的无限货架空间

传统意义上，产品多样性在增加存货运输成本和产品返回支出上起着关键的作用。为了控制这些成本，许多零售商根据帕累托（Pareto Principle）所提出的"二八法则"只保有很少的库存量。这种集中模式对于保有大量不活跃的库存种类的零售商是有风险的。相应的，传统模式的零售商更倾向于从更广泛的库存种类中找出传统销售和其存货运送成本之间的平衡点。

麻省理工的埃里克·布林约尔森教授（MIT Professor Erik Brynjolfsson）认为，互联网零售商需要通过降低顾客搜寻成本和扩宽销售聚焦模式进行零售活动。根据这个观点，当互联网零售商通过利基产品增加销售额时，在分销库存单位销售创造了长尾。这种现象不需要花费过多的运送和返回成本就可以轻松带来更多种类的库存。

5.1.1 互联网的销售长尾

根据《连线》杂志总编辑克里斯·安德森（Chris Anderson）的说法，互联网零售商可以销售的产品种类几乎没有限制，因为物品不必摆在真实的货架上，因此存货没有被实际的储存空间所限制。此外，搜索和建议工具可以帮助顾客更轻易的了解商品，使他们不费吹灰之力买到顺自己心意的产品（安德森，2006）。

最后，互联网零售商应该贩卖利基产品（这在传统销售环境下可能是无利可图的）。图 5-1 说明了这个问题。x 轴对所有产品按销售量进行分级，并且定义了这些排在底部的晦涩条目（通过传统的销售路径也是无利可图的）。通过互联网，零售商才可能销售更多的这些条目中的重要产品。本质上，较高的销量将会通过产品拓宽分销长尾。因此，互联网零售商期望他们可以进行足够多的销售以使他们提供的这些产品获利。

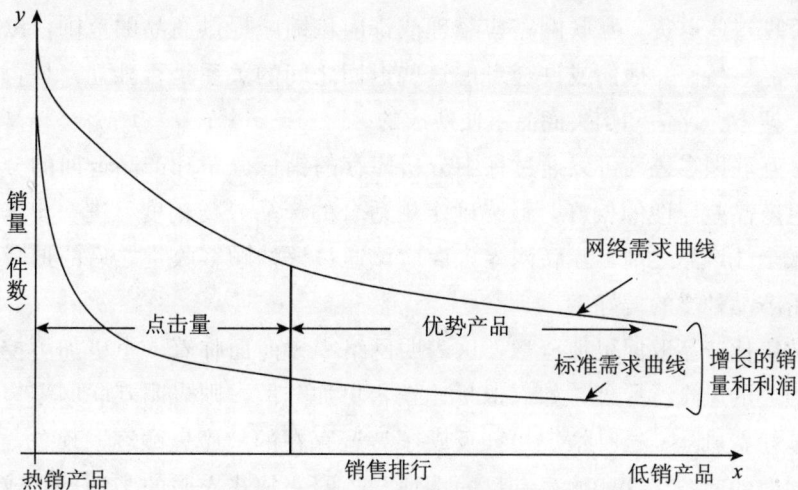

图 5-1　网络渠道拓宽分销长尾

资料来源：ANDERSON C. 2006. 长尾：为什么销售重要产品是企业的未来. Hyperion, New York.

安德森通过媒体产品如音乐、录像和书的例子来阐述案例，他认为商业的未来是"销售重要产品"。他列举的产品能被数字化，容易被顾客通过互联网搜索到，并且可以用较低的公道价格进行储存和分销。然而，对于其他产品种类来说，例如服装、鞋、家用电器和电子产品，互联网零售商应该更谨慎地使用这些信息。

5.1.2　网络生产多样性：珍宝还是麻烦

尽管互联网可以提高顾客的搜索能力，帮助他们找到最适合自己的产品，但是零售商们必须确保他们可以在产品区别化环境中辨别市场偏好，就如同在实际销售分销中向顾客展现多种多样的产品。在某些行业如在服装产业中，当顾客通过互联网购买非媒体产品时，这种偏好是否会受到限制还不够明析。

诸如此类的困难将会不可避免地转化为巨大的存货运输成本。顾客在互联网上进行商品选择和价格计算时面对的困难可能会导致存货长时间置于货架，或者存货无法全部售出。这将需要互联网零售商自行吸收多余的占有和支配存货的成本。

当顾客无法从众多产品分类中选择商品，或者零售商没有完成购货时的必要操作时，将会限制顾客对产品的需求，最终导致退货或阻碍网售产品品种的增加。

如果只依赖自身的存货，退货将给互联网零售商带来极为烦琐的弊端。互联网零售行业的大部分商人只销售自己拥有的产品存货以便运输。根据加特纳的研究，对于这些零售商来说，占销售量 1% 至最高 20% 的退货量时（Brohan，2005）就会造成产品过时风险和每件超过 20 美元的仓储运输成本。

5.1.3 成为挑战

为了管理这些退货，互联网零售经理或许应该缩减提供商品的范围，以此减少常被退货的产品。然而，他们或许会考虑这些退回之间的关系是否独立，是否是由顾客在互联网上搜索、评估和购买商品不便造成的。

然而，互联网零售商可以通过仔细分析库存的销量分布和产品退回的分布情况来了解顾客对产品差异性的偏好，最终确定更适合的产品分类幅度。进一步来说，在积极着手扩张全线产品之前，互联网零售商应该通过评估顾客收货之后的退货趋势来了解顾客对于产品种类的偏好。

如果销售比产品退回更加分散，这表明网络零售商面临着一个更加可控的且与产品分散度相关的风险。另外，如果退货比销售更加分散，则表明互联网零售商面临着更大的成本耗费风险。这种情况可能反映了普遍存在的"魔鬼顾客"现象，在服装部门也存在同样的问题。这些顾客有目的性地购买同一款式衣服的多种尺寸或者多种颜色，期望从中挑选出最适合自己的那件，再把其他的退回。

在购物时，顾客喜欢拥有充分选择又不受所谓最佳选择限制的商品。如果产品无法在在线情况下被充分评估，顾客只希望能在产品检查不合格后可以退货。

为了调查库存的销售分布和产品退回分布情况，零售商应该考虑顾客首次购买（产生向前的物质流）和二次购买（产生反向的物质流）的交易量。在这种假设下，顾客通过评估、比较后发现符合自己需求的产品，从而可以清楚地定位自己对于不同产品的偏好。然而，顾客也有机会通过退回不符合自己需求和预期的产品去认可或改变自己的偏好。

此外，在了解顾客购买和退货的过程中，也应该考虑产品特性和顾客退货的动机。得克萨斯州农工大学的海姆和明尼苏达大学的辛哈（Heim and Sinha of Texas A and M University and the University of Minnesota）分别研究了产品特性是如何影响顾客在网上购物的能力。俄亥俄州立大学的博耶和密歇根州立大学的赫尔特（Boyer and Hult from Ohio State University and Michigan State University）分别研究了互联网零售环境中顾客退货的动机。这些因素已经引起了互联网零售商的关注，因为它们会对顾客购物偏好和不同产品退货率造成不同的影响。

实际上，互联网零售商所面对的长尾挑战是源于零售商可以支配无限的货架空间，提供广泛的产品，但这并不能百分之百反映顾客对所有产品的普遍偏好。这些偏好将会决定顾客是否会因为退货而改变购买决策。存货品种的有效性也可以作为零售差异性的竞争优势来判断商品是否满足了顾客的偏好，这同时也体现在退货的顾客对商品的认可和二次购物的过程中。

人们或许认为扩大产品需求将改变顾客的退货决策。然而，努力扩大产品销售范围会增加吸引顾客需求的风险，他们一方面试探性地增加购买商品的种类，但是另一方面又毫不迟疑地退货。

这种现象在互联网商业环境中也会出现吗？信息经济理论（Information Economics Theory）认为这种现象发生的可能性很小。该理论指出，顾客既能够通过互联网在众多产品中做出明智的购买决策，又不会造成大规模的退货。

然而，如果产品的多样性不可避免，那么对于那些通过网络难以进行远距离评估的产品，多样性反而会导致高退货率，因为对顾客来说，多样性会使他们难以发现迎合自己偏好的产品。此外，顾客可能会发现，随着互联网上产品种类的增加，他们将更加难以了解丰富、实时和精准的产品信息。这是因为单个商品的购买决策容易受到不完整和不精确的产品信息影响，导致最后错误的购买决定和因缺乏数据而退货。

随着互联网上增加的销量和退货量，网上购物也存在着潜在的交易失败风险。而是否会遭遇这些风险取决于产品的特性，这将同时改变产品销量和退货量的分布。在接下来的文章中，我们将会讲述互联网零售交易中的风险理论。我们的论点取决于风险的两个因素（交易支出和歧义）与产品特征对这些因素的重要性。

5.1.4 网络零售中的开支和风险

迈阿密大学的拜伦·J. 芬奇（Byron J. Finch of Miami University）认为，顾客在网络购物中的开支将直接导致网络交易中的风险，因为这些开支将依赖于交易产品的规格和价格。

产品规格越大，在线用户的交易支出越多。因为购买者为订单运送而支付的运输和处理费将变得更多。互联网用户不愿意支付运输和处理费，除了他们为自己熟知的小众品牌中的大件产品去支付额外的运输处理费，一般情况下他们会避免为不为人知的大件商品支付高额的运输和处理费。因此，他们尽量减少购买风险，以免买到不符合自己偏好的产品而产生无谓的支出。所以，我们发现当产品规格增加时，一些畅销品将会扭转互联网的销量分布。

此外，顾客对产品价格的不确定会使他们直接搜索高价产品，以便更明智地消费以及减少互联网购物的风险。因此，顾客认为从网上购买价格相对高的冷门产品没有好处。当产品价格高的时候，他们将更轻易地退回不适合他们的产品。这是因为，如果顾客购买的产品价格高昂的话，他们会在购物失败后强烈地希望弥补本次购物的损失。因此，高价产品在畅销品中销量很高，但是又比低价产品的退货分布广泛。

5.1.5　网络零售中的歧义和风险

当顾客面临在网上买到不合心意商品的风险时，他们将对产品做出更加详尽的评估。然而，产品在网上销售的时间越长，这种风险越小。

当产品在互联网上销售的时间增长时，顾客接触到的有关产品的信息就会增加。这些信息包括不同产品的数据特征，也有其他顾客的反馈内容，包括产品推荐和图片。有了这些信息，顾客将更容易对产品做出更详细的评估。因此，产品在线销售时间将帮助顾客收集更多的产品信息，以便顾客做出更多有效的、更确定的购买决策。

此外，退回产品包括不易推广的长置产品，随着在线销售时间的增加，市场将会对产品更加熟悉，此类产品的退货率分布也将更加明确。然而，由于失败的购物导致产品系统性缺失、不实陈述或者顾客的错误评价会使退货现象集中出现。因此，在线销售时间越长的产品越会拓宽互联网的销售分布，也会改变少量产品的退货分布。

5.2　需求管理

从我们之前讨论的内容中可以看出，互联网零售商是否可以取得成功，部分取决于他们应对需求变化的能力和不妥协于销售的赢利能力。因此，线上顾客需求管理也变得越来越重要。

这部分管理包括如何处置零售网站的顾客订单。作为直销的一部分，批发商和其他互联网零售供应商一般存有大量可以完成订单的产品。此外，这些供应商与第三方物流公司（3PL）如 UPS 签订协议，按照零售商的要求，将订单货物运送到顾客指定的地点。总体来说，供应商有责任在产品运输过程中及为零售商服务和管理过程中支付费用。

如图 5-2 所示，直销使互联网零售商更专注于市场、顾客收购和订单处理功能。零售商们将转变股份所有权，并承担对供应商订单的责任。另外，供应商可以利用自身在仓储和分销运营中的优势去有效率地执行这些活动。

网络零售商	供应商
重点: 市场 　　　顾客需求 　　　订单处理	重点: 持股和控股 　　　仓储活动 　　　订单履行
利益: 无库存成本 　　　无仓储资产	利益: 可以进入更加稳定和广 　　　阔的市场并且能更容易 　　　地预测市场需求

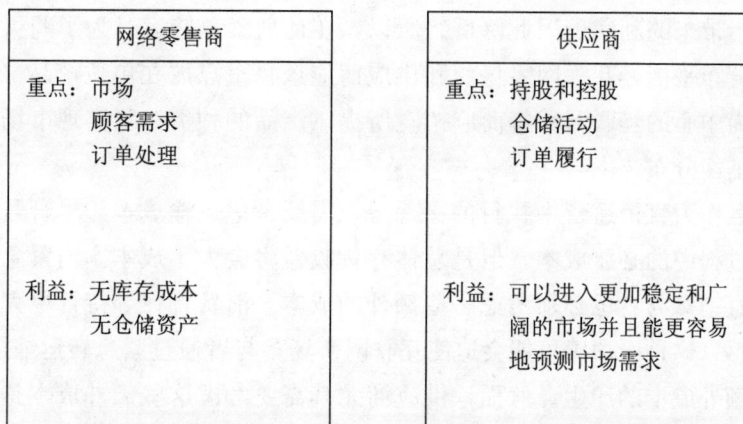

图 5-2　网络零售商和供应商在直销安排中的责任和利益

零售商可以从直销中获利，因为他们不必理会存货成本和仓储资产。不仅如此，供应商也可以获利，因为他们可以通过互联网零售网站获得更加广阔和稳定的产品需求进而卖出更多产品。

直销的赢利能力基于一定的条件，如无须提升存货水平就能快速地处理消费者订单。第一，当库存地点少时，直销将变得更加有利。第二，当产品需求基于市场份额和普及度的变化而增长时，零售商将更倾向于直销。第三，当多数零售商与少数供应商签订协议，或者零售商面临不断变化的需求时，直销有利于缩短处理订单的时间，同时降低存货占有成本。

当消费者需求在一个广阔的地理范围内广泛分布时，零售商和其供应商也将选择直销。这种分散指的是每一个供应商对应的市场都存在订单差异。

5.3　紧急转运的作用

紧急转运的使用也决定了网络零售的运营是否能够成功。当外地市场的存货无法满足当地购买需求的时候，零售商们将采取紧急措施，用自己的存货去满足外地市场的需求，即紧急转运。

在直销中，紧急转运需要线上零售商和供应商共享顾客订单和存货现状信息。因此，紧急转运不会增加供应方的存货，从而减少断货情况的发生。断货情况少也会减缓无预警的订单周期延迟，但是可能会增加运营中心的工作量。当网络零售商收集来自不同运输起始地的不同货运订单时，范围经济将给紧急转运带来额外的收益。这种效应减少了货运分组时间和为在线消费者服务的周期时间，使整个运营更加有效。

在直销过程中，紧急转运可以降低断货率。当供应方可以满足市场需求，且需求在各个市场中都达到平衡时，断货率会降至最低。因为各个市场的需求情况不完全一致，紧急转运带来的利润也因此降低。所以，在计划紧急转运时为了购买需求在市场区域内达到分布平衡，互联网零售商和供应商应该将重点放在单位产品（SKUs）。此外，以直销为中心的互联网零售商应拓宽所提供产品的种类，以实现市场区域范围内购买需求的平衡分布。

紧急转运作为直销运营中执行的一部分，需要考虑运输成本。尽管紧急转运增加了存货运输过程中的必要成本，但是总体存货收益将会大于成本。当紧急转运产生收益的时候，直销参与者也必须考虑一些额外的成本。消费者在等待订单完成的过程中会产生厌烦感，这种厌烦感可能会迫使互联网市场参与者通过紧急转运缩短运输时间，但却忽略了额外成本的产生。然而，供应商尤其需要考虑这些额外成本是否会影响在运输和处理费中产生的边际收益。

同样需要注意的是，直销会引起零售商市场方面和供应商运营方面之间的矛盾。一方面，零售商认为，为了控制预算需要限制自己在供应商产品促销活动中的支出。另一方面，供应商为了限制库存量将定量给零售商提供存货。

零售商和供应商该如何解决这个矛盾呢？一种方法是，零售商给供应商支付更高的费用以减少后者所面临的携带存货的风险，并确保零售商在直销活动中不会被定量配货。另外一种方法是，供应商根据获得的顾客数量对零售商进行补助。通过这些方法，供应商弥补了零售商的广告投入，同时也加快了更新运转速度较慢的存货的供货速度。最后，零售商也可以激励并支持供应商的良好供货表现和运营。

但是直销也可能会造成顾客订单延迟。这是因为当市场需求突然增加，互联网零售商可能会面临供应商造成的断货风险。当消费者在面对不同产品（不管是最近引入的还是改装后的）转变购买偏好时，购买需求就会无预期地增加。市场需求也会因顾客对特殊产品的偏好的改变而转变。当这种需求发生变化时，批发商将会发现自身拥有的存货无法满足现有的购买需求，因此他们将会给零售商提供定量的货物。

零售商为了保护自己免遭订单延迟，同时快速满足顾客的需求，他们越来越多地选择结合互联网和传统店铺两种销售渠道。在本章的最后一部分（5.4），我们会详细讲述这些战略。

5.4 多渠道零售：结合网络和实体渠道

历史上，多渠道零售包括通过传统商店和书页产品销售。直到最近，在过去的二十多年中，多渠道零售扩大到互联网销售。随着消费者越来越熟悉在线订单过程和在零售店里挑选产品，这类销售经历了重要的增长。对顾客来说，这一改变带来了两个好处。第一，他们可以深入了解多个地点的众多产品，并迅速地在最近的商场进行购买。第二，在购买这些产品的过程中，尤其对于运输费用高的产品，顾客不必支付运输费和处理费。

对于零售商来说，将互联网和传统销售渠道相结合同样会带来一些利益。最值得注意的是，零售商可以通过传统渠道销售产品而不必支付最后一英里的运输费用。在传统商场销售货物的过程中，顾客可以进行挑选并把货物运输到自己家或其他目的地。此外，依赖传统销售渠道可以降低供应链中的总体运输成本。因为通过这一渠道，零售商可以采用多层次的分销方法，将全国范围内分销中心中的存货运输到区域性或本地的分销中心，直到货物呈现到顾客手中。

在吸引和保留顾客方面，多渠道销售也将给零售商带来好处。业界研究表明，对只在线上销售的零售商来说，获得顾客的成本是人均 42 美元，而对结合互联网和传统渠道的零售商来说，顾客成本是人均 22 美元。这就是多渠道经营的零售商可以花费重金留住顾客的原因之一。他们保留顾客的成本只占营销和广告预算的 16％，而单一互联网零售商只有 3％，他们不得不将大部分资源用于吸引顾客。

然而，对于零售商来说，要想更好地结合互联网和传统销售渠道也面临着挑战。最显而易见的就是，在利用传统商铺销售线上产品时，附加设备成本将显著增加。这也是一个可以解释为什么单一互联网零售商如亚马逊或者其他库存过剩的网络零售公司不选择采用多渠道销售战略的主要原因。实际上，所有采用多渠道战略的零售商最初都是经营传统店铺的。

另一个需要面对的挑战就是从一个渠道转到另外一个渠道的销售人员的调配，这需要为员工设计一个公平的激励政策。在设计这些激励政策时，零售商需要在完成销售的过程中认清两种渠道所扮演的角色，分配好销售任务和其他相关的销售激励。进一步来说，零售商需要在两种渠道中保持统一的价格和促销手段，以使得顾客不会因为买贵了而抱怨。

零售商在实施多渠道销售战略时也面临着其他潜在的挑战。当传统和互联网两种销售途径相结合时，他们需要考虑在计划和管理存货时遇到的各种关于储存能力的问题。计划和管理存货的能力决定了补充分销中心和零售商铺中存货的时机和数量。尽管分销中心的存货可以通过商店来销售或者直接运送到消费者手中，但是零售商铺的存货只能通过顾客购买这一种渠道进行销售（Agatz et al.，2008）。

因此，通过市场预测去决定分销中心或零售商铺中的存货量将随着不同地点的购买需求而变化。尤其需要通过设置安全存货去抵御购买需求的不确定性。

因为零售商铺的购买需求不定性高，向零售商铺运送安全存货的机会成本比分销中心的机会成本也高。举例来说，零售商铺的购买需求来自较小的需求群体。此外，这种需求对于存货的变化也更加敏感，由于零售店中的顾客可以直接看到存货情况，他们的购物倾向容易受到商铺里存货水平的影响。因此，零售商铺的存货损耗率变得难以估测。

此外，向零售商铺运送安全存货的机会成本高于分销中心的机会成本的另一个原因是，处于便利地段的零售商店存在高额设备成本和向顾客展示其他高价产品的机会成本。而且，因为零售商已经对放置在商铺中的存货进行了投资，所以这些存货本身就比分销中心的存货更有价值，因此运输费用也更高。

同步存货记录用以确保传统和互联网销售渠道中适当的存货量，这对零售商来说也同样是一种挑战。当产品的销售率高或者在促销打折季时，这将起到关键作用。因为两种渠道的存货水平在这些时间段中易产生变化。一般零售商是有能力去处理顾客订单并让顾客可以随时了解订单的状态。但当他们以销售渠道获取的存货更新记录来决定存货数量时也会感到困难，因为部分货物已经被分配到顾客订单中，并且他们需要确保剩余的存货量可以满足接下来的订单需求。

我们将以零售商在结合互联网和传统零售渠道时可能会遇到的利益与挑战来结束这一章。总结见图5-3。

利 益	挑 战
● 在不同的地理位置拥有更多商品的可能 ● 顾客有更多的机会在购买商品时不用承担最后一英里（The last-mile）的运费 ● 更多的货物可以被整车的运送，更贴近市场 ● 更卓越的杠杆原理去发展客户忠诚度	● 增加了设施成本 ● 把分销渠道从单个拆成多个 ● 更复杂的库存管理计划和预算 ● 安全库存运输需要更多成本 ● 通过多渠道对库存记录进行更密切的同步

图5-3 零售商在结合互联网和传统零售渠道时可能会遇到的利益与挑战

参考文献

[1] 盖兹，弗莱施曼，努内．电子和多渠道分布综述 [J]．欧洲运筹学杂志，2008 (187)：339-356.

[2] 安德森．长尾理论：为什么商务的未来越做越小 [M]．纽约：Hyperion，2006.

[3] 安德森，哈森，斯密斯特．收益的期权价值：理论与实证检验 [J]．市场科学，2009 (3)：405-423.

[4] 安德森，哈森，斯密斯特，等．价格如何影响收益：感知价值和增量客户的影响 [D]．埃文斯顿：美国西北大学工作论文，2009.

[5] 安德鲁，库马尔．产品是否必然会导致罪恶——前因和后果 [J]．市场营销杂志，2009，73 (3)：35-51.

[6] 贝尔德．重装零售：跨渠道零售前线中的经验教训 [EB/OL]．跨渠道零售联盟

白皮书，http：//www. sterlingcommerce. com/PDF/Rewiring％20Retail. pdf，2008.

[7] 巴鲁，伯恩塔斯．多位置库存规划 [J]．企业物流杂志，2003，24（2）：65-89.

[8] 伯曼，锡伦．一个完整的开发和管理多渠道零售策略指南 [J]．国际零售和渠道管理杂志，2003，32（3）：147-156.

[9] 博耶，霍特．线上消费者行为企图：一项关于满足客户体验水平方式的测试 [J]．运营管理杂志，2006，24（2）：124-147.

[10] 博航．在线零售商学会保持收益的持续性问题 [J]．互联网零售业杂志，2005，7（4）：44-50.

[11] 布伦乔尔森，杰夫瑞胡，拉赫曼．零售渠道之争：产品选择和地区因素如何驱使跨渠道竞争 [J]．科学管理，2009，55（11）：1755-1765.

[12] 布伦乔尔森，Y. 胡，斯密斯特．帕累托原理再见，长尾理论你好：搜寻成本对产品销售关注点的影响 [D]．剑桥：麻省理工学院工作论文，2007.

[13] 布伦乔尔森，Y. 胡，斯密斯特．数字经济中的消费者剩余：估算在网上书店增加产品品种所产生的价值 [J]．管理科学，2003，49（11）：1580-1596.

[14] 切瓦力尔，梅泽林．口碑对销售的影响：在线书评 [J]．市场营销研究杂志，2006，43（3）：345.

[15] CHONG J K，T H HO，C S TANG. 分类规划建模框架 [J]．生产和服务运作管理，2001，3（3）：191-210.

[16] CLEMONS E，M GAO，L HITT. 当在线评论满足高分化：啤酒行业的工艺研究 [J]．管理信息系统杂志，2006，23（2）：149-171.

[17] 科伊尔，巴迪，兰利．商业物流管理 [M]．西南，梅森，OH，2003.

[18] 德尔法．运输过程管理 [J]．目录时代，2002，19（11）：37.

[19] 埃弗斯．评估紧急转运的启发式算法 [J]．欧洲运筹学杂志，2001，129（2）：311-316.

[20] 芬奇．在线拍卖环境下客户期望：客户反馈及风险研究 [J]．运筹管理杂志，2007，25（5）：985-997.

[21] 费舍尔，拉曼，麦克利兰．火箭式零售业马上要开始了——你准备好了吗 [J]．哈佛商务评论，2000，78（4）：115-124.

[22] 加德纳，互联网零售业现在怎么样 [EB/OL]．http：//www. internetretailer. com/article. asp？ id＝26595，2008.

[23] 格伦，埃利森．互联网销售需求：税收，地理以及线上—线下竞争 [D/OL]．麻省理工学院经济部工作论文，No. 06-14，2006. http：//ssrn. com/abstract＝901852.

[24] 格雷瓦，雷威，马歇尔．零售环境下的个人销售：互联网及相关技术是如何促进和抑制一个成功的销售 [J]．市场营销管理杂志，2002，18（3-4）：301-316.

[25] 哈洛韦尔．扩展：电子商务中人力资源的矛盾 [J]．服务业管理国际杂志，

2001, 12 (1)：34-43.

[26] 海姆，辛哈. 电子零售业中顾客忠诚度的驱动：关于食品电商销售的实证分析 [J]. 制造业与服务业管理，2001，3 (3)：264-271.

[27] 乔森，温莫，贝尔曼，洛泽，费德勒. 网上搜索行为的深度和力度 [J]. 管理科学，2004，50 (3)：299-308.

[28] 拉赛特，拉比诺维奇，黄 A.. 点击的隐藏成本 [J]. 策略+商务，2006，42：26-30.

[29] 米特斯，沃尔顿. 互联网多渠道策略性供应链的选择 [J]. 服务业，2007，1 (4)：317-331.

[30] 莫伦科夫·D.A.，拉比诺维奇，拉赛特，博耶. 互联网产品收益管理：关注于服务业的有效性 [J]. 决策科学，2007，38 (2)：215-250.

[31] 奈特西恩，鲁迪. 互联网的供应链选择 [D]. 费城：宾夕法尼亚大学沃顿商学院，2003.

[32] 皮克利，布鲁曼，沃森，帕苏阿玛. 消费者服务的内生基础：网站设施的进化与革命 [J]. 决策科学，2004，25 (3)：423-455.

[33] 拉比诺维奇，马尔兹，辛哈. 音乐 CD 加价率，服务质量和产品属性的评估 [J]. 产品与物流管理. 2008，17 (3)：320-337.

[34] 史密斯·D.，布伦乔尔森. 互联网消费点的决策：品牌仍然至关重要 [J]. 工业经济杂志，2001，49 (4)：541-558.

[35] 史密斯·S.，阿格纳瓦. 与需求替代多项目的零售库存管理系统 [J]. 物流研究，2000，8 (4)：50-64.

[36] 索萨，沃斯，在多渠道雇佣服务虚拟渠道中的服务质量 [J]. 服务业研究杂志，2006，8 (4)：356-371.

[37] 蒂鲁马来，辛哈. 在零售供应链中消费者订单成功的满足感：在 B2C 模式中产品型号的含义 [J]. 运营管理杂志，2005，23 (3-4)：391-303.

[38] 伍德. 远程购物环境：两阶段宽松退货处理决策的影响 [J]. 市场营销研究杂志，2001，38 (5)：157-169.

6 定义价值

在这一章中，我们将对互联网公司在供应链环节中提供的不同服务进行讨论。由于互联网服务的商业模式有很多，且这些服务具有共同性，因此我们就可以把它们通过共性用明确的定义进行分类。这将在本章的第一部分（6.1）进行讨论。

此外，在本章的第二部分（6.2），我们将讨论这些服务该如何运作才能有效增强互联网零售商的竞争优势，我们将互联网技术调动对创造经济价值、竞争性产业结构和实现持续竞争力的影响进行了评估。这些能力可以不被其他公司模仿，并能有效地保留顾客，使互联网组织能在众多行业竞争者中保持有利地位。

6.1 供应链环境中的主要网络服务是什么

回到 2002 年 6 月 15 日，在互联网泡沫的早期，亚马逊在线的创始人和 CEO 杰夫·佐斯（Jeff Bezos）在《商业周刊》（*Business Week*）的编辑道格·哈博莱切特（Doug Harbrecht）对其进行的访谈中抱怨到，在一开始，在线零售模式的主要变化包括对三个"增长驱动力"的整合，分别是：低廉的价格，便利性和选择。佐斯先生（Mr. Bezos）提到的这些增长驱动力定义了在供应链背景下主要的互联网服务，如下图所示。

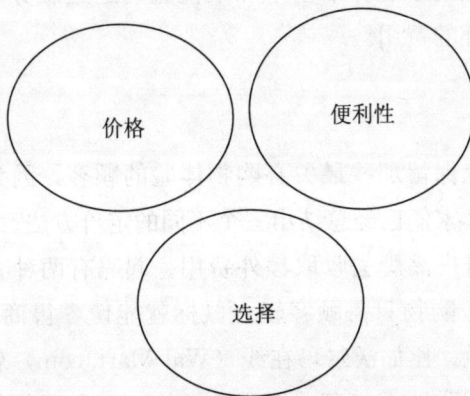

価格　　　　便利性

选择

网络服务——网络零售发展的驱动因素图

价格的制定是卖家在互联网上提供的最基本的和直观的服务。通过制定价格，卖家说明了其所提供产品在市场中的价值和独特性。便利性主要针对的是顾客的感知能力，包括在线订购是否便捷，卖家是否能及时准确的将货物送达到顾客手中和必要的时候能否进行退货。最后，卖家提供商品的广度将取决于他们在多大程度上有效将产品供给和需寻相匹配。

6.1.1　价格制定

网上的大多数卖家，尤其是那些经历过互联网泡沫繁荣和衰落时期的人，已经体会了价格制定决策的急剧变化。他们已经被迫从过去的迅速扩张战略转变为近期激进的价格竞争战略。因为为了巩固利润他们不得不为市场中不同的顾客群体设计不同的定价方案。

在20世纪90年代，新兴企业所采取的激进的价格竞争战略导致了市场媒介的出现，比如购物代理 MySimon 在线。这些媒介给买家们提供不同卖家的汇编以方便买家进行价格上的比较。这样一来推动了零售商进行下延竞赛，一些价格领头者虽然最终能够主导市场但是在竞争过程中也只能获得最少的利润。购物代理成了这些市场中必不可少的工具，他们通过给顾客提供分类、搜索和汇编过的价格信息来获取零售商的部分剩余利润。

我们可以看到，新闻媒体和商业广告使用的策略极为相似，谷歌（Google）和其他媒介已利用其服务进入代理领域并获取了巨大的利润。在电子商务领域，既有实体物品又有供应链营销的卖家已经成功转型而不只依赖于价格竞争。现在，互联网零售商不仅收取买家所购买的产品费用，还会收取运送所购产品的运输费用。在制定价格时，零售商设置了自选价格战略，即如需快速送达服务需要支付额外的高额费用。这样，在线零售商通过让他们的顾客自主选择运送服务，将顾客分为不同的市场等级。那些对价格敏感的顾客倾向于选择最基本和最便宜的运送服务，而那些希望可以尽快收货的顾客乐意支付额外的费用。

6.1.2　便利性

互联网卖家应该重点保留那些最关心购物体验的顾客，因为他们可以收取更多额外的服务费用。成功的卖家们已经总结出三个不同的定价方法。

第一，零售商通过推广品牌去收取额外费用。起码有两种方法是通过品牌去支持高额的边际费用的。网上购物只需顾客轻点鼠标就能使零售商获得高额的边际利润。实体链中的网络销售渠道，比如沃尔玛在线（Wal-Mart.com）就体会到了规模经济带来的利益。对于纯粹的互联网零售商，打造良好的口碑和冗长的"首要考虑"传统可以帮助他们建立品牌并获取更高的边际利润。

第二，零售商可以通过网络服务获取额外费用。这些额外费用可以从零售商提供的产品属性信息、产品检验、产品预览（预定样品）和反馈服务中获得。像亚马逊网通过提供更多的产品信息去中和其他网络零售商的实体优势。在与实体店铺的竞争中，有效的退货管理也是非常关键的。当消费者在网上购买评价少且高额的物品时，零售商可以为顾客提供贴心的退货政策以降低预期的购买风险。

第三，产品混合同样会获取额外费用。受欢迎的产品一般不会产生额外费用，因为如果你最喜欢的商店没有某种产品，你也可能在另外一家找到。高端卖家选择细分市场，通过建立自己的声誉来吸引目标客户。作为最大的在线零售商，亚马逊网就成为了一个例外。它允许公司销售其核心媒体产品诸如书和录影带以外的众多普通产品及紧缺货品。

6.1.3　选择

因为互联网可以展示的商品种类和数量受限，所以零售商提供了尽可能多的详细产品目录来节省顾客去实体店购物的时间。尽管这对顾客来说是极有价值的服务，但在线上众多的产品中进行搜寻也需要成本。所以，零售商应该给顾客提供在线工具来帮助他们接触不熟悉的商品。当帮助需要赶时间的消费者迅速准确地找到他们所要购买的商品时，零售商就可以向其收取额外费用。Savvy Internet 使用便捷的价格比较工具对畅销产品进行搜索。选择适宜的搜索工具来迎合顾客对特殊产品的需求，可以有效地降低价格竞争带来的影响。

所有一切看似熟悉，这是因为互联网零售商希望向有大量购物需求的顾客卖出确切的产品，并希望可以长久地保留这些顾客。但这并不意味着零售商在互联网上不会销售错误的产品。一些零售商已经经历了这种挣扎过程，如他们的核心产品——CD，已经过时。因为顾客可以从网上下载电子音乐。

然而，智能的产品选择工具也变得越来越重要，因为越来越多的人开始从网上购买不同渠道的实体产品。实体销售渠道应该与网络销售渠道实现同步，最大限度地丰富并完善产品目录。

零售商如 REI 已经实现了复合渠道的应用。在第一阶段，REI 重点解决在店铺内发生的断货情况。如果 REI 的顾客无法在实体店中找到某种商品，那么他们可以通过REI 内部商铺亭订购货物，将货物调到实体店中，并且免除运输和处理费用。REI 把从分销中心订购的货物在实体店进行库存补充的时候运送。因为定期补充存货，大多数货品在下单几天之内就可以送到店铺。

在第二阶段，REI 可供顾客在线下单，并免费将货物送到离顾客最近的店铺，让他们自己提货。为了向顾客提供关于运送店铺的实时信息和准确的提货时间，REI 需要展现出更加积极的态度。

在第三个阶段，REI 供顾客选择在线购买商铺中的存货或在最近的商铺中挑选商品。为了支持这一模式，REI 必须面对实时追踪商铺存货的挑战。此外，REI 必须建立一个程序，保证顾客在下单几分钟后就能在商铺中提货。

智能的产品选择程序可以显示出互联网供应商的库存目录和分销中心地址。这种程序通常被称为直销，即互联网卖家们直接管理在线产品目录和顾客订单。相应地，供应商们需要保有存货并根据订单要求将货物运送出去。直销不需要建立实体店铺或者分销中心，这对互联网卖家来说成了一种新的市场销售渠道。

最后，混合产品选择更可以满足顾客的购买需求，因此卖家逐渐意识到他们需要有更多可供选择的产品。这种捆绑销售也可以为卖家带来更大的利润。想想新鲜速递的案例，它是一个位于纽约大都会区的在线杂货运营商。它提供的产品很丰富，顾客可以购买到 55 种定制咖啡，混合自 22 种不同的咖啡豆，且它们都是根据订单的需求进行的烘培和研磨。普通的咖啡豆平均售价为 0.7 美元/磅①，这种定制的咖啡平均售价为 4.62 美元/磅，还要另加运送费。

6.2　怎样利用网络提供服务以获得更多的竞争优势

额外销售服务可以增强互联网的竞争优势。互联网服务所创造的经济价值的多少可以基于行业的竞争，基于这些服务可以被其他公司模仿的难易程度，或基于是否可以帮助吸引回头客来进行评估。

因为互联网开放式的结构和标准，它本身不向线上销售参与者提供独特优势。在信息技术工具出现之前，互联网给公司提供了争取新竞争地位的机会。只有这些应用互联网获得竞争优势的公司才能够创造持续的经济价值。这一现象对新兴的小公司来说是很好的预示，因为他们能从互联网的创新和难以复制的特点中获得利益。不仅如此，这对稍微成熟的企业来说也是一个好消息，因为他们能够利用互联网去弥补传统商业运作方法。

在互联网商业的早期，商家的利润很难被估计，因为在一些情况下，股票期权迫使人们更加关注收入而不是资产。同时成本也很难被估计，因为互联网公司用股权、保证书或者股票而不是现金从供应商处购买存货和服务。这种做法导致了企业对互联网运营所需资本的错误评估。

供应链参与者需要更好地与消费者交流，更好地收集关于消费者品位的信息，更好地使用替代性的电子产品去实现交易，因为互联网已经使现有行业进行重组，例如书籍零售业和音乐零售业。这些商家获得利润更难，因为竞争壁垒不是非常高。

互联网商业可以给卖家提供两个方面的持续竞争优势。一方面是交易中买卖双方之间的虚拟服务。对大多数商家来说，互联网商业需要精确的库存信息、订单追踪能力、产品对比工具和有效的产品装配机制。

---

① 1 磅≈0.45 千克。

第二个方面既包括支持基础设施和运营中心的实体服务，又包括订单完成过程中的物流功能。在这个方面，根据产品的类型不同，有可能会发生退货现象。在媒体产品商业化过程中产生的电子书和音乐等产品相比于其他产品类型来说，更受到消费者的青睐。消费者可以更轻易的在线上对这些媒体产品进行搜寻、评估和比较，同时下单也相对的简单。然而，这些优势却给卖家制造了更大的竞争压力，因为在这种环境中各公司间的投入和服务几乎是同一的，批发商和其他分销商有权利向线上某些卖家提出特殊要求或拒绝供货。

其他商品更加难以实现线上商业化。如鞋或衣服需要消费者进行评估；杂货和其他食品需要储存在离销售市场近的地方。这些挑战为卖家创造了一个开放性的竞争空间，使他们可以区分自己与其他商家的产品并实现可持续的竞争优势。想一下 Zappos 在线的案例，一个卖鞋的零售商通过树立行业服务领导者的形象在线对消费者进行销售，这样促进了消费者经常性消费和大单生意所必需的顾客忠实度的形成。新鲜速递位于纽约大都市地区的在线杂货供应商，也力争成为行业的领导者。他们设计的库存政策极好地考虑了顾客真正的产品需求，使顾客足不出户也能买到和社区商店同样新鲜的产品，同时又有更多的产品选择和可靠的订单运送服务。

长时间以来，这些战略为互联网零售商吸引和保留顾客提供了持续的竞争优势。传统意义上，公司会长期依赖较低的定价策略去建立长期的市场份额。这一战略在互联网领域中存在问题，它吸引到的主要是投机买家，他们会在低价的时候购买，也会在其他卖家出低价的时候去购买别家的商品。

因为互联网上的顾客可以不用花费任何代价自由地选择卖家，所以商家需要对其提供的服务制定明确的价格。这需要公司了解在完成订单和交易过程中如何将所提供的产品和服务进行归类。

为了进行交易，顾客首先必须支付订单的费用。这些费用中通常包括一项单独的服务费用（运输和处理费）。因为这些服务使卖家根据相关经验在服务质量差异方面进行公平竞争。其他服务（例如准确的产品在库信息或者订单后续信息）是免费的，因为这些服务只和相应的卖家有关。第三种服务，例如向顾客提供产品样品和产品比较服务也是免费的。但是顾客在从别的卖家那里购买商品时也可以获得这些服务。因此，当交易量分散且在买家个人一次性支付的情况下，商家可以利用这些服务获得竞争优势。

当顾客将第三类服务视为订购服务中的一部分，卖家就可以最大限度地利用这第三类服务。订购服务限制了服务的可转换性，因为顾客已经提前承诺了他们将使用这些服务。然而，这并不意味着顾客不能在其他竞争者处购买商品，尤其是当他们进行短期订购时。因此，能否保留住顾客不仅在于他们对服务的满意程度，还取决于他们可以从订购中获得多大的好处。

顾客可以终止或改变他们的订购服务。但只要公司提供持续合理的服务，顾客就不太可能去终止订购。公司也必须在订购服务中设计出不同层次的服务以供顾客选择出最适合他们的产品。订购服务中的万金油反而会使大量订单取消，因为这些服务对顾客来说根本不实用。

想一想 Netflix 的案例，以及它的竞争对手——那些最近由红盒（Red Box）或者在过去提供影片租赁的传统的电影租赁店铺。Netflix 的经营模式是按月订购，所以租赁费用相比传统模式较高。Netflix 的顾客可以选择结束或者改变这种按月订购的模式。另外，在传统的电影租赁店，顾客在归还一部电影之后一般就不会再那么积极地去借下一部，而商家需要鼓励他们更积极地去借下一部电影。

在这种经营模式下，Netflix 必须设计出能符合顾客需求同时也能够赢利的订购服务。利润可以单纯地反映出每月订购费用，以及每个租赁期内由于顾客所租电影数量和类型的不同所产生的成本差异。顾客借出的影片越多，公司就会产生越多的借出和收回影片的运输成本。此外，相对于租赁那些没有名气的老电影，顾客借出越多最新大片，公司就要支付越多的版权费用。

为了保留回头客，Netflix 非常注重服务的便利性，因此他们提供了 DVD 快速递送和归还的服务。这使顾客在每月的租赁期间内可以频繁地观看不同的电影。公司也善于满足不同顾客的不同需求，并根据顾客反映出来的需求比重优先满足需求最大的顾客群体。他们也向顾客提供无限的在线电影，这是任何传统的电影租赁公司都无法企及的。

只要 Netflix 能成功的保留这些顾客，他们每个月的订购不发生损失，公司就能保持赢利。从长期来看，防止顾客退会并升级打包服务可以帮助公司获得更多的利润。这样看来，对 Netflix 来说在不相关的交易上加价并不是唯一的获利手段。它意识到，只有在长期的营销过程中抓住顾客的终身价值才能最大限度地获取利润。

Netflix 的成功同样也依赖于它走在科技潮流的前端。公司已经中断了电影销售和租赁产业，并对影片销售重新定义，使之减少对传统店铺的依赖。此外，公司允许顾客无限期地保留租赁影片，并且提供给顾客一个更便利的地方去直接购买影片。

这一行业将毋庸置疑地利用互联网为观影者整合各种各样的电影类型。那些能够为顾客提供合适的地点并使他们通过最经济快捷的方法接触到最适合他们的电影的商家最终会获得成功。是消费者决定了其在何时何地如何观看何种电影，而不是网络、有线电视公司，或者其他提供商。

在未来，基于这种观点的互联网商家将会让观影者自己制定内容，而不是那些不适合观影者口味的一堆杂乱的频道或者安排好的节目。这种设计模仿了在音乐行业中实施的手段，在音乐行业里，用户能够通过互联网购买想要的音乐产品，而不需为其他毫无用处的音乐付费。

7 外包网络零售经营

从传统意义上来说，外包项目通常都是一些战术性的且不重要的活动。然而，近期外包活动发生了改变。在众多行业中，尤其是科技领域的公司，通常将那些核心的、战略性的且即使运营不善也会持续影响利润的项目外包出去。然而，许多互联网零售商，例如亚马逊都在追求垂直整合，其他公司也积极地寻求外包以强化产业价值链。在本章中，我们将探索外包的动机及如何做出关键性的战略决策。

互联网零售商外包的动机驱使他们沿着供应链的不同方向收紧业务范畴，同时寻找机会提高运营的有效性以向顾客提供更好的服务。互联网零售商像其他企业一样，通过外包实现运营中的低成本，包括劳动力成本和其他可变成本，这是最基本的动机。同时，它们也通过转移资产如存货和分销设备来降低固定成本（Maltz, Rabinovich 和 Sinha，2004 年）。

提高资产利用率为外包提供了一个动机。互联网零售商一直都在努力避免库存设施和设备的低利用率，尤其是在市场需求率不是特别高，商品不好卖的时候。当第三方组织接管了这些设施时，消费者的增加可以提高设备利用率。第三方公司通过将业务范围缩小至单一模块可以提供给互联网零售商自己无法得到的规模经济。这些规模经济来自一些大型设备和第三方服务外包商更大型、更密集的分销网络。

7.1 关于外包分销设施的网络零售决策①

互联网零售商外包分销设施导致分销网络产生不同的结构，尤其是其战略目的和范畴功能。正如图 7-1 中所示，沿着纵轴和横轴，一些零售商发展了其内部分销能力，而其他零售商选择将服务外包。此外，分销中心的数量和地理位置从单一的由偶然因素驱动的，转变到拥有复合设施、精心设计和将成本和服务最优化的全球化网络。

---

① 经过作者许可，这部分内容引自拉塞特、拉比诺维奇、博耶和拉格塔斯纳海姆之前（2007）出版的工作文章。引自《史隆管理评论》，麻省理工学院，保留所有权利，通过论坛媒介发布。

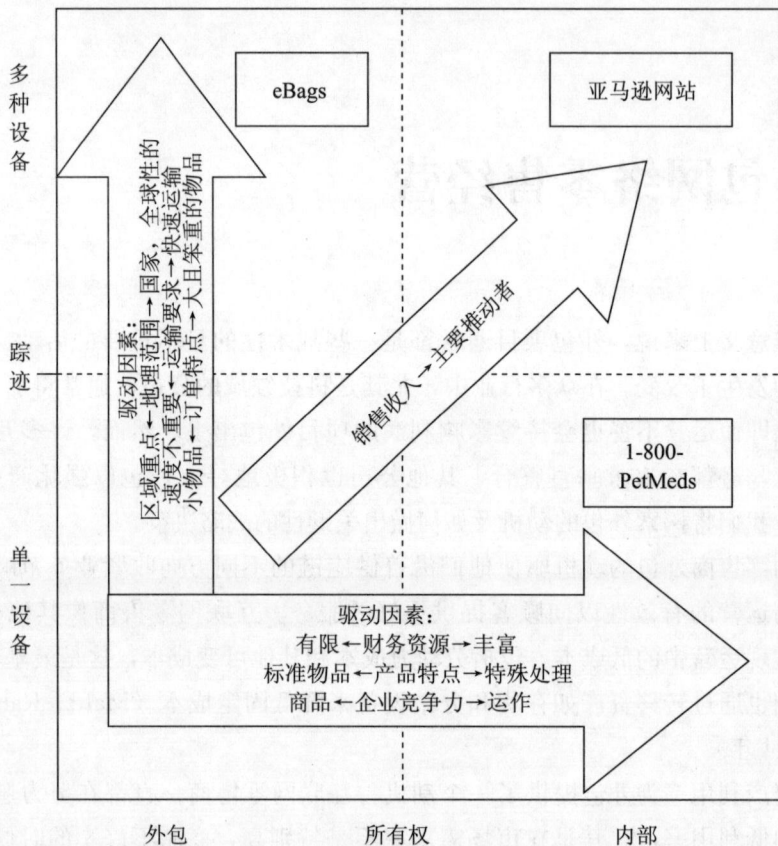

图 7-1　网络结构设计考量

资料来源：LASETER T M, et al. 2007,《麻省理工学院斯隆管理评论回顾》，48（3）：58-64.

　　如图 7-1 所示，一些不同的考量因素可以驱动一家公司从单一设施转变到复合设施。拥有广泛运营中心和大量金融资源的大型互联网零售商有能力支付复合化设施及公司内部网络，但是其他大多数公司缺少用足够规模或者战略性决策去实现如此资本密集型的运营能力。因此，当一个互联网零售商扩大它的覆盖范围和资源总量时，降低运输成本和加快运送速度可以驱使公司开启近邻顾客的额外设施。

　　产品特性同样也能够间接影响网络结构。少量产品即使远距离运输也可以很便宜，然而大量产品的远距离运输费用却很高。相反，大量产品可以更容易、更经济地实现良好的近距离运输，因此运输战略极其复杂。正如博尔（Boyer）等人在 2004 年指出的那样，所有这些问题需要根据零售商所在的商务环境、产品和需求特性进行考虑。总而言之，对于那些掌握着标准化、产品规模小且无须"最后一英里"运输的零售商来说，他们更倾向于选择拥有少量设施且将产品外包给外部物流专家的网络结构（见图 7-1）。

　　其他零售商则更愿意简化自己内部的分销网络。例如，亚马逊做出的战略性决策，通过加强运营能力去提供符合以顾客为核心的哲学理念的服务。许多早期的互联网零售商低估了运营能力的重要性，现在的零售商愿意追随亚马逊的领导却缺少资金支持。没有资金去建立自己营销网络的小公司将营销外包，将重要的固定成本转变为可变成本。

当产品需要特殊处理时，很难寻找到一家有能力提供外包的机构。然而，例如1800-PetMeds唯一的运营中心位于远在佛罗里达市区的地方。尽管在零售业中，遥远的地理位置会带来成本劣势，但是这对 PetMeds 来说却不是问题，因为它大多数的运输外包给美国邮政服务优先邮件（U. S. Postal Service Priority Mail），这项服务的价格不论运输目的地远近都十分公道。这种特殊的结构和控制需要 1800-PetMeds 把运营中心保留在内部。随着公司的发展，为加速运输速度，增加一个靠近西海岸的运营设施显得越来越有必要。但是为保持内部控制，这一设施需要由内部员工运营，而不是外部服务提供者。

越来越多的传统零售商开始依赖互联网。大多数零售分销网络被用来处理货物运输。沃尔玛已经领先一步采用了先进的技术，它创建了专业化高容量分销中心和交叉码头网络，比其他任何零售商可以以更快的速度、更低的成本将数量庞大的货物运送到线下店铺。经过高度调适的分销网络结构为挑选、捆扎并支持在线销售运营提供了不少优势。现有网络运营存在着许多不同特点，导致许多线下零售商因为巨型零售商的供应链管理能力向亚马逊寻求在线运营帮助。

正因外包服务众多，公司很难找到适合他们自己的营销网络构造。进一步讲，随着在线零售的发展，最佳营销网络结构也随着时间发生变化。想一下巨型图书零售商边界（Borders）的例子。2001 年 4 月，边界向亚马逊外包了自己的网站操作和运营。与它所创造的收入（合作达成时利润少于 1%）相比，管理一个单独的在线团队似乎极为困难。然而随着时间的变化，边界通过互联网市场发现外包战略似乎已经成为了束缚。尽管外包具有成本有效性，但该模式限制了边界直接在线捕捉顾客的能力。最终边界取消了与亚马逊的合作，重新引入内部在线操作。

显而易见的是，似乎没有一个可以适合所有互联网零售商网络结构的良方。此外，即便有所谓的最佳模式，它也会随着互联网零售销售增长而发生变化。然而，因为垂直整合资本和选择错误的合作伙伴会造成一定的风险，外包分销设施战略仍在所有最关键运营战略中位居前列。最优的互联网零售商倾向于既适合其产品特性及竞争能力，又低成本的合理网络结构。

7.2　在广泛网络零售背景下的物流外包战略[①]

研究发现，在某些情况下物流外包伙伴提供的利益对互联网零售商来说有非常大的吸引力。这些利益不仅能被解释为更广阔的网络覆盖足迹，还可以被看作是更加完整和可靠的运营服务。例如，户外齿轮零售商——娱乐设备公司（Recreational Equipment）与外部机构合作，将顾客管理与在线订单相关的需求外包出去。这使得娱乐设备公司（REI）可以更好地匹配库存能用性，提升了其内部存货利用率。另外一家大型零售商 QVC 与商业中心（Commerce Hub）合作，从 QVC 监测顾客在线下单与发货情况。商业中心为监测订单运输和存货情况提供了一个数据中心交流点，使 QVC 不必为每个客户都开发其各自数据标准和硬件数据传输。这项服务缩短了 QVC 的订单周期，并简化了订单打包，同时使负载跟踪更加自动化，也因此减少了 QVC 的延迟运送和无库存风险。

这些服务可依据延展性和极低的附件成本监测顾客订单数量。但是到底哪一种服务最具延展性？为什么？

总体上，网络运输服务比需要人力和基础设施介入的服务更具有延展性。前者包括通过 ITunes，YouTube 和脸书给消费者提供的服务，还有类似由商业中心提供给 QVC 和其他互联网零售商的服务。他们主要基于供应链伙伴间的传输特性。因为网络传输只产生了最小边际成本。这些商业活动充分利用了这一特性，使销售量能够成指数的增长。

从另一个方面说，需要人力或基础设施介入的服务容易受到实际边际成本的影响，例如互联网顾客订单运输。因为他们需要为满足更多顾客需求而扩大规模，那就需要实质性地投资于固定资产，例如运营中心和运输设备。

这一现象使得出售实体货物的互联网卖家业务规模难以增长。许多卖家已经选择从外部媒介处获取支持，因为他们有着可靠的基础设施和经验去顺应市场需求的增长。就在几年前，有人预测这些媒介无法在行业内合理定位与竞争。但目前的趋势明显可以推翻这一预测。这些媒介通常是指物流服务提供商（LSPs），它们现已发展壮大并可以帮助互联网零售商利用与顾客和供应链中的网络关系去更有效地完成订单。例如，他们或许更倾向于解决退货问题，或者与合作运输公司商讨"最后一英里"的问题。他们的价值在于提供信息，即当互联网卖家的供应商直接将产品运送给顾客时，他们需要进行订单确认。

---

① 经过作者许可，本部分引自拉比诺维奇和科奈迈尔（2006），出版于《加利福尼亚管理评论》杂志上的文章，再版于《加利福尼亚管理评论》第 8 卷，第 4 章。

7.2.1　障碍和挑战

公司的实际运营与物流服务提供商（LSPs）之间存在着一个主要障碍，那就是互联网零售商欠缺对服务提供商的理解。许多零售商只去快速解决物流运送中发生的问题，却很少去长期利用这些合作关系。

在一般情况下，零售商会和出价最低的竞标者合作。这种方法或许援引了"胜利者曲线"，即物流提供商会在签订合作合同后通过提高价格或者降低成本支撑住自己的利润。能否防止物流服务提供商与买家之间的沟通发生问题取决于零售商考察绩效的紧密度。

另一部分互联网零售商不考虑与物流服务提供商合作是因为他们的基础设施更偏向内部控制。例如，如果遇到退货问题，一些有实体店铺的卖家将根据商铺的经验进行记录并将商品引导至退货地点。这么做可以使零售商将大批退货聚集至地区或全国范围内的分销中心，以便重新进行储备、翻新或者直接将退货丢弃。尽管这种方法运输成本低，但是可能会推迟重新储备、翻新和再销售产品的周期。如果商品对时间要求较高（因为它们是季节性的或者易坏的），退货过程中的价值损失或许可以完全抵销这种方法所节约的运输成本。

零售商不能只简单考虑他们与其他组织在如此网络环境中的关系如何。否则，他们将失去提升自己业内地位的机会。网络环境中的诸多挑战使得零售商在开始与他人建立合作关系时就需要考虑网络组织间的交易性质、零售商与服务提供商及第三方之间的发展联系。

7.2.2　网络中的组织交易

因为网络已经简化了卖家和供应链内包括顾客在内的其他主体交易活动，早期的预言家相信，在某一时点互联网将会完美地开启一个全新的市场竞争时代。根据他们的推测，这些市场竞争将会消除许多媒介，包括物流提供商（The Economist，1999）。

然而这并没有发生，因为顾客为了在网络上搜寻和购买商品，有必要比较卖家之间不同的报价。尽管报价看似包括同质的商品，但是它们或许包含了不同成本和质量的物流服务。同样的，普通顾客无法在购买前对这些服务进行评估。为了检验这些服务的真正价值，顾客需要真实的体验来确定价格最低、质量最优的物流服务。

部分零售商已经开始利用与物流服务提供商的关系去吸引一些追求高品质物流服务的消费者。然而这种合作关系是特殊的，因为在整个营销供应链中不仅包括物流服务提供商，还包括零售商的终端消费者和提供商。

7.2.3　迈向服务网络的发展

网上零售商可以利用他们的服务提供商去扩大顾客范围，同时可以接触到新的资源和新的产品，也可以提高运送服务的质量。作为一个服务提供商，他们可以发挥不同的功能，即在不同的领域与供应商、顾客和承运公司，例如美国联邦快递（FedEx）、美国邮局快递专线服务（USPS）保持着良好的关系，以结合多元化和动态化的有效资源设置，使卖家能够对不断变化的市场需求作出更加快速的反应（见图7-2）。

服务形式	以买家为中心	以供货商为中心 枢纽确认	以运输为中心
以实物资产为基础	1 货物退/换 货件处理	3 订单合并 库存管理 航运下降	5 采集包装 订单运送
以信息为基础	2 订单付款 订单请求/查询	4 订单验证/订单确认	6 转发 运送确认

图7-2 网络零售商服务形式

资料来源：RABINOVICH E and A M KNEMEYER. 2006. California Management Review 48（4）：84-108.

物流服务提供商拥有强大的复合功能。图7-2中有一半代表基于实体资产的物流服务提供商，他们较多地使用交通运输和库存/仓库资产。另外一半属于信息物流服务提供商，他们主要专注于信息的管理。

物流服务提供商的功能可以被定义为六种。图7-2中显示了每一个种类的具体例子。他们包括吸引互联网顾客（聚焦买家功能）、直接对接互联网零售产品卖家（聚焦供应商功能）和"最后一英里"产品运送（聚焦运送功能）。

物流服务提供商的这些拓展功能和分离功能可以形成鲜明的对比。这种方法可以使零售商去精简实体资产和完成订单数据流动性的设置。例如，互联网零售商可以依赖个体物流服务提供商的多种功能获得在顾客服务方面的进步。物流服务提供商的功能包括吸引买家，他们可以发挥信息管理功能，例如订单支付；还可以发挥实体资产管理功能，例如产品退回和更换。在这种情况下，零售商可以扩宽市场，吸纳新的产品或者增加现有产品。他们将与聚焦买家功能的提供商进行合作，降低追踪订单和退货所产生的成本。

互联网零售商也会寻求物流服务提供商发挥的复合功能，与之分享相互的实体资产和信息，为的是简化供应链中实体产品种类和数据上游的流动性。例如，一个物流提供商可以帮助互联网零售商扩大仓储资产。仓储资产最初被用来完成退货功能，由互联网零售卖家提供库存，物流提供商接受、处理顾客退换产品的订单。

同样，考虑一下图 7-2 中的第三和第四个功能。通过这些功能，物流服务提供商可以帮助互联网零售商挖掘更多的资源和库存。具有这些功能的供应商可以帮助零售商直接发送，更改和确认一系列库存订单。同时，当互联网零售商拓宽他们的产品范围时，无须进行更多的库存投资或者可以避免由库存过时或贬值引发的风险和损失。零售商也可以利用拥有聚焦功能的供给商模式去更有效地控制他们自己的库存，尤其是当需要更换过时存货的时候。

此外，互联网零售商可以利用物流服务提供商的信息发挥功能，提高回应顾客质疑的整体性、准确性和敏捷性。例如，互联网零售商可以选择一个单一的提供商来处理顾客订单并核对顾客订单是否有相应现货库存，同时处理顾客支付，以及持续地核对订单运送信息。这类聚焦运送功能的物流服务提供商能够扩展可选商品的范围和质量，通过"最后一英里"运送补充可兼容的运送服务。他们可以为期望快速建立地区市场和以低价获取"最后一英里"运送服务的互联网卖家提供利益。

7.2.4 创造积极的网络效应

如果网络可以提高卖家的利润，则可以对互联网零售商产生积极的影响。利润随着价格的增长而增长，就像物流服务提供商可以接触更多的潜在客户，以增加零售商要求的物流服务或产品选择范围和质量。当物流服务提供商专注于减少特定外部物流服务成本时，边际利润也会随之增加。下文中我们将讲到这两种现象。

7.2.5 增加收入

当零售商可以服务更多顾客或当顾客忠诚度提高的时候，一个物流服务提供商可以帮助互联网零售商提高收入。物流服务提供商也能使零售商通过拓宽顾客范围和提供更优质的物流服务去提高收入。

对顾客来说，广泛的市场范围能减少他们对于零售商行动力和增值能力的不确定性，这时零售商选择覆盖更广阔的市场将是可行的。市场范围更广才更能提高顾客忠诚度（Keller，1999）。这样，零售商在扩大市场范围的同时必须要建立顾客的信任度和忠诚度，使零售商不仅能提价，还能够保持销售的长期增长。顾客回头率可以影响收入，并且这种影响将随着时间越发显著。忠诚的顾客会买的更多，支付更高的价钱，同时能产生良好的口碑传播，由此可以看出，忠诚度和利润之间有着非常紧密的联系。

有效的利用提供商能帮助顾客解决信息不足问题和降低零售商搜寻特定服务商的成本，互联网零售商可以因此培养出持续稳定的竞争优势。利用物流服务提供商的支持去帮助顾客解决信息不足的问题会使零售商的业务量大大增加。例如，零售商可以通过与物流服务提供商合作来提供品种更多、质量更好的物流服务，以收取附加费用。因此互联网商人需要提供更值得信赖的服务，例如，为无法如期交付的订单办理退款。同时，他们也可以对加速办理退款收取附加费用。

持久稳定的竞争优势同样来源于互联网零售商利用与提供商的合作关系连接新的商家。互联网零售商可以通过更广泛的合作机会去适应提供商更多的需求，以及为存货获取更多有利的资源。除此之外，扩大合作范围可能使零售商先发制人，比其他竞争者更快接触到提供商，由此获得供应链中的先行者竞争优势。为了获得更多有利的资源，并利用这些资源先于竞争者储备存货，互联网零售商需要处在更有利的供应链位置去提供更广泛、更新颖的产品，从而吸引到更多的顾客。

7.2.6 降低成本

物流运营占据互联网零售运营成本的很大一部分。行业专家已经预测到，物流服务产生的成本可以占到互联网零售商收入的15％。通过与物流服务提供商合作可以降低这些成本，但都取决于一个零售商能否获得独特的第三方资源支持。

这种支持将会取决于互联网零售商与物流服务提供商关系中的不确定性。这种不确定性是由零售商对物流提供商有限的绩效考核导致的。它或许来自于零售商对产品需求和营销物流服务知识的缺乏。因此，不确定性一般归为两类原因：一种是不了解他方的行为，主要反映在物流提供商的绩效；另一种是不了解物流服务所处的环境。

这些不确定性在互联网零售商是否要依赖物流服务提供商的决策上扮演了非常关键的角色。当不确定性增加时，陷于合作关系的零售商将会招致巨大的适应成本，该成本取决于零售商所处物流服务交易环境和物流服务提供商的绩效，零售商需要提前明确和适应出乎预期的关系改变。当这些成本增长时，零售商倾向于解除与物流服务提供商的合作，因为想要获取提供商的服务就要支付更多的费用。第一，互联网零售商需要将资源投入到选择合作伙伴的过程中，其中包括行业资源的提供商、现有物流服务提供商客户和金融机构。第二，零售商也必须清晰地表达其预期要求以避免当物流服务提供商绩效不确定时难以满足零售商的需求。

物流服务提供商绩效的不确定性也使得互联网零售商很难通过目标定位去提高运营和生产力。如果物流服务提供商绩效难以检测，则需要在合作合同中详尽地说明运营活动的政策和程序，但这么做同时也会使得物流服务更加昂贵。

部分互联网零售商选择在内部实施物流服务，因为接触未知市场时会产生不确定性。一些零售商在进入定义不明朗的市场或者开发无信息的新产品时说他们已经在物流服务环境中面临过这种不确定性。结果就是这些零售商决定避免和那些很难监测服务需求的物流服务提供商进行合作。

例如，智能宠物（PetSmart）是复合渠道的宠物产品零售商。智能宠物公司（PetSmart），物流服务提供商绩效的不确定性和产生的相关成本使他们决定用直销方式处理在线订单。公司在经营过程中已经遇到了不同的问题，使零售商花了不少钱去估算物流服务提供商绩效的确定性。智能宠物在线（PetSmart.com）的直销包括大的、高价值的产品，比如狗笼子和马鞍，这些产品的供货商拥有各自不同的直销政策和过程。这些情况限制了直销在产品和卖家中的扩展性，同时需要宠物公司持续的干预和监测。实际上，商家很难去准确预测一家物流服务提供商所提供服务的绩效水平，例如获得由公司拥有和掌握的资源、为在线顾客协调直销。

令人惊讶的是，在过去，互联网零售商通过合资企业和兼并来获取其他卖家提供的未知市场经验和知识，借此扩大市场并减少运营中的不确定性。在电子商务的早期，这种合资企业很普遍。那时候对很多互联网零售商来说，迅速扩充战略是吸引投资的必要条件。然而，这些战略阻止了互联网零售商开发内部必要的资源和技能去处理外部市场的不确定性。从长期来看，这些战略也阻止他们与供给商、顾客和其他供应链成员的直接联系，从而增加了不确定性。

宠物智能已经经历了这些过程。在20世纪90年代，零售商就像其他实体店铺零售商一样，通过合资企业和兼并发展在线业务。因此到了2001年，宠物智能在线已经成为了一个由IdeaLab控股的独立企业。那时，宠物智能掌有在线公司并把它纳入联合管理。这使得公司的在线业务得益于内部广告推销和运营能力，同时也使宠物智能在处理产品退回方面更加独立。为此，宠物智能设置了一个分销中心，目的是直接为在线顾客处理调换和退回产品。结果宠物智能不仅提高了效率还开发了处理退货的内部系统，其中包括顾客礼物、高价的马术齿轮、服装和其他具有高度季节性和市场需求不规律的产品。

同时，我们也发现在运营过程中物流功能的复杂性将会使不确定性增加，迫使互联网零售商加强内部处理功能。当复杂程度不断增加，互联网零售商会选择将物流功能控制在一定范围内。然而在另一方面，当执行某一特定的物流运输时，零售商可能需要与物流服务提供商进行合作，这可能会与周边环境不符。

再看一下宠物智能和它的存货控制。与其他的物流功能相比，零售商的存货控制需要处在一个稳定的环境之中。新产品的供应商或者非主流产品零售商只有非常少的竞争者，这可以限制宠物智能存货控制的外部参数。尽管存货控制具有一定的稳定性，但零售商选择内部运营则需要在配置库存和监控货物时进行高度复杂的工作。这种复杂性是公司实现库存控制目标时各部门之间高度依赖的结果。比如，在线部门需要与公司的其他部门进行持续沟通，来决定存货位置（在运途中或者在库房里）和状态（备有现货或者退回订单），以便给顾客提供有效的库存实时信息。此外，在线部门还需要联合其他部门共同提升公司的影响力，以便随时随地得到需要补充的货物。最后，在线部门必须定期与综合顾客服务部门及信息系统组织进行沟通，以掌握最新的网购顾客信息，如订单因意外缺货状况而无法及时被处理。

此外，对于宠物智能的在线消费者来说，订单的运输环境非常特殊，比库存控制可能遇到的环境更富有挑战性。在线消费者订单的货运取决于订单目的地的分布。因此距离宠物智能存货设备近的地区设置了灵活时间的取货窗口，以保证消费者在购买时约定的交付时间。然而，当订单运送地离宠物智能存货设备遥远的时候，公司需要严格的窗口时间以保持与前者的连贯性。

运输同样会受到库存量单位变动的影响。一些宠物智能的顾客可能会下一些特别的订单，包括经常性地购买订书针，订购不经常需要或者紧急时才需要的物品。为了满足这一类订单，存货运输需要分阶段的完成。所以公司需要设定一个可以轻松适应宠物智能整体运输计划的时间窗口来执行这些运输任务，并且不会打乱已有的规律性的运输任务。另外一方面，后一种类型的订单必须具备不定的、不可调节的时间窗口，以完成约定的订单交付任务。

当宠物智能的在线订单运输面临如此的环境时，零售商需要依靠一家物流服务提供商（LSP）来完成此项服务。这是可以实现的，因为宠物智能同意将运输过程系统组织化，因此需要物流提供商做到：①从主要的设备中将存货进行分类；②与一个一体化的运输团队沟通以确定存货产品被送至正确的运输线路。与此同时，宠物智能提升了组织融合的规模，允许物流服务提供商整合在线订单目录和运往实体店铺的补充存货订单。对于这些运输活动的整合可以使宠物智能更有效地计划和控制服务市场的对外运输。对在线和实体店铺的运输整合也减轻了在线订单运输的力度，不然的话取货窗口的时间设定将变得极其不稳定。

7.3 结论和应用

中介不会在互联网环境中消失。然而，他们会承担起不同的角色使互联网零售商接触到更广泛的服务和市场。一些信息服务可以通过网络直接进行传递（订单支付和订单请求），然而，其他一些基于地理分布的服务（产品交换和退回、运输过程等）会局限中介的角色。因为这些服务比那些包含实体产品的服务更加容易规模化。前者的中介专注于产品信息网站，他们致力于在交易中使买卖双方建立信任，或者帮助买家找到最符合个人偏好的产品。

如果中介所处的环境涉及基础设施和产品，那么该中介会接管一系列有助于扩大零售商运营规模的服务。他们的服务直接回应了顾客日益增长的产品搜索需求。这些服务可以帮助零售商为顾客提供更多不同种类的产品。

这些中介也会提供其他服务，他们会逆供应链链条而上，帮助零售商扩大存货和产品管理的规模。一些服务（比如转送配运）可以用来扩大产品多样性，其他大多数服务将帮助公司通过整合订单和实施不同的存货管理来获得规模和范围经济。

总体来说，能否依靠中介来完成这些运营功能取决于扩大后的产品种类和规模，以及范围经济是否会转化成持续增加的收入并达到成本有效性。此外在很大程度上，这些利益取决于互联网零售商将运营功能外包时面对的不确定性。

参考文献

［1］布莱克本·J. D.，盖得，苏扎，沃森霍夫．逆向供应链的商业回报［J］．加利福尼亚管理学评论，2004，46（2）：6-22.

［2］博耶·K. K.，弗罗利希，霍特．扩展的供应链：AMACOM 公司，尖端公司桥如何将关键的"最后一公里"送到消费者家中［J］．纽约，2004.

［3］陈，汉斯，帕得扎克．中小企业电子商务：一个研究案例［J］．信息源管理，2003，16（3）：17-41.

［4］康普顿．一个新宇宙的枢纽，消费者关系管理［J］．2001，http：// www. destinationcrm. com/print/default. asp？ArticleID=1056.

［5］佚名．财政与经济学：在网络空间中的摩擦［J］．经济学家，1999，353（8146）：94.

［6］贡萨尔维斯．网络零售商运输外包的估计［N］．TechWed 新闻，2001，http：//www. internetweek. com/story/INW20010209S0001.

［7］凯勒·K. L. 品牌的长期管理：品牌强化和振兴策略［J］．加利福尼亚管理学评价，1999，41（3）：102-124.

［8］拉塞特，拉比诺维奇，博耶，拉格塔斯纳海姆．互联网的未来：三个互联网零售业的关键问题［J］．麻省理工学院斯隆管理评论，2007，48（3）：58-64.

［9］马尔兹·A. B.，拉比诺维奇，辛哈．物流：互联网零售业的关键点［J］．供应链管理评价，2004，8（3）：56-63.

［10］拉比诺维奇，贝利．互联网零售配送服务质量：服务定价，交易属性和企业属性［J］．运营管理学杂志，2004，21（6）：651-672.

［11］拉比诺维奇，科奈迈尔．为什么互联网零售商要在供应链上与物流公司合作？运输成本与网络实力的角色分工［J］．加利福尼亚管理学评论，2006，48（4）：84-108.

［12］史密斯·M. D.，贝利，布伦乔尔森．数字市场的理解：评论和评估［M］．麻省理工学院剑桥出版社，2000：99-135.

［13］索德伦，维根，冈纳森．在 B2B 市场中预测购买行为［J］．欧洲市场营销杂志，2001，35（1/2）：168-81.

8 理解"服务成本"驱动因素[①]

根据美国人口普查局从 1998 年开始跟踪调查的一份电子商务销售额数据分析显示，线上销售已经成为一个必然的发展趋势。在报告的第一年中，电子商务的销售总额只达到了 50 亿美元，这在整个销售市场中只占微不足道的 0.2% 的份额。其中超过 80% 的在线销售额来自无门店的零售商，也就是邮购公司和新兴的网络公司例如亚马逊。然而在十年之后，电商销售额爆炸式的增长了 25 倍，达到了 1270 亿美元，主要是发生了以下三大变化：第一，传统的邮购业务从 800 亿美元扩大了两倍多，达到了 2000 亿美元；第二，实际上所有销售额的增长都是由于门店销售转变为在线销售，其比例从原有的 95：5 变为 55：45；第三，传统零售商拓宽了新的销售渠道。

普通消费者，尤其是伴随互联网一起长大的年轻人，通常觉得在线销售额的市场份额应该占到了很大的比例。这种假设可能来自消费者对于某些特定类型产品的心理偏差。例如，对于在线和传统零售商来说，销售运动产品、个人爱好品、书籍和音乐等这类受众群体广泛的商品，14% 的销售额来自在线交易。另一方面，食品和饮料零售中只有不足 1% 的销售额来自电子商务交易。

从消费者个人偏好到企业的架构，有许多因素都影响着在线交易的普及率。然而，从运营的角度来看，互联网零售和传统零售相比，服务成本被列为最重要的因素。截至 2010 年，大概 75% 的美国家庭都接触到了互联网，在全世界范围内有将近 20 亿人可以通过一些方法接触互联网。所有的零售商——在线和传统的，都需要了解在线商店所需的成本驱动因素。本章将论述指定种类或者有特点的产品的成本驱动因素，对于互联网零售商来说吸引力是增强还是减少。

8.1 eBags 的故事

在互联网零售商之中，eBags 网站的成功案例非常引人注目。eBags 是领先的在线箱包承包销售商，每年产生 1.3 亿美元的利润，并且从 1998 年成立之初持续赢利，也就是在互联网泡沫盛行的年代。多亏了从制造商到客户端直接的"厂家直销"模式，eBags 以最低的库存和不到 100 个员工维持着运营。

---

① 经过作者许可，本章内容引自提姆·拉塞特、埃利奥特·拉比诺维奇和安吉拉·黄出版于《策略与商务》杂志的文章 *Hidden Cost of Clicks*，2006 年冬季刊，第 42 册。

　　然而，并不是所有的事都按计划进行。2004 年，eBags 旗下一家互联网零售商，基地在科罗拉多州，格林伍德村，域名是 Shoedini.com，是一家专营男士和女士精致鞋的销售商，最终将域名重新命名为 6pm.com。eBags 从最初专注于箱包行业，扩展到背包、手提包和其他的配饰，并且考虑将鞋业作为一种附属商品来协同销售。不可否认的是，尽管有着明确的运营逻辑，在网上销售鞋类产品要比销售其他产品线复杂得多。

　　eBags 和许多在线供应商已经发现这个问题，就是存在于互联网零售基础运营方面的众多挑战。服务成本在企业面向企业的领域是一个很常见的概念，而在企业面向消费者领域却很少有。服务成本的定义为整个供应链的成本，包括从起点到终点，服务成本包括以下因素：库存存储，包装，运输和回收流程。这一衡量标准同样解释了为什么许多早期野心勃勃的"电子零售商"，例如 eToys 和 Webvan 最后都苦涩的失败了。

　　在 eBags 的案例中，服务鞋类消费者的成本要远高于服务箱包类的消费者。2004 年，Shoedini 获得 SKUs 的数量是 eBags 的两倍，同样，管理存货的复杂度也大大增加了。大部分的包只有两种款式，只是颜色不同，但是鞋子却有许多不同款式、颜色和尺寸；单一类型的鞋子可能有超过 30 种的款式。

　　另外，制造商通常将箱包放在盒子里运输，并通过小包裹运输到不同的、分散的目的地，主要是家庭式的零售顾客。另外，鞋子是批量包装运输到零售商处，而不采用单独的盒子。当 6pm.com 公司将一双便鞋卖给消费者，制造商为了再包装和运输这双鞋子需要产生额外的运输和处理成本。

　　最重要的是，鞋类产品的产品生命周期很短，通常是 3～6 个月，并且有着很高的退货率（有些顾客一次订购两双鞋子，计划将不合适的那一双退回去）。箱包的生命周期可以持续 6 年，并且退货率最小。eBags 了解到这一点，尽管鞋子和箱包有相同的毛利率，但是鞋子却有着更高的服务成本，因此在网上销售鞋子需要采取不同的商业模式。2007 年，eBags 将 6pm.com 卖给了鞋类专营商 Zappos。

　　Zappos 起步于 1999 年，最开始采用的是直销模式，但是很多理想的鞋类品牌制造商不支持直销。为了与这些品牌合作，Zappos 不得不建立自己的物流中心，因此它可以批量购买鞋，然后把鞋从它自己的库存中依照单个订单运输给各个消费者。Zappos 最初打算将物流中心外包给 Elogistics，但是最终考虑到管理物流运作是整个顾客体验中至关重要的部分，因为可以直接保障公司拥有和管理物流运营所需的投资。

　　了解个体产品和个体顾客的服务成本驱动因素可以使互联网零售商全面解放在线渠道的价值创造能力，成为传统零售商一个可选和补充的方案。

8.2　不断摸索

　　回到在线零售的早期，野心勃勃的零售商例如 Value America（一个在线的"百货公司")和 Webvan（基于互联网的送货服务，专门提供杂货产品），并不了解他们的商业模式对运营成本的影响。Value America 最早使用虚拟库存模式，认为可以适应任何产品品牌。尽管它最早的商品计算机硬件销量很好，但是对于低价值产品的运输和处理成本，导致了过高的、无法管理的产品回收洪流，并最终在 2000 年 8 月淹没了公司。不到一年之后，即 2001 年 6 月，Webvan 得出了公司将永远不会赢利的结论，并宣布破产，尽管它有先进的供应链、星型辐射的跨码头运输网络以及高度自动化的分销中心（接下来的第九章更加详细地介绍了"最后一英里"挑战）。

即使是亚马逊网站，也不完全了解驱动它服务成本的所有因素。当杰夫贝索斯（Jeff Bezos）在 1995 年开设了他的互联网商店，最开始决定卖书是因为他推理出在网上打出数百万的标题要比通过传统邮购来表现书的种类要容易得多。尽管贝索斯并没有完全了解书籍行业所固有的低效率问题，但是他看到了他的商业模式可以将库存风险最小化——书籍零售业的一个显著特点。出版商不像其他的制造商，他们需要回收所有未售出的产品的副本。最高 30％的图书交易会被送回给出版商，并给每个供应链参与者都带来巨额的损失：对于出版商来说，需要退款给零售商；对于零售商来说，要负责运输和再存储的费用；并且会间接的给消费者造成损失。亚马逊的在线模式，通过依靠一个相对较小的库存来支持"虚拟书架"，避免把无法售出的图书安置在数以千计的零售书架上，这样将固有存在的低效率问题最小化。如果亚马逊退货的书比实体店少，他们就能够和出版商商量以更低的价格买入（作为出版商的顾客，反映了它低廉的服务成本）。然后亚马逊可以将这些过程中省下的利润通过更低的价格传递给消费者。

尽管亚马逊的图书销售获得了成功，但是玩具类商品却面临一个不同的问题。据杰夫贝索斯（Jeff Bezos）了解，玩具供应链的服务成本更高。玩具比图书更具有季节性，需求也更加难以预测。将这些问题放大来说，大部分的玩具都是在亚洲制造的，而且补给周期很容易变得比实际的销售季节长。这意味着商人必须准确地预测出哪些玩具将会流行热卖，并为整个销售季购入足够的库存；因此亚马逊并没有从它的"虚拟书架"获得任何利润。过于保守的估计会导致销售额的缺失，过度乐观的预测会导致账目购销，因为玩具制造商通常不会回收未售出的商品。由于没有玩具销售的专业经验，亚马逊对于 1999 年假期季节的预测出了错，在 2000 年早期勾销了 3900 万美元的过剩玩具库存，只售出了价值 9500 万美元的玩具。

此外，传统的玩具零售商享有传统图书销售商所不具备的优势。不像巴诺（Barnes 和 Noble），沃尔玛和 Toys "R" Us 每周都要向各地的商店运输很多卡车的货物，使得它们的运输成本远低于将玩具运输给个体消费者的成本。认识到这些不同，亚马逊非常开心地与 Toys "R" Us 合作，将库存风险转嫁给专家，但是利用额外的产品线融资，来降低自己大量产品订单的运输成本。

虽然如此，这两个合作伙伴却在 2004 年争吵起来，在新泽西州（New Jersey）法院展开诉讼判决。这表明了在线玩具零售的服务成本所产生的财务模式不足以满足双方的愿望。

尽管成功的互联网零售取决于多种多样的因素，一个特定产品种类的服务成本可以很大程度上解释互联网销售普及率的差异。当然，懂技术的电脑买家比普通人更倾向选择网上购物。但同样重要的是，电脑的高价值与质量比，尤其随着手提电脑越来越流行，将交易成本最小化，使得网上销售这种服务成本很低。

服务成本因素例如库存、包装、运输和回收，解释了为什么书籍的在线销售额要超过其他种类的商品。下表提供了对 10 种产品的服务成本的评估框架。对供应方来说，成本变化大小取决于零售商是否能准确地预测出一个稳定的销售额水平，使库存搬运成本最小化。市场需求水平和产品的尺寸影响着补给频率和运输模式，这是其他两个重要的成本驱动因素。一些不明显的因素，例如运输包装、保质期和退货约束会在物流中心内部影响成本。不管这些需不需要单独付费，或者已经隐藏在价格中却宣布"免运费"，出库费用代表了所有在线销售当中一个很重要的因素。大部分的包裹运输都依据重量和包裹的尺寸收取一定费用，将订单集中到一个盒子中运输可以显著的节约成本。最后，顾客调度协调的程度也影响着成本。使用这个简单的框架，下表阐明了为什么亚马逊的核心业务——书和 CDs 相对玩具和电子产品来说拥有较低的服务成本。

在线零售商成本与服务情况

		成本与服务		
		低	中	高
供应	需求模式	水平状态	季节性	不稳定
	补货	每日	每周	根据 EOQ 需求
	运输模式	满载的卡车	综合 LTL	小包装
储存	运送包装	可运输包装	单一 SKU 盒	混合 SKU 盒
	保鲜期	稳定/可退		易腐
采集	采集方式	排序	无排序，可搬运	不可搬运
	项目倍数	高倍数		单一项目
	集合订单	单一类别		多重类别
运送	邮递员	邮政服务	包装运送	信使
	客户调度	无人值守	随机值守	按时值守

8.3　未来的增长

电子商务行业未来的增长将来自对现有供应链的不断修改调整，而不是整个替换。

例如，尽管家具和家庭用品行业的互联网销售额水平普遍较低，但是威廉姆斯索诺玛（Williams Sonoma）依然在在线交易方面取得了巨大的成功。这家公司与之旗下齐名品牌专营店 Pottery Barn 和 Hold Everything（其他品牌之中），运营中采用多种混合的零售、品类和互联网渠道，在 2010 年财政年销售额达到 31 亿美元——其中 61％是通过它的传统零售商店，39％来自直接销售给顾客的渠道。它的厨具商店年平均销售额为 310 万美元，相比直接运送给消费者，威廉姆斯索诺玛从将产品运输到门店的方式中获得显著的运输规模经济。最终，公司凭借最低的服务成本，将产品分配到各个渠道和品牌店，再销售给顾客，从而获得最大的利润。

与其利用渠道来最小化服务成本，传统零售商经常将他们最流行的产品放到网上。尽管这一方法听上去很有逻辑性，但是反效果通常更严重。传统门店零售要求快速的库存周转，这样才能保证昂贵的占地空间物有所值。周转较慢的库存，尤其是具有很高废弃率的产品，可以受益于在线零售的集中库存。如果产品的价值重量比率很高，直接运输给顾客的亏损成本是最小的。

百思买（Best Buy）是电子产品的大卖场。这种专营小家用电器的零售商提供了一个有趣的案例，是关于零售供应链如何进化成能够满足顾客需求的最具成本有效性的销售渠道。百思买的在线销售额为 25 亿美元，是美国 2009 年在线销售额排行的第十名，但是网络销售额仅仅是公司总销售额 500 亿美元的 5％。通过合理的使用它的许多服务，在商店购物，在商店或网上订购并从商店发货，在线订购并在商店提取，在线订购并且送货上门，百思买可以持续保障网上赢利不断增长。相对于纯粹的在线零售商和不那么积极的传统竞争者，寻求每个产品种类和顾客的最优服务成本可以为百思买提供一个更具有竞争力的优势。

百思买运营着全国 9 家分销中心的网络，从佐治亚州的萨沃尼到华盛顿的肯特。国内的分销网络服务了超过 1000 家商店，平均每周每家店的销售额超过 60 万美元，相对于纯粹的在线零售竞争者例如 Newegg.com，百思买可以获得更为显著的运输规模经济。

Newegg 成立于 2001 年，在大部分的互联网零售商纠结如何在互联网泡沫中生存下来的时候，它取了一个代表孕育着新生的名字。其 2009 年的销售额为 23 亿美元，全部都是来自在线部分，在纯粹的在线零售商中，Newegg.com 排行第二，仅次于亚马逊；在所有零售商中排名第 12，仅次于百思买。值得注意的是，Newegg 大约 5％的销售额来将产品直接运输给消费者的货运费。它较小的库存规模只能满足三个国内分销中心（在加利福尼亚南部、新泽西州、田纳西州），每年平均吞吐量大约为 7 亿美元，相对百思买的 9 个分销中心来说，每年的销售量是它的 5 倍。尽管百思买可以通过使用低成本满载货车运输的方法来节约运输成本，但是这种批量运输模式也因产品而异。

考虑到三星公司（Samsung）63 英寸的等离子高清电视机显示器，最近两家公司报出的市场零售价都是 2600 美元。它被装在一个 5×3 英尺的盒子中，重达 100 磅。通过百思买的满载运输模式运送如此笨重的产品，还不如通过联合包裹速递公司（UPS）直接将产品运输到消费者的家中而节约成本。尽管 Newegg 的费率可能会降低，但是对于一个消费者来说，从加利福利亚南部将这样的盒子运输到丹佛（Denver）将会花费 80～500 美元的运费，并取决于快递种类。百思买在科罗拉多州的奥罗拉，也就是丹佛的郊区，有一个分销中心。

然而，对于如此昂贵的产品，单位销售额却相对较低。因此，这种属于一段生命周期消费的电子产品，存储在商店里也就意味着高额的成本和较高的风险。百思买通过保持此类产品的门店库存量最小化来获取利润，使顾客在网上订购产品，并在地区分销中心送货之后让他们去店里领取。

纯粹的网上销售可能会更适合于高档的数码单反照相机，例如 EOS-1Ds Mark Ⅲ，佳能的 21.1 兆像素模式相机。通常的市场零售价为 7000 美元，这是百思买所销售的 50 多种数码单反相机中价格最贵的款式，并且它的价格比最流行的款式——尼康（Nikon）的 12.3 兆像素款式照相机（价格 750 美元）的 9 倍还多。就像三星的高清电视机一样，索尼（Sony）的高清数码摄像机因为高额的库存搬运成本和报废风险不会被储存在门店里，因此百思买只在网上提供此类产品。不同于三星的高清电视机，数码相机的重量很轻，不超过两磅重，因此百思买的分销网络几乎无法得到运输成本的节约。与其在 9 个地区的分销中心都存储该类产品，百思买可以通过把库存集中在一个单独的全国范围的分销中心，将产品直接运输到顾客的家庭来节约成本，并最小化百思买以及消费者的服务成本。尽管通过这个办法没能获得运输成本上的优势，但它的年利润是 Newegg 的 20 多倍，相对于单业务的公司，即销售的款式与百思买 50 多种款式中的某一种相同，百思买仍然拥有购买和库存的优势。

对于每一种顾客和商家的组合，在以下的选择当中都有一个服务成本最优的选择：商店库存、商店运输、商店取货、直接运输。例如，对于居住地离商店很远的顾客，即使是笨重的产品例如等离子高清电视机，相对于简单的直接将货物运输到顾客家中，通过地区分销中心发送货物（例如百思买的维持分销中心）的利润也可能会被两个运输周期的额外成本所抵消。在顾客和商品水平上，寻求最优的服务成本是非常有挑战性的，但同时也存在丰厚的利润。

即使是单业务的在线零售商，也应该在他们定价的时候考虑到服务成本。尽管有能力去为每一个个体商品定制个性化网页，但是很少有公司会尽全力在每一个产品的标价中都反映出不同的潜在成本。例如，eBags 对于公司的批量购买提供特殊的价格，但是它没有打算依据顾客的地理位置来调整运费价格。这种价格的微调可以提高公司潜在的获利能力。这是零售商在扩展他们的在线业务时需要考虑到的一些细节。

8.4　考虑到无形资产

在线零售的服务成本包括以下因素：库存相关的费用、运输费用及复制现有的customer-friendly 传统零售商产品所需的费用。然而为了更加正确地理解服务成本的意义，还需要考虑到无形成本。作为零售行业中最不便利顾客的行业之一，家居零售业尤其需要思考目前的运作方式。

因为这一行业存在着很多的制造商，并且提供了很多款式的木料、抛光剂和布料，而大部分的家具零售商只能选择展示出有限的产品。顾客下订单之后将开始等待长椅、桌子和椅子的加工制造，然后再将产品运输给零售商，并且最终送货到顾客的家中。整个过程通常会花费 12 个星期或者更多时间，"痛苦和等待"的成本直接落到了顾客身上。

早期优化互联网家居零售流程的尝试被证实是艰巨的。Living.com 和 Furniture.com 专注于"顾客体验"，他们重点投资于科技上，可以在虚拟实体模型中让顾客看见家具被放在他们家中的样子。两家公司都尝试采用厂家直销的模式来避免持有库存的成本，但是最终却发现保障产品有效性和准时的送货到家服务都非常难以实现。即使是库存有货并且准时发货，货物送达时也通常是损坏的或者顾客因某些其他原因无法接受，导致了产品回收率高达销售额的 35%。尽管做了很多努力，对于这两家早期家具品类行业的从业公司来说，这个"虚拟"模型最终失败了。

在 18 个月的破产流程之后，2002 年，Furniture.com 在新的管理和新的商业模式下重新开业了，并与两家全国最大的零售商合作——Seaman's Furniture 和 Levitz Home Furniture。在 2009 年的互联网零售商中，这家公司排名 200 名，在单业务专做在线家具承包商中排名第一。然而，它的销售额目前只有 5900 万美元，而在破产前，它每季度的销售额都达到了巅峰的 2000 万美元。

尽管 Furniture.com 目前的商业模式相比最初显得更加可持续，但公司如果仿效汽车行业在减少交货时间方面多做努力，可能达到的效果会更好。在线互联网零售商的巨大机遇，可能不在于取消了实际门店，而在于很大程度上减少了从订购到交货的周期交货时间。汽车销售行业解决了这个难题，通过在代理商共享的库存信息来交换车辆以满足顾客特定的愿望需求。一个典型的代理商大约一半的车辆销售额都来自此类的交换；另一半则来自交易商自己大部分的库存。相似地，在家居行业中，顾客可以检查展示样品的"外观和手感"，然后零售商就会将顾客想要的产品，在几天，不到一星期之内从其他商店或者集中式的中央库存中取出来。这样一个商业模式将会利用到互联网的信息分享能力来降低较长的交货时间成本，避免造成过度的库存投资。

在最后，家具、电子产品、箱包品类的零售商在未来成功的关键，将不在于把标准的商品扩展到迅速发展的互联网渠道上，而在于复制现有的在线模式。尽管有明显的营销协同，玩具相对于书籍而言体现了不同的问题，鞋子相对于箱包销售也是不同的挑战。智慧的零售商将会仔细地观察把每个产品运输给顾客所需的成本，即服务成本，来决定如何销售他们的商品，并且最终在合适的时机采用合适的模式来增长他们的业务量。

9 "最后一英里"的挑战^①

正如我们之前在本书中讨论过的，网络零售的到来给消费者从根本上带来了全新的价值体验：便捷的订购以及近乎无限的选择。例如，亚马逊的在线消费者可以通过电脑去浏览四百多万种图书，并使用搜索引擎和其他数以百万消费者的集体评价去做购买决定，而不是去拜访当地的巴诺超市（Barnes&Noble）——从书架上的十五万本书中逐个手动筛选。

不幸的是，实体店零售商可以提供一个好处：当顾客走出当地商店的时候就已经把产品拿在手上，因此低估了在线购物的优势。大部分互联网零售商一直在一个被公认为"最后一英里"的战场上挣扎于对产品多样性和送货速度之前的权衡。

本章提供了对"最后一英里"战场上早期战斗历史的回顾，描述了 20 世纪 90 年代末和 21 世纪初的互联网泡沫时代许多网络零售发起者所面对的挑战。本章第一部分描述了早期打算向前整合的供应链参与者采用当日交货的方式来获取和消费者的直接联系。接下来，本章回顾了那些自己不从事零售业务而是作为服务商在"最后一英里"粗糙的战地上提供服务的中间人的故事。最后，我们以展望当下零售业所面对的挑战和公司如何寻求未来赢利模式作为结尾。

9.1 先发者提供模式

正如 2000 年早期发行的文章"无处可去的最后一英里"所记录的那样，一定数量的零售商认为当日交货是互联网零售成功的关键。乔治沙欣（George Shaheen），Webvan 公司（互联网商业史上最轰动的失败案例）的首席执行官曾经说过："未来将会有一到两个公司能合法地获得进入别人房间的权利。我们打算成为这样的公司之一。我不认为这样做能够成功的公司会有很多。"结果表明，沙欣（Shaheen）是有先见之明的，因为最初的参与者的确没有一个能够成功，这源于四个主要问题：网上销售潜力有限（尽管当时大肆宣传），高额的送货成本，多种选择之间的权衡，现存的根深蒂固的竞争。

---

① 经过作者许可，本章内容提出了新的论证材料，同时引自两篇文章，分别是 *The Last Mile to Nowhere*，出版于《策略与商务》，2000 年第 3 季，第 20 册；*Oasis in a Dot-Com Delivery Desert*，出版于《策略与商务》，2010 年第 3 季，第 24 册。

　　如下表中所展示的那样，发起者提供的当日交付服务主要针对于两大产品类别：即时满足/冲动商品（例如录像，音乐，书籍，杂志，零食）和日常需求如杂货和家具商品，因为许多消费者在选购这两类商品时往往寻求购物时间和精力最小化。二者都提供数以千计的商品，但是订单数量却戏剧化的大不相同。毫不奇怪的是选择即时满足/冲动商品的公司的订单量趋向于最少。

2000 年当地运输业概况

公司	Kozmo	Pink Dot	SameDay	Urbanfetch	Webvan
起始	1997 年	1987 年	1999 年	1999 年	1996 年
覆盖面	亚特兰大，波士顿，芝加哥，休斯敦，洛杉矶，纽约，波特兰，旧金山，西雅图，华盛顿	洛杉矶，奥兰治县	亚特兰大[a]，芝加哥[a]，达拉斯[a]，孟菲斯，纽约[a]，洛杉矶，旧金山，西雅图[a]，华盛顿[a]	纽约，伦敦	亚特兰大[a]，芝加哥[a]，达拉斯[a]，丹佛，纽瓦克[a]，费城[a]，萨克拉门托，旧金山，西雅图[a]，华盛顿[a]
提供	√		√	√	
视频/DVDs	√		√	√	
游戏/玩具	√		√	√	
音乐	√		√	√	
电子产品	√		√	√	
图书/杂志	√		√	√	
小吃/食品	√	√	√	√	√
杂货					√
保健用品	√			√	√
家居用品	√	√			
礼品		√		√	√
库存	15000＋	～2000	未公布	50000	15000＋
平均订单大小	15 美元	未公布	未公布	40～50 美元	90 美元
交货时间[b]	上午 10 点到次日凌晨 1 点	上午 6 点到次日凌晨 3 点	上午 6 点到下午 3 点	一天 24 小时	上午 7 点到下午 10 点

公司	Kozmo	Pink Dot	SameDay	Urbanfetch	Webvan
仓储物流中心	6 个市场的 13 个配送中心	12 个仓储物流点（4500 平方尺）	4 个配送中心平均 100000 平方尺	一个配送中心加若干仓储物流中心	一个 336000 平方尺的配送中心加 12 个小转换枢纽
运输回应时间	1 小时以内：可以指定送货时间	30 分钟之内	同天（2 小时内）和第二天	1 小时以内：可以指定送货时间	由购物者指定的窗口，限时 30 分钟
运输方式	货车，汽车，摩托车，自行车和步行	带有粉色波点的蓝色大众甲壳虫	未公布	货车，摩托车，自行车和步行	米色和白色相间的货车
运输费	免费	平均 2.95 美元，无最低订单消费	大于 50 美元免运费；小于 50 美元收取 6.95 美元（区域内）	10 美元以上免运费	大于 50 美元免运费；小于 50 美元收取 4.95 美元
小费政策	自愿	自愿	无小费	无小费	无小费

注：a——已公布的扩展区域。

　　b——全部提供一年 365 天，一周 7 天，一天 24 小时服务。

　　此类所有商品都提供延长交货时间和 24 小时下单的服务，但是分销中心/装配中心各不相同。从 4500 平方英尺堆满货架的简单空间，到高度自动化，价值数百万美元，300000 平方英尺的场地。运输工具从自行车到摩托车到小汽车再到货车，通常用显眼的颜色和图案来标示品牌。尽管大部分商品提供免费运输，但也有一些商品通过收取运费来抑制小额订单。同时，为了保证消费者获得超值商品，他们甚至不鼓励给小费的行为。

　　尽管每家公司都提出了略有不同的商业主张，但他们都提供了便捷的网上订购和当日交货服务。由亚马逊开拓的"种类杀手"电商零售模式遭遇了处理时间滞后的问题。这些当地的递送人原本希望通过"最后一英里"来控制送货时间，但尽管筹集了数以百万美元来资助他们的设想，他们仍然都失败了——除了 Pink Dot，事实上它的开始要早于互联网时代来临之前。

9.2　有限的在线销售额

　　在互联网零售的早期，分析员根据惊人的增长率假设互联网代表了一种可以快速使当前的零售模式废弃的"新经济"。在市场导向型的美国，互联网零售的销售额增长率达到了一个引人注目的数字，从 1998 年的 50 亿美元到 1999 年的 150 亿美元，以及来自弗雷斯特研究公司（Forrester Research）预测的 2004 年销售额为 1840 亿美元。尽管有这些令人惊叹的大数字和增长率，但分析员们仍未能把这些数字和整体零售业的背景资料联系起来。50 亿美元的年销售额只不过占整个美国零售市场 26000 亿的 0.2％不到。即使与传统的邮购相比较——一种追溯到 1893 年由西尔斯公司（Sears），罗巴克公司（Roebuck）和 Co. catalog 公司引入的商业模式，也能表明互联网交易没能达到足够的数量以从根本上改变国内经济。1999 年的邮购销售额估计为 570 亿美元，是电子商务销售总额的 3 倍还多。

此外，弗雷斯特研究公司总结到："电子商品的传递"，例如机票和活动的门票，在线佣金和银行服务，加上"研究商品"——例如汽车，都拥有一个独特的运输网络。然而弗雷斯特研究公司显得过分乐观，从 2004 年起，互联网零售合计总共 710 亿美元，或者说只占总零售销售额 35000 亿美元的 2％。尽管这代表了在线渠道的普及率有了 10 倍的增长，但最终达到的效果远没那么令人震惊。

9.3　交付经济的作用

弗雷斯特研究公司在这些项目中更受批判的是没有能够考虑到美国的地域辽阔。实际上，运输经济取决于两个关键驱动因素：销售浓度和人口密度。正如图 9-1 所展示的，一旦数十亿的销售额被平均分配到每个个体人口上，即使仅仅考虑行业先行者扩展计划中所提到的主要城市，销售额也显得明显缺乏。在美国所有城市中，只有纽约表现出足够的销售密度水平来支持仅专注于互联网销售的快递业务。

对于那些顾问一直喜爱的信息图——气泡图——图 9-1 的人，有必要再做一下解释。水平坐标轴的对数单位表示每个城市每平方英里互联网使用者数量（注意对数每增长一个单位代表了使用者密度增长十倍，这不是典型的固定线性增长）。

1999—2004 年，人口增长（在某些情况下下降）和互联网的普及率推动了移民现象的发生。例如，华盛顿大都市地区 440 万居民中大约 60％可以使用互联网——是全美所有城市中普及率最高的。因为华盛顿（Washington）拥有 3500 平方英里①场地，这 260 万的互联网使用者使得该地区使用者密度达到每平方英里 750 人。这项预测表明到 2004 年，随着互联网普及率和人口的增长将使人口密度超过 1300 人每平方英里。

---

① 1 平方英里＝2.58999 平方千米。

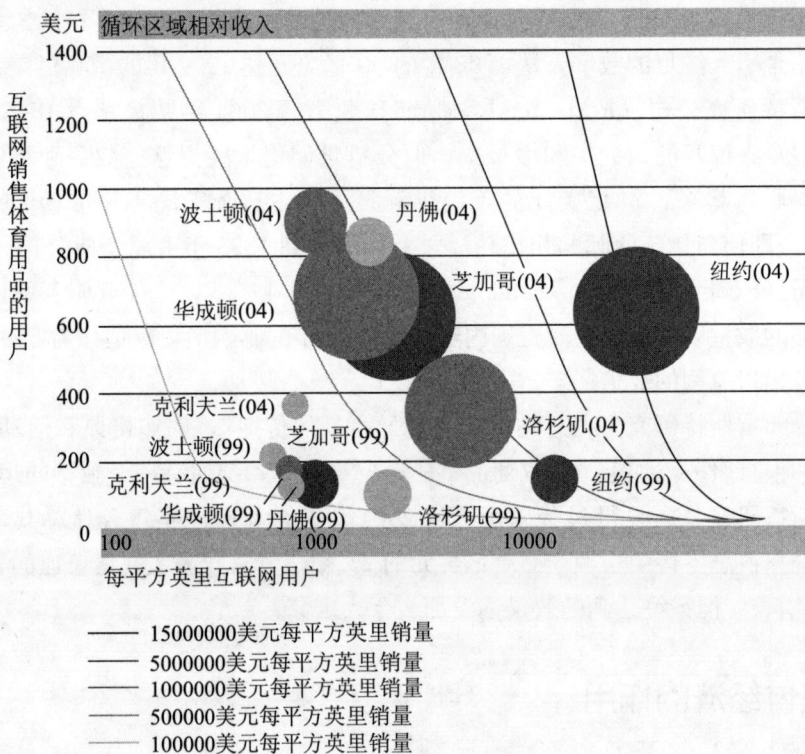

图 9-1　网络营销命运分析

垂直坐标轴是对这些互联网使用者购买物品价格的估计。再次使用华盛顿作为例子，2004 年，华盛顿的在线实物产品销售额预测为每位用户近 700 美元，远超过 1999 年整个美国 125 美元的平均数值。

圆圈的大小描述的是第三个重要变量：市场大小。尽管高用户密度和每位用户高销售额决定了整体销售密度，但整体市场的大小也扮演了重要的角色。例如丹佛（Denver），用户密度为 1300 人每平方英里，2004 年销售额为平均每位用户 800 美元，更有预测说会有每年 130 万每平方英里销售额的增长。对华盛顿的预测有很大错误在于其每平方英里只有 90 万销售额，但是因为人口总数大而得到的总销售额更大。

表上的曲线突出了不同销售水平和用户密度的组合反应出的每平方英里销售额的临界值。纽约每平方英里的 1400 万美元销售额表明市场非常有吸引力；即使因为互联网经济 24 小时工作的特性而除以 365 天，总利润潜力依然超过 39000 美元每天每平方英里。

不幸的是，在纽约之后，城市经济送货的潜力快速下降。大部分主要城市都提出了每年大约 100 万美元每平方英里的销售额预计——等于每天不到 3000 美元。而且这是对于所有在线销售的实物产品的预计，不仅仅是人们想要立刻运送的那部分商品。更糟的是，那部分人们想要立刻运送的还得被当地数个不同的快递共享。

9.4 高额的“最后一英里”成本

完成“最后一英里”运送需要耗费大量成本。查阅当时的公开资料后，以Kozom. com公司为例，在纽约每完成一次快递大概需要10美元——除去间接成本例如广告费。这还是在整个城市快递最密集、市场成本最低的曼哈顿地区。因为平均订单额只有15美元，所以Kozom. com公司一直在赔钱也不奇怪。

然而，在纽约经济最繁荣的时期，投资者和企业家认为获得利润只不过是获取拥有指数增长率的经济规模问题。不幸的是，能支持其他类型的经济信息网络效应并不能帮助到实际的物理运输。这个问题我们曾在第三章讨论过。如图9-2所示，可变的劳动力支撑着当地快递经济，使送货司机的费用构成了主要的成本。一个货车运输员可以充分利用车厢空间来获得更多利润，但是一个自行车快递员只能携带有限的包裹，因此更多的顾客仅仅意味着更多的自行车送货。

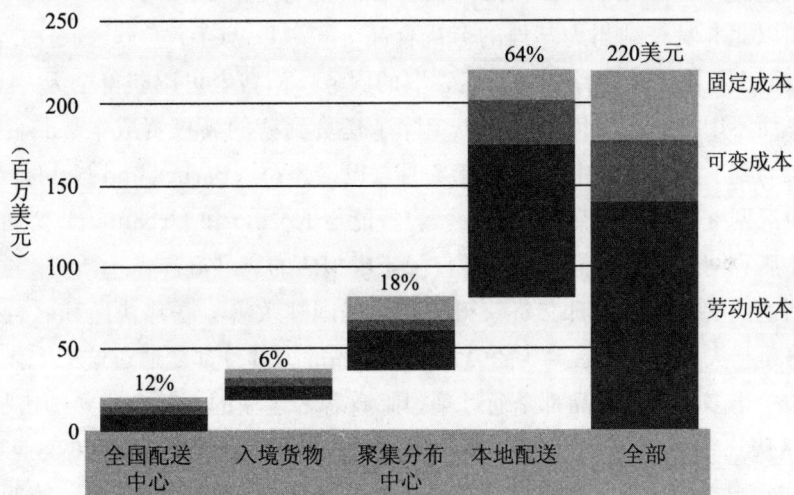

注：在华盛顿,基于1立方英尺货物尺寸。

图9-2　总分销成本明细

9.5 新的权衡：速度还是多样性

从更基础的层面来看，一个垂直整合的当地送货商，例如Kozom. com，只能选择即时满足送货需求而放弃无限的商品种类。为了获得更快的市场反应，当地送货商必须在本地存货，而不是像拥有众多商品种类和大型零售商一样将货物存放在大型的国际分销中心。所以Kozom. com和Urbanfetch. com公司所获得的速度优势同样意味着大量的市场损失。以 Kozom 为例，它总共只能提供大约 15000 种商品，而亚马逊则能提供 1000 万种商品。

即使依据帕累托法则（Pareto Principle）（80％的销售额来自 20％的存货），当地的送货商仅仅可以从种类杀手商手中抢过小部分的销售量，而且仅限大批量商品。通常，大批量商品因为激烈的价格竞争导致每个单位利润最低。所以，即使当地送货模式解决了即时满足的需求，这也仅仅代表了在有限选择下的一种新权衡。天底下没有免费的午餐。

9.6　固有的竞争者

仅仅依赖互联网零售再定义当地送货模式是饱受争议的。这也忽视了拥有现有资产和显著的规模经济的根深蒂固的竞争者的存在——传统的包裹送货商美国邮政署（USPS）和联合包裹速递服务公司（UPS），以及实体店零售商，例如杂货店。

现有的实体店零售商并不打算把网上市场让给这些互联网先行者。领头的杂物连锁店，例如以北卡罗来纳州为基地的劳氏食品公司（Lowe's Food Stores），在 2000 年开始提供网上订购、当地路边杂货店领取的服务。消费者可以获得全天 24 小时的网上订购优势而不用排队，而且杂货店也免除了送货到家的高投资成本。非食品的实体店商家也参与到了这个游戏中。2000 年 5 月，巴诺公司（Barnes and Noble）开始提供在曼哈顿地区网上购书数日交货的服务，容量能与 Kozmo 和 Urbanfetch 公司匹配，最终它将实体店和网店连接，借此超越了仅限于虚拟店的亚马逊。

如果当地送货商利用数日交货获得成功，美国邮政署、联邦快递和联合包裹速递服务公司将是损失最惨重的。570 亿美元邮购产品的大部分都是通过这三个供应商来运输的；其中一半多一点的商品都是通过美国邮政署来运输的。其余成熟的市场参与者，尤其是联邦快递和联合包裹速递服务公司也发现，尽管支持运营和企业面向企业（B2B）模式需要摊销成本，送货到家模式仍极具挑战性。"最后一英里"的偏远地区送货成本大概是大都市商业快递的 4 倍。因此，一组新的中间人将寻求获得"最后一英里"战场的新高地。

9.7　新中间人

与其寻求穿越"最后一英里"的艰难战场，许多新的供应商尝试作为一个中间人角色，在承运人和消费者之间帮助他们可以更经济有效、更方便地进行联系。这个模式经历了从简单到成熟，坦白地说，最后到荒唐。

我们依照两方面来给参与者分类：他们解决方案中的位置和他们商业模式的技术成熟度。依照第一方面，有些公司专注于直接送货到家服务；有些提供郊区顾客可以前往取货地点取货的服务；还有一些提供送货到城市中顾客上班或者生活的大厦，让顾客自行提取的服务。这些公司使用的技术包括从简单的货物拾取点到高科技自动化的互联网连接。

不管他们用什么模式运作，所有新的中间人通过引用直接送货到家服务的惊人增长率来守卫他们对"最后一英里"的需求。他们的商业计划阐释了通常 20%～30% 送货到家服务需要多次送递尝试，不仅增加了送货费用，同时使那些解释包裹无法送达的声名狼藉的便利贴顾客感到失望。

历史记录上，30% 的包裹没有送达目的地，即没人可以收到这些货则会提高潜在的被盗和天气灾害对货物损坏的概率——对于消费者和承运商来说既是一件麻烦的事又会造成损失。这使中间人面临一个非常实际的问题——数十亿的包裹和潜在的数十亿美元被浪费的时候，"最后一英里"战场依然难以征服。

Brivo Systems 公司是最早进入中间人游戏的参与者之一。在 1999 年五月由两位打算从互联网革命中赢利的管理顾问所建立，Brivo，总部在阿灵顿，弗吉尼亚州，它提供了一个精致复杂的"智能盒子"（Smart Box）可以确保货物被安全送达到无人收货的家庭。IDEO 帕罗奥图（IDEO Product Development）的这家工业设计公司因创造最初苹果鼠标和 Palm V 而出名，由 IDEO 产品研发部门设计和部分资助的这个 2.5 英尺高的塑钢盒子（盒子大小的设计根据 Brivo 公司能容纳美国所有快递中 96% 的包裹）包括一个双向的无线调制解调器和一个连接在数字键盘上的嵌入式因特尔 386 处理器。当顾客创立了一个送货到家的订单，系统将生成一个独特的密码来打开 Brivo 盒子，密码则被打印在运单上。送货人，无论是美国邮政署、联邦快递还是联合包裹速递服务公司，输入包裹上的号码都可以把商品放入盒子。然后盒子会给主人发一封邮件或者寻呼消息告知包裹已经到达。当主人回到家后输入他/她自己的标注密码来打开盒子获取产品。Brivo 盒子的操作工作由弗吉尼亚州北部和硅谷的后台控制，但是能够接受Brivo 公司想要收取用户每月 10～20 美元的安装和操作费用的人并不多。

作为 Brivo 最大的竞争者，zBox 公司（1999 年 10 月成立于旧金山）认为顾客不会接受这种价格水平的收费，所以他们设计了一个没那么复杂的低成本解决方案。zBox的智能盒子没有发送互联网消息的能力，但是有一个可使用 5 年的电池支持其专有系统，为每次快递生产新的口令。像 Brivo 的解决方案一样，这个独有的口令被加在运单上，所以送货人只能使用这个盒子一次，然而顾客自己可以反复使用个人识别号来多次打开盒子。依据市场调查，当这种服务每月收费超过 10 美元时，顾客接受程度明显下降，zBox 提出的方案价格为 5 美元每月，加上 60 美元的盒子保证金。据公司所说，这个智能盒子 24 英尺高，21 英尺深，32 英尺宽，比 Brivo 的盒子小，但仍能够容纳80% 的单包裹运输和 70% 的双包裹运输。

关于 zBox 的故事最令人印象深刻的部分是它高调的合作伙伴。它与 GE/Fitch 合作来设计和制造盒子，与通用电气塑料和 Fitch 公司共同冒险；在旧金山地区与美国邮政署合作进行了一次由 30 位在线零售商支持的初步测试并获得了来自 Whirlpool 公司的大量投资。当发现顾客在集成家居解决方案的倡议中对于各种送货器械的显著需求之后，Whirlpool 把 zBox 视作一次战略投资。

不幸的是，两个公司都没有获得足够的市场需求。Brivo 最终将注意力集中到网上安全监控中。Whirlpool 公司吸收了 zBox 的产品线和管理团队，现在"zBox"这个名字代指的是吉他拾音器抗阻适配器而不是输送容器。

9.8 商店和办公室解决方案

公司的第二财力明确的押在一个低科技解决方案上——一个叫作"零售整合者"（Retail-aggregator）的解决方案。他们的运作模式仅仅是在零售店，通常是在便利店收集货物，并最终让顾客提取。这一方案不像智能盒子那样只解决无人收货家庭的快递问题，而是着手解决"最后一英里"的两项挑战：无人回应的递送和高成本的多地点递送。

在日本，有一个非同寻常的送递模式。多亏了在相对较小的大陆上极高的运送密度，Takubai-bin 可以向日本的大多数顾客提供当日或两日内送达的服务。同时，日本的便利店在"最后一英里"运送环节中提供了便利的邻居提取和货到付款服务。

在 2000 年 9 月，联合包裹速递服务公司和德士古公司（Texaco）合作提出了一个类似的模式。顾客可以选择将包裹送到德士古站而不是自己家，站内值班员会在柜台后安全存放货物直到顾客来拿货。联合包裹速递服务公司和德士古公司都没有为这项服务收取额外费用，因为他们都从该模式中看到了利润点：联合包裹速递服务公司因把更多包裹送到一站而节省费用，德士古公司通过把货物运向它的加油站和便利店而获得额外的运输量。这对强大的组合打算在比荷卢经济联盟国家（Benelux Countries）尝试这一模式，因为两家公司的欧洲总部都在布鲁塞尔。不幸的是，比荷卢地区的在线销售量较低，试点想法以失败告终。

独立起步的 Pax-Zone 公司在 1999 年 10 月向美国引入了一个类似的模式。该公司在芝加哥兼并了很多零售合作伙伴，通过与一家拥有 2200 家全国范围连锁零售店的 Circle K 合作，充分扩大了其最初的 60 家店面网络。Pax-Zone 同样不收取任何费用，因为它有效地把高成本、低利润的消费者递送转变成一个低成本、高利润的商业递送。

另一种模式将快递整合到办公大厦中，而不是郊区的便利店。多伦多的 Inplex 公司成立于 1996 年，为多租户的办公大厦提供外包邮件收发服务。久而久之，公司增添了一个网站，使大厦租户可以采购办公用品，订购快递服务及获取个人快递包裹。

近来，在 2010 年的秋天，洛杉矶和波士顿的沃尔玛将它的"网站到实体店"服务扩展到 FedEx Office（先前被称为 FedEx Kinko's）的运营场所。最早的运作模式是让消费者在沃尔玛的网站下订单，通过在实体店拾取货物来避免运货费用。后与联邦快递的合作使得沃尔玛可以深入实体店普及率有限的都市地区，例如当时宣布合作的洛杉矶只有两家店，波士顿一家都没有。而现在沃尔玛的顾客在洛杉矶有 26 个提货点，在波士顿有 18 个提货点可以选择。

9.9　节约劳力模式

另一种解决方案的供应商——自动整合者，跨越郊区和都市地区，提供了一种针对劳动力集约型模式的高科技服务。两个自动整合者的例子表明在费用和精细度之间取得平衡依然是一个挑战。

2000 年 7 月，一家英国购物中心的拥有者——布兰登弗莱德（Brendan Flood）宣布了一个突破性的想法，即从别的市场竞争力弱的网上零售店中获利。他的想法也叫作 "e-stop"，可以用分布在主要大道边的高度自动化驱动的提取点解决 "最后一英里" 的问题。在网上订购货物之后，顾客可以开车到 e-stop，刷会员卡来通知客服员工。在装载区中，服务人员往车上装载订购货物的时候顾客依然在车中。因为 e-stop 的 5000 平方英尺的 "迷你仓库" 可以提供冰箱和冷冻储藏室来处理网上杂货订单。在 2002 年年初以 35 家网站为目标，弗莱德（Flood）估计英国最终可以建立 500 个 e-stop。在这种模式下，顾客可以获得一种快捷的免费服务，而且电子零售商可以避免为送货上门而成立专门车队所花费的费用。这是一种在英国并不少见的电商零售模式——通过整合订单用 40 英尺①的卡车集中送货到 e-stop。

不幸的是，设想总是美好的。弗莱德没有能够为最初 250 万平方英尺（500e-stops，每个 5000 平方英尺）的零售空间所需运营成本争取到大量投资。坦白地说，任何有物流背景的人意识到用一个 40 英尺的卡车装载整个 5000 平方英尺容量的设备，如同在一定程度上的完美运营可以使丰田的及时生产系统被视如儿戏。

另一个自动整合者提供了一个更温和的技术和投资组合模型。1999 年 9 月，一个以色列企业团队在美国成立了一家公司 eShip-4u 来发展 "自动传送机" 网络，也叫 ADMs。自动传送机设计了一个内部的传送带，同时可变伸缩门，有各种大小槽口可以容纳各种尺寸的包裹，小到宝石盒、大到电脑监视器。和 Brivo 盒子一样，sShip-4u's 的 ADMs 采用无线技术如邮件和传呼机来通知顾客包裹送达的消息。和 ATMs（最初设计是为了减少银行成本）一样，ADMs 吸引了想要消除二次送货费用的快递公司的最初兴趣。德国邮政（Deutsche Post）和联邦快递在加油站路面、火车站和购物中心都设了试点机器。ADMs 可以容纳首次无法被送到顾客家的货物以便于顾客前来提取（见图 9 - 3（a），（b））。

---

① 1 英尺≈0.30 米。

(a)

(b)

图 9-3 德国邮政（Deutsche Post）投放的 eShip-4U 自动传输机（ADM）

　　这项技术的顾客接受度非常高，但是德国邮政（Deutsche Post）从它的一个可选供应商 KEBA，一家澳大利亚科技公司处（见图 9-4）订购了低技术含量的"锁盒"作为"包裹站"。德国邮政目前在全国范围内拥有超过 900 家包裹站点。

　　尽管德国邮政有一个试点的成功，eShip 在美国依旧搁浅；联邦快递打算拾起 Kinko 搁置的计划，在全美建立数千台"Ship N Get"机器。西门子公司（Siemens）接纳了管理团队和 eShip 的资产，仅仅保留了在以色列（Israel）的 ADM 运营团队。

图 9-4　德国邮政（Deutsche Post）使用的 KEBA 保险箱包装站点

9.10　未完成的试验

尽管许多为了处理"最后一英里"挑战的实验都失败了，但新的实验还在继续。美国西尔斯控股公司（Sears Holdings）把 MyGofer.com 网站当作西尔斯（Sears）和 K-Mart 商店的网店，提供当日路边提取或交货服务。2009 年，西尔斯控股公司在伊利诺斯州乔利埃特的一家旧 K-Mart 商店以 MyGofer.com 的品牌开设了一个可以开车穿行的仓库。这个试点专为在线顾客，而不是在线和传统实体店的混合顾客服务。

单产品公司同样继续着实验。如这本书中一个学习案例讨论过的，初期阶段的 RelayFoods.com 以维吉尼亚夏洛茨维尔为基地，采用了一个与当地零售商和农场合作，外加移动提取点的模式，使顾客可以在午夜前从 50 多家供应商和 15000 多种产品中订购商品。第二天，公司从合作供应商处整合产品，把卡车停在邻近区域或交通干线，以便顾客可以在下午提取订单货物。

要在变化多端的市场经济中获胜，需要有不断重新定义和调整的商业模式，以适应不断变化、竞争激烈的市场。最终，有些人会发现有价值的商业模式，但许多人会一路失败。

10　产品回收管理[①]

互联网零售商的退货率往往比实体店要高得多。这是因为顾客在实际购买之前无法直观地通过网上所提供的产品信息进行充分估价。这使得产品的回收管理成为互联网零售的一个关键问题，尤其当涉及一些专有物品例如衣服、鞋子的时候。

在本章，我们将概述一下互联网零售商在产品回收和管理方面所面临的挑战。首先，从产品回收以及它们的数量和成本谈起。其次，本章将研究处理产品回收时所遇到的管理问题，包含了在面临不同可选的产品回收政策时，零售商应该采取的不同应对方法。再次，本章阐述了第三方专家在管理产品回收中扮演的角色，并介绍了四条原则以帮助提高产品回收的管理和顾客产品回收体验。最后，本章将讨论对于回收产品的再翻新、再行销和再销售的流程。

10.1　网络零售中产品回收的重要性

根据数据显示，在美国整个零售产业销售额中，总体产品回收率大概在 8.7% 左右。这一数值对于互联网零售商来说尤其高，根据产品种类不同，产品回收率波动最高达到 35%。如下表所示，整个互联网零售产业的回收率并不统一。这些比率是直接从企业获得的，并根据互联网零售市场分类的不同有巨大的变动。这张图表表明了，有些产品需要顾客近距离观察和测试才能使他们做出购买决定，但这类产品的退货率尤其高。特别的是，当涉及家具和家庭装饰这类很难通过电脑屏幕去判断质感和美观程度的产品，退货率将变得更高。衣服、珠宝和鞋子也同样如此。在这些产品种类中，许多可以影响顾客购买决定的产品属性很难通过互联网这样的电子媒介传达。此外，像音乐类的电子产品，互联网零售商很难通过网络来用样品或者模型准确地描述这类产品的特性。

[①]　经过作者许可，本章部分内容摘自拉斯特、拉比诺维奇、博耶和拉格塔斯纳海姆的文章 *Sloan Management Review*，由麻省理工学院保留所有权。

网络零售产业的产品回收率

网络零售业务	平均回收率（％）
鞋	35
女士服装	25
男士服装	20
儿童服装	18
家居用品	7
电子产品	4
书籍、音乐和其他媒体产品	2

资料来源：2010 年作者与企业高管的信函。

产品回收现象给零售商增加了大量的成本。据估计，美国每年管理产品回收的成本超过 2000 亿美元。就互联网零售商来说，他们不光要收集顾客的退货产品，还要处理掉货物，或者选择重新翻新，再存储，然后利用他们自己的渠道再销售或者通过库存清算。通常，零售商只能获得退回的原产品的 10％～20％ 的补偿（Stoke，Speh 和 Shear，2006 年）。

从产品售出到被顾客退回，再到零售商再行销或者清算的整个过程中，产品价值的损失导致了产品回收成本。成本同样受到仓储成本、退货过程中必要的运输操作，以及保持顾客了解退货流程最新情况的顾客服务的影响。

然而，退货成本仅仅是一个方面，退货费用对于顾客来说也是很高的。根据哈佛大学商学院（Harvard Business School）的研究员专家奥佛（Ofek），卡托那（Katona）和萨瓦里（Sarvary）表示，顾客成本受多个因素影响。第一，退货流程中耗费时间的机会成本。第二，在从最初购买到顾客退货得到赔偿或者换货的这段期间里，顾客没有获得合适的产品而导致的产品无效性。第三，并非所有的零售商都提供宽容的退货条款。有些情况下，顾客必须负担再存储的费用，大约是购买价格的 10％～25％。此外，在签发现金退款之前通常需要等待一段时间，因此更多的零售商通常只提供换货服务或者返还商店购物积分。

10.2 处理产品退货

在某些情况下，互联网零售商通过建立并全力宣传严格的退货政策来约束控制顾客退货。通过这一方法，零售商可以在产品有缺陷时，限制退货的产品从而显著降低产品的退货率。零售商同样可以通过这些政策来限制顾客退货之前持有货物的时间。通过建立这些时间限制，零售商销售的短周期商品（例如季节性的、易腐烂的或者高科技产品）可以在产品价值完全废弃之前被收回，并且保证依然能够卖得出去。

过分严格的退货政策会在无意中对销售额造成负面影响。因为这会使从一开始就警惕互联网购物的顾客望而却步，尤其当零售商销售的产品需要顾客在购买之前近距离仔细观察的时候。因为在这种购买前评估无法通过互联网实现，所以顾客更不希望冒险，如果商家的退货政策对于产品误选容错率不高，顾客很可能就不会从这样的互联网零售商处购物。

其他一些情况下，商家通过限制那些滥用他们的退货政策的顾客来解决产品退货问题。在零售商的眼里，这些频繁退货或没有明确原因退货的顾客是"魔鬼顾客"（Devil Customer）。还有更糟糕的情况，一家公司的常客通过订购 10 美元他们想要的货物，加上 40 美元的不想要的货物，这样他们就能因为 50 美元的订单而获得免费的快递。这些顾客接下来就会退掉 40 美元不想要的货物。此外，"魔鬼顾客"会占促销品和低价交易的便宜，但当需要退款或者换货的时候他们又会变得相当不敏感。所以就算同意为这些顾客退货，机智的互联网零售商也可以通过把退货优先权给利润贡献更高更忠诚的客户来更好地管理现金流和利润。

因为大部分的顾客还是理性的，公司可以设计一些为诚实顾客服务的退货政策来限制"魔鬼顾客"恶意的滥用。但并不是所有的零售商都选择这么做。相反地，他们更愿意去确定这些"魔鬼顾客"的身份，并从一开始就不售货给他们，从而消除他们过分的产品退货要求。尽管这个策略可以有效地从根本上解决一些产品退货的问题，但它也不是没有任何风险。因为正当退货的顾客可能会被当成"魔鬼顾客"而受到不公平的待遇。当这类事件发生后，公司会生成负面的口碑导致互联网零售商失去珍贵的客户资源。

10.3 第三方专家所扮演的角色

一部分零售商将他们的产品退货管理外包给第三方专家。这些零售商多半是在被产品回收问题压垮之后才做出这个决定的。专门为互联网零售商解决产品回收管理的第三方公司包括 Newgistics 公司，总部在得克萨斯州，奥斯汀，以及客户支持专家 Global Response，总部位于佛罗里达州，马盖特。这些第三方公司拥有独特的配套设施，可以为互联网零售商提供更快的退货处理和更大的经济规模，这得益于他们早已配备的大型设备网络和专业基础设施，以在客户端和零售商之间运输货物。此外，这些第三方专家利用设备和资源从多个零售商处进行大规模的产品回收，不仅能够以每单位很低的价格进行回收，还可以维持他们的设备和资源全年高水平有效运转，从而使得他们的服务价格有很强的竞争力。

第三方专家可能不会对每个零售商都有效。同时拥有实体店面的在线销售者，例如电子零售商 Best Buy 公司，可从这些专家处获益的就不多。Best Buy 可以利用它现有的融资设施为客户提供更方便的产品退换服务。相应地，公司可以选择把退货放在实体店存储，也可以整合退货，大批量地送到地区或全国性的分销中心来存储、翻新或报废。

10.4 网络零售中需要遵循的重要原则

在管理退货和提高顾客的产品退货体验过程中，互联网零售商可以通过亲身实践来获取好处。例如图 10-1 中所总结的，我们的研究指出了三个影响因素。第一，零售商要保持互动流程的简单性，使顾客在退货过程中付出的工作量最小化。顾客的工作量是影响退货满意度最重要的因素之一。第二，零售商不仅要保证执行所有产品回收，公平的对待每一位顾客，还要力争提供给顾客超乎他们预期的产品回收服务。第三，在可能的情况下零售商要尽量为顾客提供可供他们自己选择的定制服务。当零售商运营多个渠道时，有些顾客倾向于完全在网上进行退货交易，另一些则想通过和人工接线员谈话进行退货或者把货物退还到实体店。此外，并不是所有的产品回收都一样。根据顾客退还产品动机和原因的不同做出不同类型的回应。

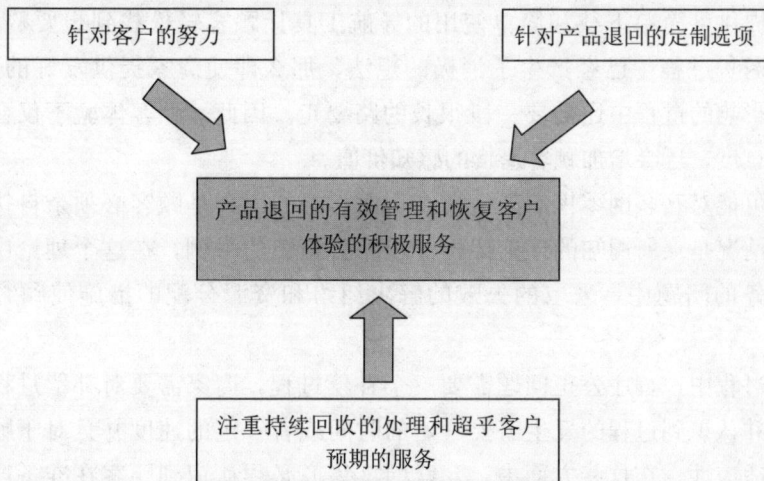

图 10-1 产品回收的有效管理和恢复客户体验的积极服务的组建因素

资料来源：MOLLENKOPF D A, et al. , 2007. 管理网络产品回收：专注有效服务运营. 选择科学，Vol. 38，No. 2，特殊话题论坛服务研究的下一个前沿领域，pp. 215 - 250。

在下一节，我们将进一步阐述这些原则。产品回收可能是一次服务补救的机会，涉及让零售商补偿顾客体验的问题，即使他们与顾客的交易过程中没有一点瑕疵（Andreassen，2000 年）。Zappos 公司一般可以将顾客所订的货物准时送达，通常比顾客预期的快一点。然而，由于鞋类产品尺寸的不确定性，许多顾客会订购多种尺寸的同款式产品，然后把不合适的鞋子退回去。这些例子中，退货问题反映的是互联网作为零售媒介的一种固有问题。不管怎样，Zappos 处理回收问题的方法确实可以增强顾客的忠诚度。总而言之，从顾客的角度来看，顾客会把退货当成购买过程中经历的服务的一部分来进行评估，因此相应的这也需要公司在和初始送递时一样用心。

10.5 管理网络产品回收：专注于高效的服务经营

妥善处理的服务补救会对顾客满意度以及他们对互联网零售商的信任和承诺产生积极的影响。这种影响也随着时间推移带来更多价值，例如先前较差的交易体验导致的产品回收，可以通过积极的补救体验来减轻顾客对商家的消极看法。补救服务可以帮助商家和最初对他们不满意的顾客建立持续的联系（Maxham，2001 年）。因此，顾客对互联网零售商的满意度会被他们近期接触的补救服务持续更新。

10.5.1 顾客努力

互联网零售商需要简化顾客从线下交易到线上交易的转变。这个转变过程很大程度上依赖于顾客在网上导航和购物的能力。商家需要采取一个积极主动的策略来抑制退货，通过提供可简单下载和简单使用的导航工具让顾客轻松找到想要购买的产品。如果顾客在退货过程中已经产生了消极的想法，那么即使商家提供友好的用户互动，在减小消极影响的过程中还需要一段很长的路要走。因此，顾客体验不仅会增强回收过程中的满意度，还会增加顾客退货的感知价值。

另一个可能对互联网零售商产生潜在负面影响的因素是顾客必须亲自执行退货的过程。这类情况是众所周知的理论架构"程序公正"的举例，在这个理论中，商家在解决顾客服务的问题中，采取的失败的解决纠纷和资源分配的措施使顾客变得极为敏感。

在回收过程中，程序公正问题需要一个补偿过程，商家需要对补偿过程有一定程度的控制，并认识到过程的发生需要一定的时间或者一定的速度并且对于顾客的需求有一定的可适应性。在这些方面中，互联网零售商必须认识到顾客在准备产品退回和亲自把它们送回互联网零售商回收系统中所需付出的努力。顾客在退货过程中付出的努力会导致他们更低的价格感知和更低的满意度。

商家需要认识到顾客对产品回收过程中付出的努力会有不同程度的重视。我们调查的购物者，来自五个销售不同产品的互联网零售商，例如宠物产品、办公产品、鞋子和手提包，研究发现，顾客对互联网零售商产品退货服务的满意度与他们把产品运回给互联网零售商所花费的时间有密切的联系。这在图 10-2 中总结过了。在这个图中，我们展示了来自五个不同零售商的四百多个顾客。结果显示，依据满意度的测量，产品回收过程中所需的时间越少，客户满意度越高。

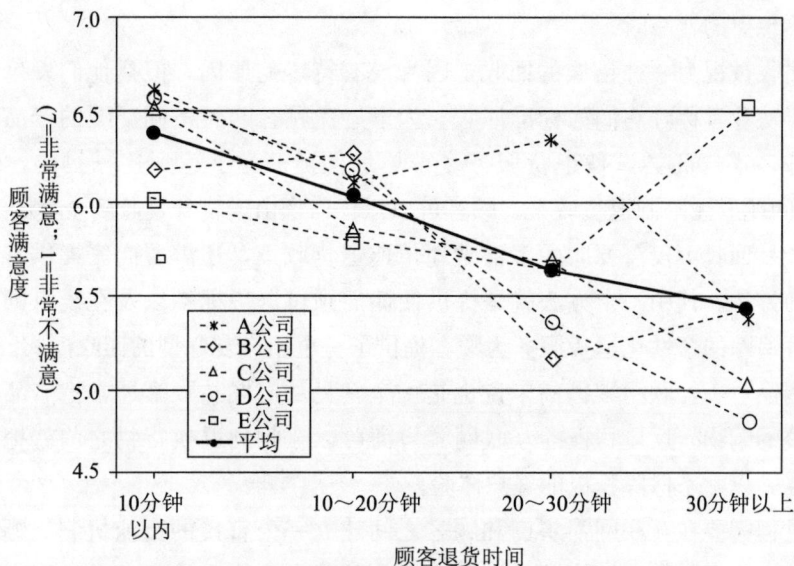

图 10-2　顾客处理退货的时间和顾客满意度之间的关系

资料来源：摘自拉塞特等，麻省理工管理评论，2007.43（3）：58-64。

互联网零售商保持程序公正的另一个方法在于保障客户退货后能快速获得退款。在回收过程中，快速的处理退货和更新客户账户是至关重要的。尽管这些措施可能不会为互联网零售商减少运营成本，但它确实可以提高回收过程中顾客的满意度。这一点和其他因素一样重要，因为满意度对顾客忠诚度有明显的影响，继而影响他们未来的购买行为。

10.5.2　持续回收和提高顾客预期

在产品回收的补偿过程中，超乎顾客预期的处理反应也可能会对他们产生积极的吸引力。在退货过程中，对顾客退货情况做出快速合理的反应，为客户解决问题，提供用户和顾客服务代表之间的沟通渠道（现场或者网上聊天），都会对顾客退货服务的感知价值产生强烈的影响。

然而，为了能够在这场长跑中赢得胜利，互联网零售商必须力争回收服务质量的稳定性来创立忠实的客户市场基础。客户服务体验会通过顾客满意度和感知价值来直接影响顾客忠诚度。顾客先前的退货经历会积极或消极地影响他们对于目前交易的认知。因此，商家需要保持稳定的优质服务体验使顾客直接生成持久的忠诚意向，以及间接地通过提高客户满意来源、感知价值和退货服务来间接地增强这些意象。

10.5.3　产品回收的顾客化选择

产品回收涉及了许多独特管理要求和实践场合。互联网零售商可能会经历因为顾客后悔或者没能满足他们购买偏好的产品而造成的产品回收。后一种情况可能发生在顾客收到不想要的礼品时。

这类回收被视为一种错误的回收，因为没有特定的原因，但是他们发生的频率太高，以至于从业者称呼它们为标准回收。为了避免顾客购买不同类型的产品时产生这种风险，许多零售商尝试使退货服务变得更加便捷。为了达到这一目的，他们提供"不论任何问题"无限制退货政策，顾客可以以任何理由退货并且收到全额的退款。

这类产品回收不仅需要向顾客清楚地传递退货政策，还需要商家提供有效的追踪个体客户的方法。其中一个方法就是提供便捷的预付退货标签以及在线自助服务的备用标签。可追踪的个性化退货服务为顾客提供了一个用户友好型的回收模式。

产品调换对于互联网零售商来说也是一个常见的问题。顾客通常把产品退换当成是一种失败的购物。反应积极的互联网零售商可以在收到退换货物之前就把调换的产品发给顾客，以此来保障积极的客户体验。

这个过程需要在互联网零售商和顾客之间建立一个直接的交流机制。顾客可以在退货被送回互联网零售商处之前发送关于回收的信息。这一过程通常被用来进行电子维修和更新。还可被用作互联网零售商收到破损和毁坏的商品时处理保修索赔的支持。

最先进的零售商可以在保证较低产品回收成本的同时向顾客提供更快的退换服务。因此，这些零售商会使用新产品加急出货服务，对于退换的货物使用地面服务以提供给顾客更快的补救服务。

互联网零售商如 Best Buy 所处理的第三类产品回收，涉及合约到期情况下的产品如手机的回收。这些退货交易需要快速的补救措施和贵重资产替换，同样也带来了产品是否可被翻新和重新放入库存的不确定性。在这些情形下，补偿顾客以及补救产品虽然保持着优先权，但这依然没有解决是否把货物放回库存，还是通过其他折扣渠道来处理货物的问题。有经验的零售商会提供一种智能追踪退换货物的方法，利用自动通知单来跟踪退货活动的进程。这种系统同样能够自动报告和同步零售商库存中产品的状态。

这些方案中不同的定制化服务并不能完全解决互联网零售商退换政策中的问题。但某些政策可以影响那些状况依然良好并且可以进行再次销售的产品。在本章的最后一部分中，我们将会详细说明这些政策。

10.6 回收产品重新上市的挑战和机遇

顾客退货是一个多步骤过程，通常以零售商从美国邮政署、联合包裹运输服务公司或者第三方物流组织（3PL）处获得退货为开端。接下来，退回的商品将被运输到一个设备中进行检查、分类和处理。这个设备可能是一个集中式的仓库或者是互联网零售商或第三方专家如 Newgistics 所拥有或运营的地区性分销中心。在退货过程的最后，商家可以评估被回收产品的状态，并对产品的未来使用做出最高赢利的选择。有些产品可能会被变卖或者被处理，其他的产品可能会被翻新并重新推向市场。对于后一组的商品回收，互联网零售商还需要地方政策支持，以保障能将产品快速、低成本的再次销售到市场上。

商家需要保障产品能够快速地被再次销售，以避免产品过度贬值。与此同时，互联网零售商应当保持仓储和运输方面的高效运营，以此来限制产品回收步骤中所必需的成本。

图 10-3 是根据 Blackburn、Guide、Souza 和 Van Wassenhove（2004 年）的工作流程改编的，用以阐述产品回收过程中的延迟是如何降低产品价值的。图 10-3 上顶端的线代表了被认为是错误的回收产品在补救服务中的价值折旧。下面的线代表了那些在回收过程中被翻新过的产品下降的价值。

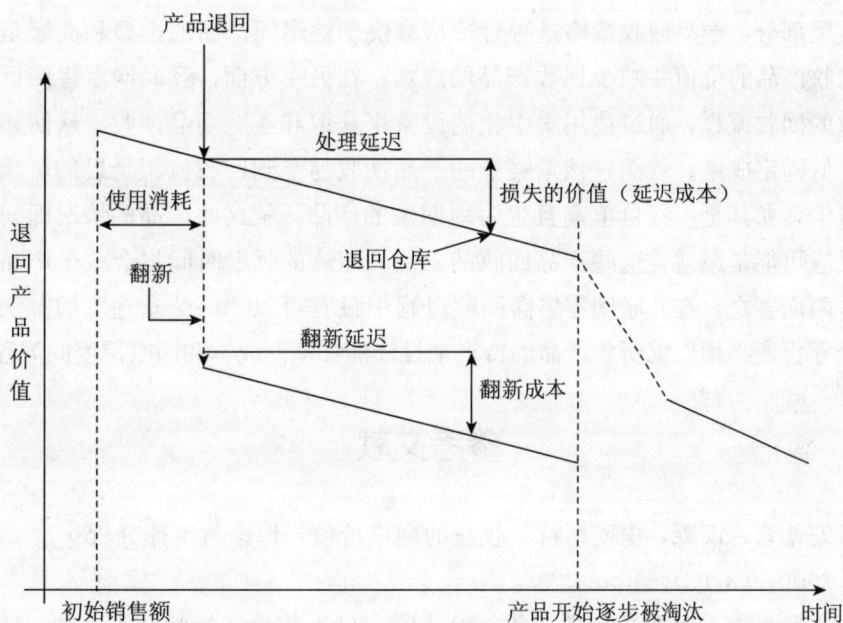

图 10-3 互联网零售中产品回收的时间价值

资料来源：BLACKBURN J D，et al. 2004. California Management Review 46（2）：6-22。

这些线的斜率反映了产品价值的敏感度随着产品销售给客户的时间的迁移而变化。高的倾斜度符合因为科技变革（例如电脑和其他电子设备）或者因为顾客品位的变化（例如衣服和其他高级时尚商品）而产生的短暂生命周期的产品。高的倾斜度代表了因为易腐败性特点受到时间限制的产品（例如乳制品和其他食物产品）。

互联网零售商应该积极主动地处理那些被退回的产品，尤其是高价值的产品。在这种情况下，零售商需要保障退回产品可以被快速地再次销售以避免过度的价值折旧，而不是通过仓储运营和运输来追求成本节约。对于这些产品来说，零售商应该设计反应更加灵敏的回收系统以加速他们的回收过程。作为回收政策的一部分，零售商可以设立分散的设施来收集和评估被退回的产品，以保障能够快速地获取、准备和实施商品再销售流程。

图 10-3 的低倾斜度线条符合那些价值不受再销售时间影响的产品。这些拥有长生命周期的耐用品可以不受科技、顾客品位变化或者保质期的影响被再次销售。例如家具就属于此类产品。

和其他产品相比，家具不需要通过主动回收来避免折旧损失。像这种情况，互联网零售商例如 eFurniture Showroom 应当通过仓储和运输的高效运营，而不是回收速度来限制回收过程中所花费的成本。举个例子，作为他们的一部分，eFurniture Showroom 可以集中收集和评估回收物品，以保障被回收的产品可以被大批量、少次数满载的集中运输。

在结尾部分，产品回收策略是否合适将取决于被退回产品的类型和商家是否可以最大化回收产品的价值并减少回收产品的成本。在另一方面，互联网零售商可以设计一个有效的回收流程，通过使用集中化的设备来获取和实施商品回收，从而影响经济规模并降低固定成本。然而，该策略下的产品回收易受到回收流程延迟的影响，使产品价值减少，尤其是一些价值高且生命周期短的产品。就这些产品的情况而言，快速的回收反应可能是最适合这些产品回收的方法。缩短的延迟时间将会减少产品价值链的损失。简而言之，在互联网零售商回收过程中没有可以"一劳永逸"的方法。相反地，每个零售商必须依据所售产品的特点来设计能够平衡成本和回收速度的流程系统。

参考文献

[1] 安德森，汉森，史密斯特．收益的期权价值：理论与实证分析 [J]．市场营销科学，2009，28（3）：405-423．

[2] 安德里森．服务补救满意的前因 [J]．欧洲市场营销学杂志，2000，34（1/2）：156-175．

[3] 布莱克本，盖得，苏扎，等．逆向供应链的商业回报 [J]．加利福尼亚管理学评论，2004，46（2）：6-22．

[4] 博耶，哈特．供应链的扩展：在线杂货销售中运营和市场营销的介入 [J]．运营管理学杂志，2005，23（6）：642-661．

[5] 博耶，奥森．互联网消费的驱动 [J]．生产与运营管理，2002，11（4）：480-498．

[6] 格里马尔迪．被拒绝的日子：销售员做好了退换货物的准备 [N]．商业论坛新闻，华盛顿特区，2008 年 12 月 6 日．

[7] 盖得，苏扎，沃森霍夫，等．商品回收的时间价值 [J]．管理科学，2006，

52 (8)：1200 - 1214.

[8] 拉赛特，拉比诺维奇，博耶，等．互联网的未来：互联网零售业中三个关键性问题 [J]．麻省理工学院斯隆管理评论，2007，48 (3)：58 - 64.

[9] 马克哈姆．服务业的兴起对消费者满意度的影响，积极的语言和购买目的 [J]．商务研究杂志，2001，54 (1)：11 - 24.

[10] 莫伦科夫，拉比诺维奇，拉赛特，等．互联网产品收益管理：关注与有效率地服务运营 [J]．决策科学，2007，38 (2)：215 - 250.

[11] 欧菲克，卡托那，萨瓦里．卖场和网上：多渠道零售商策略对产品收益的影响 [J]．哈佛商学院，剑桥，MA，2009.

[12] 斯宾塞．只进不退 [N]．华尔街日报，2002 - 5 - 14.

[13] 斯托克，斯佛，歇尔．竞争优势的产品回报管理 [J]．麻省理工学院斯隆商学院，2006，48 (1)：57 - 62.

11　亚马逊网站（Amazon. com）：供应链的战略和创新

杰夫贝索斯（Jeff Bezos）在 1994 年成立了亚马逊网站公司，并在 1995 年的年中把它推向了互联网。自公司成立以来，贝索斯打算把亚马逊网站当作一个以消费者为中心的组织，并将公司的使命定义为取悦消费者。为了达到这个目的，亚马逊网站订立了三个整体绩效目标。第一，亚马逊网站力求为所有的消费者提供最广泛的产品选择。第二，亚马逊网站为了给消费者提供最好的服务，不仅提供给消费者丰富的产品信息，丰富的消费者和专家评论，以及快速及时地完成消费者的订单任务和毫无后顾之忧的退货服务。第三，亚马逊网站致力于把它所售的全部产品以最低廉的价格销售给消费者。

今天，亚马逊网站力争让任何想在网上买东西的消费者都可以找到他们喜好的产品。它成功的关键在于丰富的产品选择，优质的服务以及低廉的价格，公司把它叫作良性循环，这些因素共同构成了亚马逊网站发展成长的基石。图 11-1 表明了通过良性循环亚马逊网站能够实现重要的协同作用，有助于公司扩大和维持它的商业模式。

整个循环以扩大产品选择为开端，相对于其他线下或者线上的零售商，亚马逊网站能够为消费者提供极具吸引力的购物体验，包括给消费者提供最高质量的服务。产品选择和消费者服务的组合使亚马逊网站的新老顾客数量持续增长。由于亚马逊网站销售量的提高，它能够在库存管理和运输中通过规模经济效用来帮助它实现目标，即给顾客提供越来越低的价格。此外，它在销售中所获得的收益，能够帮助亚马逊网站吸引更多的商品供应商到它的网站上销售产品。作为回报，亚马逊网站可从更多的供应商处获取货源，持续的帮助亚马逊网站拓宽它的产品选择空间。

良性循环使得亚马逊网站 2009 年的年销售额超过了 250 亿美元。这是 1999 年 16.4 亿美元销售额的 15 倍还多。为了使它的良性循环能够起到作用，亚马逊网站权衡了一系列结构性和运营决策并开发了一个供应链战略，正是这一战略推动了亚马逊网站走向成功。

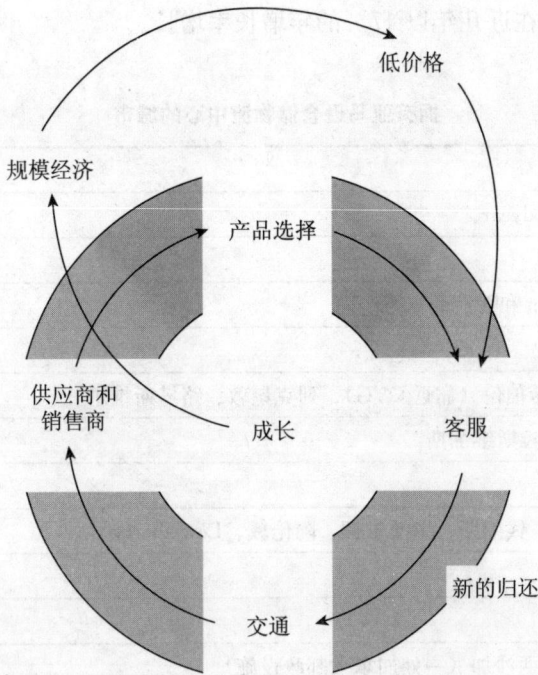

图 11-1　亚马逊网站的"良性循环"

资料来源：改编自亚马逊网站。

11.1　亚马逊网站的结构化决策

亚马逊网站的结构化决策定义了运营过程中设施投资的使用目的，使用时间，使用地点以及使用方法。支持这些设备运营的是它的仓储物流中心线，亚马逊网站将它许多产品存放在这里。在公司创立初期，亚马逊网站打破了传统互联网零售商运作模式，决定不将它的仓储物流中心线外包出去。相反地，它建立了一个垂直整合网络系统，不仅可以存放库存产品，还可以组装和运输消费者通过亚马逊网站提交的订单。

这一决策帮助亚马逊网站开发并完善了企业互联网实施的金本位制度。亚马逊网站知道将它的仓储物流中心线外包，不仅仅会减少核心竞争优势，还会让其他的，也就是第三方供应商，向亚马逊网站的竞争对手提供服务。

截至 2010 年，亚马逊网站已经在北美成立了 11 个仓储物流中心线，在欧洲成立了 8 个物流中心，在亚洲成立了 6 个物流中心（见表 11-1）。它通过北美的仓储物流中心来运送美国和加拿大的订单。这些订单占据了亚马逊网站总利润的 53%，并且近几年这些订单数还在以 45% 的年增长率增长着。欧洲和亚洲的仓储物流中心线各自负责运送来自欧盟国家以及日本、中国消费者提交的订单。这些订单占到了亚马逊网站总利润的 47%，并且在近几年以 47%的年增长率增长。

表 11-1	拥有亚马逊仓储物流中心的城市
北美	
亚利桑那州：凤凰、Goodyear	
特拉华州：纽卡斯尔	
印第安纳州：Whitestown 和普兰菲尔德	
堪萨斯州：科菲维尔	
肯塔基州：坎贝尔斯、希伯伦（靠近 CVG）、列克星敦、路易斯维尔	
内华达州：Fernley 和北拉斯维加斯	
新罕布什尔州：纳舒厄	
宾夕法尼亚州：卡莱尔、钱伯斯、黑泽尔顿、阿伦敦、Lewisberry	
德州：达拉斯/沃斯堡	
弗吉尼亚州：斯特灵	
安大略省（加拿大）：密西沙加（一处加拿大邮政设施）	
欧洲	
格伦罗西斯（苏格兰）：亚马逊网站英国仓库	
贝德福德郡（英格兰）：马斯顿门，靠近 Brogborough	
因弗克莱德（苏克兰）：古罗克	
法伊夫（苏格兰）：格伦罗西斯	
斯旺西（威尔士）：Crymlyn Burrows，靠近 Jersey Marine	
卢瓦雷（法国）：Orleans-Boigny（2000）	
卢瓦雷：Orleans-Saran（2007）	
黑森州（德国）：巴特赫斯费尔德	
萨克森州（德国）：莱比锡	
亚洲	
市川，千叶（日本）	
八千代，千叶（日本）	
酒井，大阪（日本）	
广州（中国）	
苏州（中国）	
北京（中国）	

大部分仓储物流中心都位于主要城市的外围地带，远离房地产黄金区域。就土地价值和房地产税而言，亚马逊相对于其他传统零售连锁实体店，占据了低成本的优势。

尽管地产成本占有优势，亚马逊网站的运输成本仍占到整个亚马逊网站供应链总运输成本的一个重要部分。表11-2展示了多年来这些运输成本的分类列表，包括顾客付给快递员的费用以及整个亚马逊网站的运营成本。这些运营成本包括所有运营过程中仓储物流配置产生的成本。这包括购买、收货、检查和管理库存，分拣、包装和准备订单运输所产生的费用。

表11-2 运输收入和成本及仓储物流成本

	2009 年	2008 年	2007 年
收入和成本（百万）			
出站运输收入[a,b]	924 美元	835 美元	740 美元
出战运输成本	1773 美元	1465 美元	1174 美元
仓储物流成本	2052 美元	1658 美元	1292 美元
净销售额百分比			
出站运输收入	3.8%	4.4%	5.0%
出战运输成本	7.2%	7.6%	7.9%
仓储物流成本	8.4%	8.6%	8.7%

资料来源：改编自亚马逊网站。

注：a——在亚马逊不提供仓储物流服务的地方要排除第三方销售商从运输活动中所赚取的费用。

b——包括从亚马逊黄金会员和亚马逊仓储物流项目中所赚取的费用。

与自己运行仓储物流中心不同的是，亚马逊网站选择同第三方物流公司例如联合包裹速递服务公司合作，来运输它的订单。这些公司提供了多种模式的运输，通过空运和汽车运输将亚马逊网站仓储物流中心线的产品运输到消费者的目的地。就每吨每英里而言，使用空运比汽车运输要昂贵的多。然而，亚马逊网站增加了空中运输，因为它拓宽了距离仓储物流中心线遥远的市场。

通常，亚马逊网站会用货车载满它们的产品，从仓储物流中心线运输到第三方供应商的机场。这种运输模式会花费亚马逊网站大约每磅0.25美元的成本，因为仓储物流中心线到机场的距离通常不超过100英里。在机场，第三方供应商依据订单不同的目的地将货物拆分开来并装载到运货飞机上，货物将被运输到全国范围内各个中转站。这段路程的航空运输成本通常需要1.05美元每磅，因为枢纽站之间的航空运输距离超过了500英里。一旦货物抵达了枢纽站，它们将被依据不同目的地的邮政编码被再次分类，并装进不完全满载的货车，以平均大约0.3美元每磅的价格运输，航空枢纽站到最终目的地的距离通常不超过100英里。

亚马逊网站可以通过开设离它所服务市场更近的仓储物流中心线来降低它的运输成本。这样可以减少送货距离，甚至可以避免使用航空运输。然而这一策略可能对运营中心的成本效率产生负面影响。仓储物流中心线根据房地产的成本和税收会产生固定成本和间接成本，包括仓储设备折旧费和一般行政费用，例如保险费和劳动力成本（见表11-3）。随着越来越多的仓储物流中心线投入到运营之中，就每个设施所执行的订单量而言，亚马逊网站丧失了规模经济的优势。

表 11 - 3		2009 年仓储物流中心信息	
面　积		价　值	累计折旧
11848 平方英尺（北美） 5739 平方英尺（国际）		551000000 美元	202000000 美元

资料来源：改编自亚马逊网站。

此外，亚马逊网站希望它的仓储物流中心线可以专攻两个产品种类，根据操作特性可划分为：可分类产品和散装产品。依据亚马逊网站自己的分类，可分类产品包括那些大小不超过一块面包的商品。这些商品包括一些畅销品，例如书籍和数字影碟。专注这一产品种类的仓储物流中心线都是高度自动化的，使用的是高级分类设备和传送装置，可以将产品从仓库运送到包装处再到运输处。为了证明在这项技术上的投入是正确的，亚马逊网站必须依靠大量的产品订单来充分利用这个设备。

散装产品包括大型的产品，例如电视机和其他的家电用品，通常标价都非常高昂。由于产品的尺寸和价值，散装产品在存储和回收过程中，需要由人工直接进行操作。包装和运输也是劳动密集型运作。不同的产品特性，使得亚马逊网站在合并运送可分类和散装产品的仓储物流中心线中很难保持高效的劳动力资源使用。

11.2　亚马逊网站的经营决策

尽管亚马逊网站的仓储物流中心线占地面积已经代表了有利于降低运营成本的关键因素，公司还将它的重心放在运营活动上，以营造可以吸引更多顾客和培养顾客忠诚度的能力。

亚马逊网站决定自己去运行仓储物流中心线，这使公司对仓储物流设备的投资产生了重大的成本效益，从而推动亚马逊网站成为行业领导者，并可以高水准地控制它的运营计划。例如，亚马逊网站能够告知顾客第二天收货的确切时间。实际上，就亚马逊网站销售的产品广度而言，几乎没有其他互联网零售商可以提供此项服务。

亚马逊网站继续举债经营它的仓储物流中心线，以扩展给顾客提供的库存种类。亚马逊网站决定只在仓储物流中心线存储最畅销的产品，以此来加快库存周转。2009年，亚马逊网站库存总价值21亿美元，每年12次库存周转，其库存效率在整个行业中处于最高地位。然而，亚马逊网站仍然可以通过和数百家供应商合作直销的方法来销售不太畅销的产品。通过合作，供应商负责在他们的仓库中存储产品，一旦顾客在亚马逊网站下单，这些产品就可以从他们的库存设备中被运送出去。

供应商通过直销可以获得他们所销售产品的大部分利润，而亚马逊网站只能获得销售产品的手续费。在 2009 年，这些直销合作占到了亚马逊网站销售额的 30%，并且预期还会增长。

在 2008 年，亚马逊网站还引进了一个创新计划，即在仓储物流中心线外就地处理供应商库存的服务。这些服务被安排为"亚马逊网站物流"计划的一部分。供应商们可以将他们的产品送到亚马逊网站的物流中心存储。一旦顾客订购了产品，亚马逊网站将代表供应商来执行订单，包括分拣和包装产品，将顾客同时从亚马逊网站或另一个供应商处订购的产品合并。最后，亚马逊网站会从它的物流中心向外运输供应商的产品，同时提供物流跟踪信息和客户服务来支持订单。

2009 年，在全球范围内，销售者在亚马逊网站物流中心装载了超过一百万种不同的产品。通过这一战略，亚马逊网站能够显著的提高处理订单的数量和设备利用率，尤其是在非高峰期购买需求不高的时候。此外，通过这个战略，亚马逊网站能够通过收取供应商存储和物流服务费用来获取额外的利润。正如在表 11-4 中详细描述到的，所有存储在亚马逊网站物流中心的货物，都要依据月份和供应商每日的平均使用数量收取存储费用（以立方英尺①为单位）。因此，供应商们需要为他们所占用的空间付费。亚马逊网站收取的物流费用取决于运输产品的类型、重量及订单的价值。

表 11-4	亚马逊物流费用
计算物流费用	
根据表格中的以下步骤估算使用亚马逊物流所需物流费用	
步骤 1—仓库库存	
仓库费的收取基于每月及日均亚马逊仓储物流中心货物储存量（以立方英尺计算）	
步骤 2—估算货物单位类型	
媒体，非媒体和特大型单位——媒体单位包括书、音乐、软件、视频游戏和视频（DVD，VHS）。非媒体单位包括其余的所有物品。一件"特大型货物"包括任何有包装的、媒体或非媒体物品，超出 18 英寸×14 英寸×8 英寸的面积或超过 20 磅的重量	
步骤 3—计算物流费	
A. 订单处理—如果你的物流订单含有一件及一件以上的非媒体货物需要加 1.00 美元	

---

① 1 立方英尺≈0.03 立方米。

B. 挑选和包装—您订单中的每一件物品都需要计算费用。如果物品零售价低于 25 美元，请对应下表中相应行。如果物品零售价在 25 美元及以上，也请对应物品相应行

C. 重量计算—每一件物品都需要用单个物品重量乘以 0.40 美元。如果订单中有多件物品，将每件单个物品的费用加在一起求和

总计—将 A，B 和 C 加在一起求出最终物流费用

仓库库存	
这一费用是基于每一件在仓储物流中心存放的货物计算的	
月储存量（每立方英尺）	
1—9 月	0.45 美元/立方英尺 每月
10—12 月	0.60 美元/立方英尺 每月

亚马逊仓储物流

一件物流单的总体费用＝订单处理＋挑选和包装＋重量计算

仓储物流	媒体单位	非媒体单位	特大型单位
A. 订单处理	N/A	1 美元/每单	N/A
B. 挑选和包装			
价格/每件＜25 美元	0.50 美元/每件	0.75 美元/每件	3.00 美元/每件
价格/每件≥25 美元	1.00 美元/每件	1.00 美元/每件	3.00 美元/每件
C. 重量计算	0.40 美元/每磅	0.40 美元/每磅	0.40 美元/每磅

在订单物流中心另一个实践创新中，亚马逊网站通过运输策略故意延迟从库存下达订单的时间，以保证订单可以准时被送到它们的目的地。订单从库存运出并不是按照先进先出的原则。相反地，需要隔夜交货的订单会先从库存中被运出，而顾客要求地面运输（7 天）的订单反而会较晚从库存中被运出。

这一策略使得亚马逊网站可以更好地在每一个物流中心计划工作流程，使得这些设施中的劳动力和设备可以在整个星期都持续不断地运营。但这承担了一定的风险，因为延迟订单的运输可能会导致交货迟到。此外，当积压需求较低时，这一策略将变得没有效率。库存的产品越少，这项战略就会面临越大的缺货风险。

了解到延迟运送订单会对想要获得即时满足的客户产生负面的影响，亚马逊网站最近引入了一项新的服务——"本地运输"（Local Express Delivery）。在 2010 年，这项服务被推向了美国 7 个城市的消费者：纽约、费城、波士顿、华盛顿、巴尔的摩、拉斯维加斯以及西雅图。通过这项服务，顾客可以在早上 10 点或者下午 1 点之前的任何时间订购产品（取决于不同的城市），亚马逊网站将在当天把货物送到。

这一服务需要花费相当高的成本，因而使得一些互联网公司倒闭了，例如 Kozmo

和 Urbanfetch，这两家公司都提供了当日交货服务，而不收取或仅仅收取很少的费用。许多消费者毫不留情地滥用这些公司的服务。亚马逊网站非常了解这些案例（亚马逊网站是 Kozom 的投资者之一），因此设立了一系列的运输费用，以此补偿它的成本。表 11-5 总结了亚马逊网站本地运输所收取的费用。与其他送货服务例如隔日交货和两天内交货服务相比，这一服务收取的费用相当的高昂。有一些价格意识不强的顾客会经常的使用当天送货服务，但是大部分客户在紧急情况下才会使用当日交货服务。

表 11-5　　　　　　　　　　当地快递费用

项　目	每　单	每　件
汽车	17.99 美元	1.99 美元/磅
婴儿用品	17.99 美元	1.99 美元/磅
书，VHS 录像带，软件	14.99 美元	4.99 美元
CD，音乐录音带，vinyl，DVD	9.99 美元	3.99 美元
手机	17.99 美元	1.99 美元/磅
手机配件	17.99 美元	1.99 美元/磅
电脑	17.99 美元	1.99 美元/磅
电子产品	17.99 美元	1.99 美元/磅
杂货	17.99 美元	1.99 美元/磅
珠宝，衣物，鞋	14.99 美元	4.99 美元/磅
个人护理，家具，床，洗浴用品和家庭装饰用品	17.99 美元	1.99 美元/磅
行李箱	17.99 美元	1.99 美元/磅
户外用品和运动用品	17.99 美元	1.99 美元/磅
工具和金属用品	17.99 美元	1.99 美元/磅
玩具	18.99 美元	1.99 美元/磅
游戏	9.99 美元	1.99 美元
以上物品任何形式结合	每单最高收取	如上

资料来源：改编自亚马逊网站。

11.3　使良性循环继续

亚马逊网站的良性循环对公司的成功起到了非常重要的作用。这个公司的管理团队在结构上和运营上做了慎重的决定来保证良性循环能够向着对它有利的方向不停地运转。然而，公司需要了解这些决策和它们的实施过程，以及亚马逊网站所获得的结果是如何保持良性循环的。

此外，就互联网零售目前的状况和未来的趋势而言，这些决策中哪一个更加可能支持良性循环？亚马逊网站还有没有机会来改善这些决策，使良性循环在未来可以更好地运行？

12 eShip 公司，只为您服务[①]

ADM 技术可能引起潜在的航运市场革命，使网上购物行业复苏，同时改变人们收取和运输包裹的方式，并最终改变他们的购物习惯。

——阿米尔 艾希曼（Amir Erlichman）（哈佛大学商学院，1994 年工商管理硕士HBS MBA' 94）的主要合作伙伴 Yozma 集团，是 eShip 公司的风险投资者。

eShip 的创始人和首席执行官丹格兰诺特（Dan Granot）既高兴又迷茫。eShip 公司与德国邮政公司（Deutsche Post）的合作非常顺利，并且自动运输机（ADM）也在美因兹和多特蒙德的试点开始使用，如今在设备投入使用的第四个月份，正如 eShip 公司每一个人所期望的，一切运行都非常顺利。然而，公司进入美国市场的秘诀却比以往任何时候都要更难以捉摸。与德国邮政的合作关系模式是否可以在美国复制，依然难以确定。

2002 年 5 月，丹和 eShip 公司执行团队的其他成员与公司的顾问委员会展开会谈，讨论了多种 eShip 革命性的 ADM 进入美国市场的战略。ADM 网络的设计类似于无处不在的、已成为美国人民日常生活一部分的自动柜员机。ADM 技术可以让消费者在附近的 ADM 上直接进行操作，以完成商品的包装分拣或者回收，每天 24 小时，一周 7天不停工作（24/7）。ADM 同样可以为不同快递公司提供集中的运输点，例如联邦快递、联合包裹速递公司、中外运敦豪国际航空快递有限公司（DHL）、美国邮政，因此可以很大程度上减少服务郊区和边远地区居民的成本。eShip 中央系统的组成基于一个互联网控制和管理软件，称为最后一英里信息系统（LAMIS）。LAMIS 为供应商（例如零售商，电子零售商）、消费者、快递公司、地产所有者（ADMs 实际所在地的地产所有者）和 ADMs 本身提供了一个实时在线的虚拟中心。这个系统会通知消费者到指定的 ADM 去取包裹，同时生成一个用来获取包裹的存取口令，使供应商和快递公司可以监控设备利用率，以便分析分拣回收其他信息技术问题。

Dan 回想到当他第一次把 ADM 的概念介绍给阿米尔艾希曼（Amir Erlichman）（他是一家以色列的风险投资公司 Yozma 集团的主要合作伙伴）之后，阿米尔产生了怀疑：尽管 Amir 看到了这项技术的潜力，并且认为革命性的 ADM 理念很有发展前景，但是 Amir

① 经过作者许可，本章使用了"eShip-4U"案例（案例号码 N1-603-076），作者是蒂莫西·M. 拉斯特和罗伊·D. 夏皮罗，出版于哈佛商学院出版物。

还是担心投资的问题。像 eShip 这样刚成立的小公司，财务资源有限，能否负担得起教导消费者和改变他们消费习惯所需的成本？此外，在少数巨头如私人快递公司和邮政公司垄断行业的情况下，eShip 能否成功摆正自己的位置，在包裹运输的生态链中争取足够多的价值？我们能否建立一个可以赢利的国际公司？一个获得高利润的公司，一个拥有显著的年金并且在全球范围内能够快速获取市场竞争能力的公司？我们自己的发明能使我们在迅速发展的互联网购物市场上成为受益者么，还是会使别人受益？

与此同时，Amir 确实意识到 ADMs 网络能力的价值。你不仅可以通过 ADMs 递送包裹，还可以用它来销售产品，就像零售机一样。它有系统固有的弹性，并且可以进行跨区域和个性化定制销售。其外部空间就像寄存柜那样，用来收集消费者综合购买数据。一旦你将 ADMs 连接到互联网中，这些可能性都将是无限的。

丹花费了很长的时间去说服阿米尔，eShip 有能力将这个革命性的理念成功实施。阿米尔现在已经成为这项技术的一个积极倡导者，丹知道还要花费更多时间来说服消费者、商业伙伴和其他投资者，让他们知道 ADMs 是可以获利的。

丹知道他的投资商非常渴望 eShip 可以进入下一个阶段，即进入美国市场。与德国邮政（Deutsche Post）合作的，在德国两个城市进行的试点都非常成功。另一个试点正在以色列当地的加油站/便利店实施。但是问题依然存在，即如何进入美国市场。简单的复制这些成功的试点模式么，还是有其他方法来进入这个利润最丰厚最有挑战性的市场？丹知道 eShip 无法独自实现这个任务：谁会是它成功进入美国市场最好的合作伙伴？

12.1 "最后一英里"

包裹运输市场被行业巨头统治，例如联邦快递、联合包裹速递服务公司、中外运敦豪国际航空快递有限公司，日益增长的互联网购物量推动了行业的迅速发展。在2001 年，美国快递市场每年的交易量估计超过 70 亿美元（13 亿包裹）。在互联网零售的促进下，这一市场交易量将在 2004 年翻倍（根据 eShip 商业计划，2001 年 6 月）。然而这一行业有着它自己固有的问题：许多地方电信运营商不能到达，如何以经济低成本的方式为消费者运送货物成为长期困扰"最后一英里"的成本运营问题。这些地方的快递费用估计占了整个美国分销市场成本的 64%（Tim Laseter et al.，2000 年）。

"最后一英里"在居民住宅地花费成本较高的原因有两方面：第一，他们不像企业面向企业运作模式那样有着较高的运输量，大多数情况下，快递员每次只能给每个消费者运送一个包裹。快递公司不得不为每次运输建立一个复杂昂贵的运输路线，但达到的经济效益非常小："可以支持别种信息经济商业的网络效应，并不能解决实际的运输问题"（Tim Laseter et al.，2000 年）。

第二，如果收货人不在家，就需要二次送货（甚至三次），这将要花费两倍甚至更多的成本。超过三分之二的美国家庭在工作日都是没人的。在美国，平均每个包裹需要 1.3 次的运输尝试，每年超过 6 亿的便笺写着"对不起，我们与您错过了"（eShip 商业计划，2001 年 6 月）。

"最后一英里"的经济成本主要受到三个因素的驱动：

（1）每车每个包裹平均运输距离——运输区域的人口密度函数；

（2）每车每次送货可以卸载的包裹数量；

（3）平均每个包裹所需要的运输尝试。

在边远地区，"最后一英里"的成本远超过郊区和都市地区的成本。确实，在某些边远地区，即使只有一次运输也很难保证产生足够的经济效益（见图 12-1）。

随着快递公司认识到住宅区运送会导致现金大量流出，他们开始主动寻求解决方案。例如，联邦快递（FedEx）指派了一名高级行政人员来寻找解决方案。eShip 的 ADM 技术就提供了这样的一个方案。

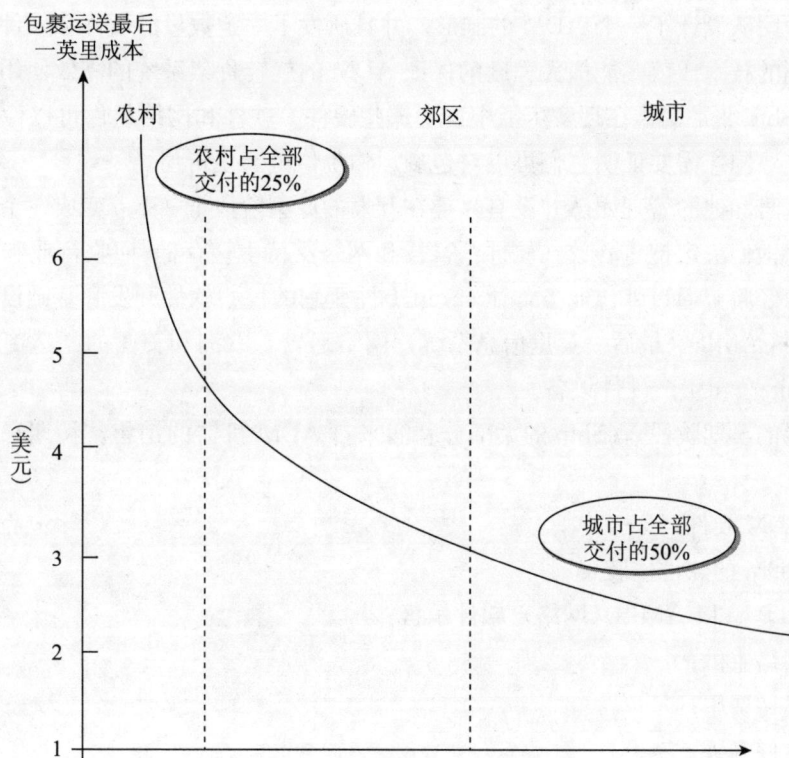

图 12-1　最后一英里的经济

资料来源：eShip 公司文件。

注：（1）B2B 运送最后一英里被测定成本小于 1 美元；

（2）使用 ADMS 网络服务的最后一英里成本大约是住宅配送成本的 16%。

12.2 电子船只①

eShip 公司是在 2000 年 9 月由四个业内人士成立的（见方框 12.1），致力于解决"最后一英里"包裹运输的综合解决方案。eShip 在特拉华注册成立，分别位于特拉维夫外部的内坦亚及以色列。在 2002 年，这个公司只有 24 个员工，其中 15 个人的工作涉及软件发展。在 2000 年 9 月，eShip 第一次收到了两个以色列风险资本公司资助的 380 万美元：Yozma 集团和 Veritas 风险投资合伙人。eShip 公司董事会和顾问委员会成员的简短传记见方框 12.2。

eShip 的 ADM 技术不仅是为解决"最后一英里"的经济问题，更是为了给消费者提供全天候的便捷服务及灵活自选的送货服务（例如，在尝试两次送货到家都没有人在家的话，请把货物送到附近的 ADM）。尼尔吉劳埃（Nir Kinory）和他的工程师以及软件设计师团队设计了一个 ADM 的雏形，并且研发了一定数量的硬件和软件专利，包括一些特别的技术成就，能最大程度的保证 ADM 的旋转货架系统的高效使用。由于现金有限，eShip 非常渴望在现实生活中证明那些硬件、软件和网络组件可以像期望中那样共同工作，同样需要证明它们可以对包裹运输价值链产生价值。

然而，丹和他的管理团队并没有兴趣在开发的原型阶段把 eShip 变成一个硬件制造商。相反，他们决定把重心放在软件，科技和网络支持上。存储/回收行业和自动柜员机制造商曾经希望通过外包业务，让 eShip 专注于它的核心软件开发和基础设施技术以支持 ADM/LAMIS（最后一英里信息系统）网络运营。欧洲和美国的制造商都表示有兴趣为 eShip 公司生产硬件设备。

在发展的早期阶段，eShip 的大部分利润来自 ADM 机器的销售。长期来看，赢利渠道包括：

(1) ADM 硬件；

(2) ADM 的软件安装费；

(3) ADM 和 LAMIS（网络）软件销售；

(4) 网络主机；

(5) 支持费用；

(6) 软件升级。

---

① eShip 网址：http：//www.eShip.com/html/about_us.html，2002 年 5 月 2 日进口。

方框 12.1 eShip 管理团队的简介

丹格兰诺特（Dan Granot）（首席执行官）在运输企业有超过 20 年的工作经验。丹是 Shigur 快递的创始人，并担任总经理。从 1997 年开始，他一直担任着以色列 DHL 的副主席，并拥有公司 10％的股份。在 1998 年，他成功地合并了 Aviv Yael Daroma 和 Shigur 快递的国内业务部分。丹获得了特拉维夫大学（Tel-Aviv University）经济学学士学位，并担任以色列国防部队的陆军中校。他今年 50 岁。

尼尔吉劳埃（Nir Kinory）（高级副总裁）从多种多样的经济一体化中汲取经验后，提出了 eShip-4u 概念。在成立 eShip-4u 之前，尼尔管理着一家私人咨询公司。他先前在三角洲加利尔有限公司（Delta Galil Industries）做审计员。（NYSE：DELT），并且是 ODI 和 E and Y 一名高级以色列商业咨询经理。尼尔以优异的成绩获得了以色列理工学院（Technion-Israel Institute of Technology）工业工程系的信息系统专业的理工学士学位，以及巴伊兰大学（Bar-Ilan University）的工商管理学硕士学位。尼尔担任以色列国防情报总队队长，今年 39 岁。

约阿夫科斯特（Yoav Koster）（副总裁）在自动化和机械发展发面有着资深的经验。他为以色列很多领先的公司设计产品，例如伊斯卡（Iscar）、国际铝业协会（IAI）、奥宝（Orbotech）、普拉松（Plasson）等。他设计的产品结合了运动控制、自动化、设计和工程价值。约阿夫获得了以色列工程学院（Technion-Israel Institute of Technology）机械工程师专业学士和硕士学位，并担任以色列国防情报总队队长，今年 38 岁。

沙洛姆韦斯（Shalom Weiss）（副总裁）在设计软硬件结合系统，包括运输行业系统方面有 12 年的经验。在加入这个团队之前，沙洛在 Manna 担任过发展经理。他的工作经历包括在 Elmotech 管理软件发展部门，以及参加 Amital Forwarding Software 的发展团队。沙洛在卡普勒（Kepler）的研究发展部门担任过副经理。他在耶路撒冷的希伯来大学（Hebrew University of Jerusalem）获得了计算机科学学士学位，并且即将在巴伊兰大学（Bar-llan University）计算机技术专业获得硕士学位。沙洛曾担任以色列国防情报总队队长。他今年 40 岁。

方框 12.2 eShip 董事会和咨询委员会部分成员简介

阿米尔艾希曼（Amir Erlichman），从 1998 年起就一直是 Yozma 风险投资的一般合作伙伴。从建立之初，Yozma 就被视为以色列风险投资企业以及领先的创业集团的创始者。艾希曼先生在为 Yozma 的投资组合公司创造价值的过程中起到了非常积极的作用，主要体现在软件和互联网领域。艾希曼从 1988—1998 年期间一直生活在美国且有着丰富的美国资本市场经验。在加入 Yozma 之前，他在纽约雷曼兄弟（Lehman Brothers）担任银行投资家，主要从事兼并、收购、公募及向一些高科技公司私募融资工作。在瑞士信贷第一的波士顿，艾希曼先生常常可以接触到美国金融市场。他以最高的成绩获得了纽约工艺大学（Polytechnic University）的计算机工程学士学位，以及哈佛商学院（Harvard Business School）的工商管理硕士学位。

罗伯特奎伯斯（Robert Kuijpers），DHL 世界快递的前任首席执行官，曾经在公司担任过许多执行职位，并且在全球范围内被公认为全球航运快递行业市场的先锋和领导者。罗伯特担任过 Mycustoms 公司董事会的成员，以及伦敦商学院（London Business School）地区咨询委员会的成员。

蒂姆拉塞特（Tim Laseter）是维吉尼亚大学达顿商学院（Darden School）的一名成员。在 2002 年加入公司之前，拉塞特是博思艾伦咨询公司（Booz Allen）的运营实践合作伙伴，专注于战略运营、供应链管理及为各种各样的全球企业进行采购。在加入博思艾伦（Booz Allen）之前，拉塞特为西门子（Siemens）和康宁（Corning）合资公司中的制造业务部门工作。拉塞特还是《均衡采购：供应关系中的合作与竞争》及其他一些文章的作者。作为一个商业会议频繁的发言者，拉塞特曾向欧洲、南美洲、亚洲及整个美国的执行官做过演讲。

威廉亨德森（William Henderson），前 UPSP 的邮政大臣，拥有超过 30 年的包裹运输、邮政设备制造和物流服务经验。亨德森在 7 年就任期内，领导了美国邮政服务公司完成了一段巨大的进步。在 1994 年，亨德森开始在美国邮政服务公司（United States Postal Service）担任首席运营官，1998 年他被任命为邮政大臣和首席执行官，负担着全国范围内的邮政运营，包括日常的运行、运输，并且要将超过 6.5 亿封邮件运输到 1.3 亿不同的地方。在他的职业生涯中，亨德森将组织的重心放在保持可购性和实现企业的增长方面。

12.3 德国邮政试点

在 2002 年 1 月 21 日，德国邮政世界网络（Germany's Deutsche Post World）开始着手将 ADM 试点服务，希望将 ADM 推向多特蒙德和美因兹的一般大众。这一免费的订阅服务是 eShip 能够窥见在现有的住宅交付环境中 ADM 系统工作情况的唯一机会。

1995 年 1 月，联邦德国（German Bundespost）500 年的邮政区域变成了一个政府所有的公司——德国邮政股份公司（Deutsche Post AG）。克劳斯萨温克尔博士（Dr. Klaus Zumwinkel），即董事会主席，见证了新公司的拓展，从单单国内的邮件和快递服务，变成了全球范围内的物流，财务和信息服务。国内信件快递垄断的逐渐崩塌（预计到 2003 年就会出现）是推动商业模式变化的一个主要因素（Ewing，2000 年）。

1997 年，克劳斯萨温克尔博士（Dr. Klaus Zumwinkel）做出了一系列的战略性收购，包括 Danzas（物流，全国航空货运）、AI（航空货运）、Postbank（金融服务），以及 DHL 国际的一部分控股权（全球范围快递）（Zumwinkel，2001 年）。

2000 年 11 月 20 日，德国邮政公开上市，并被列到了法兰克福证券交易所中（Frankfurt Stock Exchange）。首次公开募股（IPO）筹集了 66 亿欧元，仅次于德国第二大的 IPO（仅次于 Deutsche Telekom），从此结束了公司在萨温克尔（Dr. Zumwinkel）领导下戏剧性的十年，也就是从 1990—2001 年，员工人数从 380000 降低到了 240000。2001 年，财务利润为 350 亿欧元：邮递（占销售额的 33%）、快递（18%）、物流（26%），以及金融服务（22%）（Zumwinkel，2001 年）。

在 2001 年早期，公司希望寻求电子商务创新以显示德国邮政在电子商务物流领域的领导者地位，同时向其他欧洲竞争者发动先发制人的进攻，德国邮政为"最后一英里"提供送货和物流解决方案。eShip 和其他四十家公司，将他们的想法和产品投入到此次竞争中。图 12-2 包括"最后一英里"可选解决方案的例子及 eShip 对它们的评估。

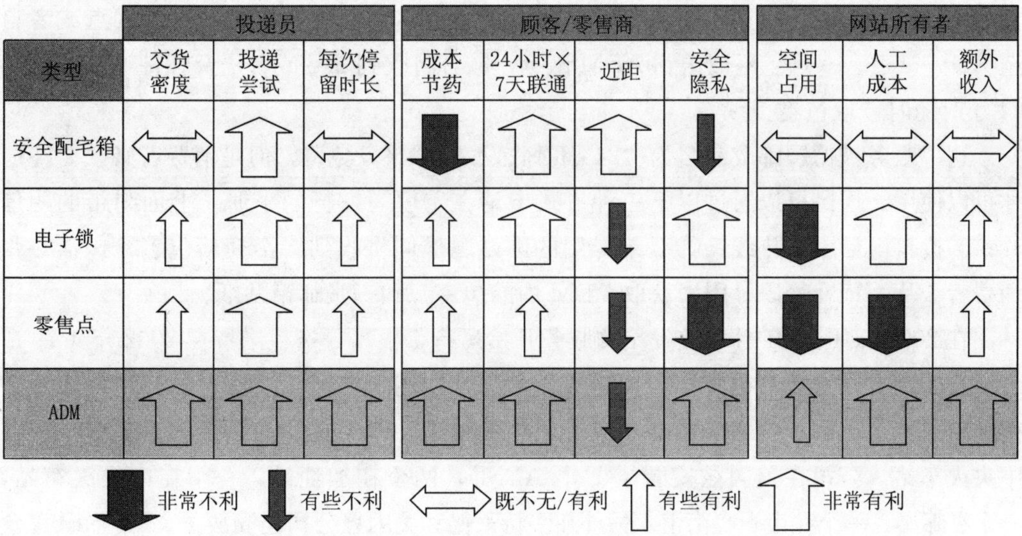

类型	投递员			顾客/零售商				网站所有者		
	交货密度	投递尝试	每次停留时长	成本节药	24小时×7天联通	近距	安全隐私	空间占用	人工成本	额外收入
安全配宅箱	↔	↑	↔	⬇	↑	↑	⬇	↔	↔	↔
电子锁	↑	↑	↑	↑	↑	⬇	↑	⬇	↑	↑
零售点	↑	↑	↑	↑	↑	⬇	⬇	⬇	⬇	↑
ADM	↑	↑	↑	↑	↑	⬇	↑	↑	↑	↑

图例：⬇ 非常不利　　⬇ 有些不利　　↔ 既不无/有利　　↑ 有些有利　　↑ 非常有利

图 12-2　eShip 对"最后一英里"解决方案的评估

资料来源：eShip 商业计划，2001 年 6 月。初始公司包括 Z-Box（美国）、Bearbox（英国）和 Condelsys（德国）。初始公司包括 Delivery Station（美国）、ByBox（与 Dynamid 合并，美国）、ShopperBox（美国）和 Fraserbox/Dropzone1（英国）。初始公司包括 Paxzone（美国）、Collect Point（欧洲）和 e-Stop（英国）。

在图 12-2 中，eShip 对"最后一英里"解决方案的强项和弱项进行了评估。安全配宅箱是一个大型带锁制冷箱，可以安装并连接到住宅入口。电子行李储物柜是由商业/多元网站集控的储物箱。零售包装点是零售网站站点，如煤气站或便利店，方便公众从这些寄存处取货。通常，在步行交通日渐拥堵的情况下，这些运送方式已经成为网站运送的一部分。

德国邮政评估了这个提议，并在 2001 年 6 月选择 5 个公司参加了持续一个月的室内测试。eShip 成功脱颖而出。最终，两家公司被选去参加全面的"户外"测试：eShip 提出的"高科技"解决方案，以及奥地利 KEBA AG 公司提供的"低技术"解决方案。在 2002 年 1 月 22 日举行的对丹格兰诺特和阿米尔艾希曼的采访中，他们提到了德国邮政在 2001 年 11 月 15 日开始的实验，最初的试验主要用来将包裹运输给商业客户，包括西门子（Siemens）、德国电信（Deutsche Telekom）、博世公司（Bosch）、惠普（HP），它们需要维修和替换由工程师以及技术人员收集和退回的零件。

12.4　24 小时试运行的收发站

德国邮政在德国最初公开试运行的 ADM 选择了两个城市，多特蒙德（人口 60 万）和美因兹（人口 18.8 万）。为了推广这项新服务，德国邮政准备和发行了大约 140 万份小册子，并且在这两个城市赞助了多种多样的节日般的活动。他们将这项服务推销为一个新的理念，可以让收货人自己选择交货地点：自己家中、邮政零售网点或者自选 ADM 试点。一旦包裹被送到 ADM 试点，顾客将收到邮件或者语音邮件通知，可以24 小时随时领取包裹。

这一服务被德国邮政命名为"24 小时收发站"，服务免费，但是消费者必须要注册才可以使用。居民可以通过以下三种方式申请：①填写发行的小册子上面附带的明信片；②拨打电话服务热线；③登录专用的网站。他们将收到一个迎新包裹，包括一张消费者卡片、PIN 号码（用来获取 ADM 内的包裹）和一张邮箱贴纸。

在 2002 年 1 月 21 日，收发站的服务开始运行，根据丹格兰诺特在 2002 年 4 月 11 日举行的调查中发现，在 90 天内就有超过 25 万的用户申请该项服务。公司在多特蒙德安置了 7 个 ADMs，四个在邮局或者繁华的街角，两个在加油站旁边，还有一个在中央火车站。公司在美因兹安置了 5 个 ADMs，两个在加油站，一个在中央火车站，一个在邮局，一个在市中心街道。另外在多特蒙德和美因兹公司还安放了 12 个 KEBA 盒子，它们在运行 LAMIS 软件服务前被安放在一家德国邮政的法兰克福工厂，为 eShip 公司的技术人员提供全天候的网络运营支持服务。

鲍里斯迈尔（Boris Mayer），在德国邮政担任项目管理工作，他似乎对该业务模式胜券在握。

这个机器在顾客尤其是商业顾客当中的接受度非常高。我们非常确信我们的私人客户也会使用这项新服务，尤其像知名的邮购公司和在线零售商，例如客万乐

（Quelle）、亚马逊、伊夫黎雪（Yves Rocher）、Klingel 和康利（Conley）的 Modekon-tor。如果这些私人顾客的试点测试和商业顾客的测试一样成功，我们不仅会在其他地区扩展服务，还会形成更多更丰富的自助服务（德国邮政，2002 年）。

在 2002 年 4 月 11 日的采访中，丹格兰诺特提到了德国邮政将会在 2002 年 9 月分阶段推出 ADM 服务，将法兰克福及其周边地区的 ADMs 数量增加至 66 个。

12.5 ADM

12.5.1 ADM 硬件

消费者可以在任何 ADM 网点发送包裹，同时确认送达时间。此外，消费者可以在方便的时候通过 ADMs 寄送或者收取包裹。当一个包裹被送到 ADM 中，消费者就会通过邮件收到一个 PIN 号码，也有可能是通过手机、传呼机或者实时通信系统服务。当消费者输入了正确的 PIN 号码，ADM 内部的旋转装置将会转动，装有消费者包裹的盒子会自动打开。这时消费者就可以取回他们的包裹。见图 12-3 及图 12-4。

(a)

(b)

(c)

图 12 - 3　ADMs 在运作

资料来源：eShip 公司文件。

图 12 - 4   ADM 网络

资料来源：eShip 商业计划，2001 年 6 月。

每一个 ADM 最多可以容纳 180 个大小不同的包裹。在标准配置中，包裹最大可以是 21 英尺×18 英尺×24 英尺。ADM 外部尺寸为 2.24 米（7.3 英尺）高，1.36 米（4.5 英尺）深，以及 2.47 米（8.1 英尺）宽，占地空间相当于两到三个苏打水贩卖机。还有一种较小版本的"迷你 ADM"，最多可以容纳 50 个各种各样的包裹。

最开始，ADM"包裹"（包括 ADM 硬件、可以用 LAMIS 系统访问的 ADM 软件及一个 5 年的保修合同）标价在 4.5 万美元。随着产量的增加，预测这个价格将会在一定程度上被降低。运营成本估算为 200～300 美元每月，其中包括 75～125 美元的土地成本；50～60 美元的连接费用（电力/网络）和供给（纸）；50 美元的保险费用及 20～50 美元的其他费用（包括销售）。"迷你 ADM"的价格大约为标准配置 ADM 价格的一半。

12.5.2   网络

ADM 不仅仅是一个单机机器，其实每一个 ADM 都被连接到一个复杂的硬件和软件网络，以同步数以千计的商业业务。除了 ADM 的硬件之外，这个网络的组成包括中央服务器软件——通过互联网监视和控制所有的 ADM 机器，以及安装在当地 ADM 机器的客户端软件。这个网络可以实时跟踪和分配 ADM 内部的可利用空间，保证包裹可以被送给正确的客户。

这个网络的中心就是中央服务器软件，叫作 LAMIS。该软件是完全基于互联网研发的，可以实时控制 ADM 网络。LAMIS 可以被连接到网络运营商系统或 eShip 的数据应用服务器（DAS）。DAS 是消费者、无门店商人（电子零售商、传单派发者、电话推销员、等等）、快递公司及 ADMs 之间的一个虚拟枢纽。LAMIS 同样使用户可以快速地找到当地大部分 ADM，并在包裹到达 ADM 时通知顾客，给他们提供获取口令来收取货物，并在包裹被取走之后通知商人和快递公司。此外，这个系统还掌握了其他许多信息、包括每个包裹的条码信息、每个机器可用的剩余空间及机器所需的维修信息。

每一个 ADM 内部都会安装这样一个客户端软件，通过电话、蜂窝网络或者卫星网络处理 ADMs 和 LAMIS 之间的通信。此外，当地的 ADM 软件同样可以控制具体的机器活动，例如匹配 PIN 号码，或者打开正确的盒子将包裹分配给消费者。eShip 已经申请了 ADM 设计以及相关软件的专利。

12.6 进入美国市场

尽管德国邮政试点成功实施了 ADM 的模式，但是在美国复制这一模式依然是一个挑战。首先，美国没有一家公司与私有化的德国邮政提供的混合服务相同。美国邮政署与德国邮政一样，保持着住宅区快递服务的垄断，但是并不像德国邮政的丹沙（Danzas）一样拥有扩充第三方物流业务的能力。

美国邮政署一直面临着来自多方的挑战。尤其是来自私有公司——联合包裹速递服务公司和联邦快递的激烈竞争，他们配备有当时最先进的技术。在隔夜运输业务中，美国邮政署只排在遥远的第三名。尽管每年产生 600 亿美元的利润，但是美国邮政署几年来一直是财政赤字，导致美国国会一直强烈要求 USPS 提高效率和降低成本。在2002 年，Idealliance.org 报告国会命令美国邮政署在 2006 年执行 50 亿美元的成本削减计划，包括减少潜在的邮政局数量，甚至某些地区送货的天数（Idealliance.org，2002年）。依据法律，美国邮政署还必须以很高的成本服务许多遥远的区域，而其快递竞争对手不需做到这点。例如阿拉斯加大部分地区没有联合包裹速递服务公司和联邦快递，因为服务这些地区成本很高。下表是美国邮政署、联合包裹速递服务公司和联邦快递的市场份额以及其他信息。

美国包裹邮递竞争格局

概况，1998	USPS	UPS	FedEx
成立年份	1775	1907	1973
员工	792000	327000	192000
收入	600 亿美元	250 亿美元	170 亿美元

概况，1998	USPS	UPS	FedEx
全年包裹业务量	19 亿件	31.4 亿件	17 亿件
每日分送	1.3 亿	1240 万	460 万
设备	38159	1713	3200
地面车辆	203000	157000	45000
飞机（拥有）	63	224	650
市场份额			
市场细分	**市场份额百分比**		
地面包裹	9％	75％	11％
过夜空运包裹	6％	31％	44％
第二天空运包裹	45％	16％	26％
电子商务	33％	55％	10％

曾经一直有争议说美国邮政局可以通过现有的分销和零售基础设施（包括 38 万家美国邮局）为资本举债经营，在全国范围内部署 ADMs 供消费者使用。然而，自从"9·11"事件及随后发生的炭疽恐慌，美国邮政署将工作重心越来越集中于安全方面，而不是在节约成本的新技术方面。根据 eShip 的管理人员所说，"想要安排与美国邮政署高管谈话都是非常困难的（在这样的情形下）。与美国邮政署的官僚交易是相当困难的，用这种方式将 ADM 引入市场还要花费相当多的时间。"

联邦快递尽管在以往专注于 B2B 业务，但最近也开始扩展其他渠道的业务，包括送货上门服务。eShip 公司在 2001 年 5 月与联邦快递的接触中发现，他们的公司也在实验他们自己设计的机器雏形。虽然 eShip 公司在 2001 年 11 月参加丹佛举行的全国邮政论坛（National Postal Forum）时，与联邦快递高管有过多次后续的谈话，并且向他们展示了 ADM，但关于合作的会谈依然进展缓慢，而联邦快递依然按自己的步调继续执行着他们自己的试点实验。

eShip 与联合包裹速递服务公司的会谈也同样不容乐观。尽管他们对于寻求更好地服务消费者的方法很感兴趣，但是 eShip 管理人员发现联合包裹速递服务公司的零售策略似乎出自它最近收购的"Mail Boxes，Etc."。尽管超过 3000 的 Mail Boxes，Etc. 运营处可能是潜在的、极好的 ADM 安置处，但是实施起来却非常麻烦，因为这些地方都是由独立的运营商经营，不在联合包裹速递服务公司的控制之下。

在最近的顾问委员会会议上，首席执行官丹格兰诺特表示了更多的担忧："这不仅仅是与美国邮政署（US Postal Service）、联邦快递或者联合包裹速递公司合作的进度问题。我同样担心像我们这样的小公司可能会被这三家公司中的任何一家挤压。复制德国邮政业务模式的优势在于，运输公司可以看到他们在"最后一英里"节约当前运营成本带来的即时财务收益，很像银行看到 ATMs 在减少出纳成本方面带来的收益。但是因为他们控制了运输业，我们很难从自己创造的商业价值中提取巨大的市场份额。"

会谈中的另一个可能性是由 eShip 顾问委员会中一个积极分子阿米尔艾希曼提出的"独立运营商"模式。ATM/ADM 的类比和"独立经营商"模式如下：

在无银行地区 ATMs 机的普及提供了一个有趣的商业类比。ATM 机最初被设计为银行专用的节约成本的方法，旨在降低顾客在提取现金时对出纳员的依赖。第一批 ATMs 机出现在 20 世纪 60 年代末和 20 世纪 70 年代初，当时被安置在银行里（Jane Blake，2002 年）。在 20 世纪 80 年代，国内信用卡网络例如 Cirrus 和 Plus，分别被万事达（Master Card）和 Visa 所拥有，他们连接了所有的 ATMs 机，并且允许顾客进行跨行存取现金，同时不收取任何附加费。随着银行账款竞争的增加，越来越多多功能的 ATM 机被投入使用，例如查询存款和转账功能。在 1996 年 4 月，国内网络解禁了对附加费的收取，这使 ATMs 机成为了收入的来源。20 世纪 90 年代中期，银行外部的 ATMs 数量开始显著增加，到 2001 年年底，美国 27.3 万的 ATMs 机中有一半都被安置在银行外部。根据国际商业服务（2002 年）发行的报告，持有这些"机构外部的" ATM 机的公司利润来源如下。

（1）附加费（商家通常收取 1~4 美元的服务费）；

（2）增加的销售额（平均每提取的 60 美元中有 25% 都被现场花掉了）；

（3）顾客使用现金而不是信用卡（消除了商家 2% 或更多的服务费）。

将 ATM 机普及到非银行地区的一个重要因素就是独立销售/服务组织的兴起（ISOs），在 2002 年，美国大约有 250 家这样的机构。ISOs 作为 ATM 制造商和商家/店主（便利店、购物街、赌场，等等）之间的媒介，提供了一系列包括分析可选的 ATM 地点、合约商定、安装、现金管理、保修服务和技术支持（Jane Blake，2002 年）等服务。

对于 ATM 的维修分为两类："一线"（例如清洁、现金替换、填充纸张和其他日常需求任务）和"二线"（例如技术保养、维修和一般的故障维修）。ISOs 经常将其中一部分任务承包给第三方公司。

在 ATM 机的基础上建立 ADM 使阿米尔（Amir）相信 ADMs 可能会在许多方面为它们的"独立运营商"（IOs）带来利润。其中一方面来自运输公司缴纳的租金和交易费用，因为他们是"最后一英里"成本节约的直接受益者。另一个利润的来源就是将 ADM 用作一个额外的产品分销或者市场销售渠道。例如，eShip 的一个早期试点是在以色列 PAZ 链加油站以及黄色品牌（Yellow Brand）便利店实施的。他们在当地已经建立合作关系的机构包括：柯达照片冲洗（Kodak）（照片的存放和提取）、手机运营商（存放需要维修的手机，收取新的手机）、银行还有其他企业，这些公司都认为他们可以通过使用 ADMs 和消费者交易获取利润。对于商店店主来说，消费者到 ADM 去提取或存放物品带来的客流量也会增加潜在的利润。

尽管 IO 模式提供了许多优势，但还是存在一些亟待解决的问题。ISO——一个 ATM 独立销售/服务组织的总裁却不如 eShip 的高管那样乐观：

"我了解了 ADM 背后的逻辑，但是就系统的复杂性而言，向商家提供强大的服务和技术支持将变得非常困难。在指导商家如何使用这个产品方面你打算怎么做？不如将分销和库存管理分开，训练第三方来维修产品。你们需要一个 24 小时的 1～800 客服号码来应对紧急情况。毕竟，我们讨论的不是现金提取服务。如果一个 ATM 机出了故障，附近还会有别的 ATM 机。如果 ADM 机出了故障又该怎么办？商家安装一台 ADM 的动机究竟在哪儿？利润的来源在哪里？这不是 ATM 机，可以提取现金并在现场进行花费。我认为运输公司最终会带头部署这些设施。因为我看不到这里面有足够的利润来驱使商家冒着这种财务风险购买 ADMs。"

他总结到，"但是，我们非常开心能够和 eShip 公司达成服务合约。"

12.7　与电子零售商合作

另一种可能就是直接与一家大型电子零售商或者邮购公司合作。在 2000 年，联邦邮政（FedEx）引用了 CARAVAN 调查研究，报告表明，70％参加投票的顾客将他们对在线零售商的满意程度和对快递服务的满意度连接起来。这个研究同时表明，超过 44％的顾客认为优质的服务，例如预约和晚间送货将会增加消费者在网上购物的可能性。eShip 的另一个研究结果表明，大约 44％的在线购物都是在最后一个阶段被取消的，也就是在消费者看到运货费用的时候。ADM 可以给消费者提供一个可靠的、低成本的、每天 24 小时服务的取货地点，这可能会恢复零售商一些丢失的销售额，甚至还可能生成额外的销售额。同样，在显眼的地区放置 ADMs，可能会为在线企业面向消费者业务（B2C）提供更高的品牌知名度。波士顿试点内容如下：

在 2002 年 5 月召开的顾问委员会会议（Advisory Board meeting）中，在波士顿城市进行 ADM 试点试验的想法被提出。阿米尔艾希曼评论道："我认为打入美国市场的关键在于获得一个进入美国市场的商业示范。每一个见到 ADM 实际运营的人，都会看到它的真实潜力，但是很少人能够依据我们的 2D 绘画或者是宣传视频来发现这点。如果我们可以在哈佛商学院的校园（HBS Campus）里安装一台 ADM，它将会成为一个非常好的销售工具。"

罗布奎伯斯（Rob Kuijpers）补充了他的想法："我完全赞同进行试点试验，但是在哈佛商学院校园（HBS Campus）放一台机器还不足以拥有足够的冲击力。我们需要一个机器网络来扬名立万。但我们自己能够负担得起这些想法吗？"

丹格兰诺特（Dan Granot）回复到："我们需要一个合作伙伴。由于我的风险资本财务员不断地提醒我，按照我们目前的资金消耗率估计，我们手头上的资金不足以支撑我们坚持到今年年底，并且这个估算不包括建造 ADMs。与此同时，如果一个试点的大约 20 台机器同时在波士顿试运行而不花费超过一百万美元的投资以 90 万美元用来购买 ADMs，以及一些额外投资用来支付起步阶段的成本和其他推动业务发展的间接成本。这些成本是在一个个体企业家的能力范围之内的，要是拥有地产持有者合作伙伴就更好，例如快餐或者便利店，可以在这些地方放置机器。或者，我们可以争取一个大型电子零售商例如亚马逊来支持我们。"

蒂姆拉塞特（Tim Laseter）看了看自己的电脑，评论道："我这里有一些数据。看看我的文件，除了是哈佛商学院（HBS campus）的故乡之外，波士顿还有许多对我们有利的特点。根据 1999 年 10 月华盛顿邮报（Washington Post）的一篇文章，该城市46％的成人使用互联网。依据 2000 年的人口普查，波士顿的城市人口为 59 万，都会区人口为 300 万。"

罗布打断道："好的，也许波士顿是一个很好的目标城市，并且我同意一百万美元的基金也有可能获得，但这些该如何解决我们所面临的问题？难道我们不需要运输公司来参与吗？""未必，"蒂姆回答道，"如果主要电子零售商将货物批量运输到波士顿，当地的快递公司可以雇用最低工资的员工，用一辆小货车装满这 20 个机器。"

尼尔肯诺瑞（Nir Kinory）插话道：我认为蒂姆是正确的。依照我们的估计，把每个包裹装载到机器中花费的时间不超过 10 秒。将一个完全空的机器装满 180 个包裹将花费 30 分钟或者更少。我预期平均每个包裹将在机器中放置一到两天，当然我们并不期望这些机器 100％的利用率，所以通常一天的装载时间不会超过 15 分钟。当然，你还要把一些驾驶时间考虑进去，但是我打赌一些快递公司可以很轻松地装满所有 20 个机器。"

比尔亨德森（Bill Henderson）也加入了对话，说道："好的，如果是在波士顿，机器可以以很低的成本被装满。但是谁要负责把包裹运输到那，并且他们为什么要使用 ADM？"

蒂姆回答道："一个在线零售商，例如亚马逊网站，或者其他零售商，例如 Land's End 对 ADM 感兴趣的原因可能与联邦快递和联合包裹速递服务公司 UPS0 相同，就是为了省钱和提高顾客服务。"

约阿夫科斯特（Yoav Koster）问道："亚马逊和 Land's End 要怎么样省钱？运输的费用难道不是由消费者来承担吗？"

蒂姆再一次查看了他的电脑："事实上，大部分零售商将运输过程当作一个利润点。看一看亚马逊的网站，你就会看到它们有一个非常详细的运费表，取决于商品的种类和数量的不同。一本书和两张 CD 的订单，如果选择 3～7 天的标准运输服务，将会产生 5.97 美元的运输费用。如果顾客想要更快的运输速度，如两个工作日的到货服务价格将会攀升至 10.96 美元，第二天到货服务费用将是 17.96 美元！我确信他们这样制定价格可以使他们在运输费用上赚取利润。"

比尔亨德森说道：蒂姆说的是正确的。处于保密限制，我不可以给你们提供过多的细节，但是发现这其中有利可图并不困难。去美国邮政署的网站（USPS. com）看一看，如果我记得没错的话，亚马逊通过它在特拉华州纽卡斯尔的分销中心为波士顿提供运输服务，这里距离波士顿不到 350 英里。"

阿米尔查了查他的电脑："比尔是正确的。我测试了一个 12 英尺×12 英尺×4 英尺的包裹，重量为 5 磅，从纽卡斯尔运输到波士顿需要花费 5.71 美元。凭借亚马逊的订单量以及从批量运输中获得的节省，我确定他们可以从中获得利润。"

"查看一下联合包裹速递公司网站（UPS. com）的加急运输费用。我敢打赌你将会发现更大的不同，至少在纽卡斯尔和波士顿之间"，比尔说道。经过短暂的停顿，阿米尔回答道，"这也是正确的。同样的包裹在联合包裹速递服务公司，两天交货服务费用是 9.9 美元，隔日交货为 15.4 美元。"

约阿夫不畏惧打断会议室里激动的气氛，回到了他争论的焦点，"好的，好的，所以他们能够通过包裹获取利润。这还是不能解释他们为什么和怎样通过我们获得利润，除非运输公司给他们一定的优惠。事实上，我们安排人员来装载 ADM 已经花费了额外的费用，不是吗？"

"你是对的。如果亚马逊继续与联合包裹速递公司和美国邮政署合作，我们可能是没有机会。但是，设想一下，如果亚马逊可以和第三方物流公司签订合约，每天晚上订单分拣和包装之后，有一辆专用卡车把货物从纽卡斯尔运输到波士顿。第三方物流通常使用 18 轮货车，可以载重最多 4 万磅，每英里收取不超过 1.5 美元的费用。这比通过联合包裹速递服务公司或者美国邮政署运输 8000 个 5 磅重的包裹将要便宜得多。此外，包裹将在第二天到达 ADM，而不是在 5 个工作日后到达消费者的家门口。顾客可能会为更快的送货服务负担额外的费用。"

"等一等，"罗布大声喊道，"你说的是每晚 8000 个包裹吗？我不敢相信亚马逊或者其他任何零售商，每晚会向波士顿运输那么多的包裹！"

"我认为你是正确的，并没有 8000 个。我刚刚使用那个数字是因为这是那辆卡车的最大容量。我不认为我们当中有人知道真实的数字是多少，但是我猜测这个模式的经济情况可以在运送合理的低数量包裹的情况下让零售商不赔不赚。至少，我是这么希望的，"蒂姆回复到。

在从网上获取了一些数字后，阿米尔开始为蒂姆辩护，"Land' s End 去年的销售额为 16 亿美元；亚马逊销售额为 22 亿美元，这仅仅是在美国范围内。即使订单的平均价格为 100 美元，这也是一个巨大的运输量。若亚马逊的标准订单额为 50 美元，听起来与我们之前假设的一本书和两张 CD 的价格差不多，订单的数量将会翻倍。"

"但是，这些东西可以证明 100 万美元的投资仅仅为波士顿服务是合理的吗？这对于我来说仍是不确定的，"罗布反驳说道。

阿米尔离开电脑，跳起来大声喊道：没有必要面面俱到。事实上，这只是一个开始。我们可以通过 ADM 销售一系列的产品，例如手机和邮票。ATM 运营商可以在它们的触摸屏上推销广告，所以我觉得我们为什么不能这么做呢？如果我们的独立运营商与一些合适的零售商合作，例如药品连锁店，我们可以使用 ADM 来发布处方或者冲洗照片。因为不用排队等待，所以顾客会喜欢它的。光是客流量增加就会证明这个机器的合理性，尤其我们的机器可以在路边或者停车场放置，不会占用宝贵的零售土地。"

尼尔肯诺瑞（Nir Kinory）说道："阿米尔有一些好主意，但是我认为我们忽略了在德国试点中所尝到的最大的教训。我们现在知道 B2B 运输比 B2C 运输提供了更大的边际利润。当然，我们可以在美国发现一些类似的机会。也许我们使用第三方物流进行批量运输，包含部分 B2B 运输服务，可能会从中间获得利润。"

丹介入了对话，并且重新获得了会议的掌控权："我非常开心我的顾问委员会和管理团队对于我们的发明有如此的热情。尽管还存在着一些问题，我觉得我们的讨论证实了一个城市的试点会有它的优点。还有，从我们刚才的讨论可以得出我们可以很好地掌握绝大部分驱动经济的运输。蒂姆，如果你认为这个送货模式本身可以节约足够多的成本，那么就可以证明这个投资是可行的，但是我认为我们需要测试一些数字来证明我们的想法。我最感兴趣的是哪一个猜想将对这一模式的经济冲击最大。"

参考文献

［1］2001 年年报［EB/OL］. 德国邮政世界网［2002 - 5 - 4］. http：//investor-relations. dpwn. de/index _ en. html.

［2］仍然为私人客户包站［EB/OL］. 德意志邮报出版档案，2004，4（2）［2002 - 5 - 4］. http：//www. postinsight. pb. com/files/ZumwinkelText. pdf.

［3］克劳斯. 德意志邮报网络转型［EB/OL］. 皮特尼宝洞察报，2001，3（26）［2002 - 5 - 4］. http：//www. postinsight. pb. com/files/ZumwinkelText. pdf.

［4］eShip 关于我们/管理学/新闻发布［EB/OL］.［2002 - 5 - 2］. http：//www. eShip. com/html/about _ us. html.

［5］联邦快递推出新的上门服务［EB/OL］. 联邦快递新闻发布［2000 - 3 - 14］. http：//www. fedex. com/us/about.

［6］邮政服务介绍国会"改造方案"［2002 - 4 - 9］. http：//www. idealliance. org/news/2002/ci0409. asp.

［7］ATM 盈利计算器［EB/OL］. 国际商家服务网站［2002 - 5 - 1］. http：//www. atm24. com/anatomy/profitabilityCalculator. asp.

［8］杰克尤文. 在德国邮局推广信封［EB/OL］. 商务周刊，2000，9（1）［2002 -

5－4］，http：//www. businessweek. com/2000/00＿37/b3698220. htm.

［9］简布莱克. ATM 提前关闭，精明的企业家的新机遇［EB/OL］. ATMmarketplace. com 新闻和研究部［2002－5－4］. http：//www. atmmarketplace. com/research＿story. htm? article＿id＝4960&pavilion＝3.

［10］蒂姆拉赛特，等. 最后一英里，互联网快递致家项目的缺陷＆谬误［J］. 策略＋商务，2000.

13   纽约生鲜直达公司（Fresh Direct）：扩张战略[①]

贾森·阿克曼（Jason Ackerman）（纽约网上零售商生鲜直达公司总裁兼首席执行官）把纽约时报刊登的文章扔在桌子上并抱怨道："我很感激免费地宣传，然而记者并没有明白这一点，他们没有理由把我们同维伯万公司或者其他在 2001 年倒闭的网络零售商作比较。我们不是"最后一公里"快递业务；我们是直接面向消费者销售的专业生产商，包括了所有低价格并且高质量的产品。"

2003 年，生鲜直达公司拥有 12 万的客户群，并伴随每周 2500 多的签约客户增长，保留率超过 64%，且平均每单约 100 美元。公司位于曼哈顿，拥有 30 万平方英尺的国家最先进的加工设备，并且一年产生的营业利润都高于年初目标。生鲜直达公司有30%~40%高于行业平均水平的毛利率，并且到 2007 年的目标收入为 2 亿美元。阿克曼还积极探索新的销售渠道，例如：邮购、机构市场，他所面临的问题是产能利用率。

13.1   生鲜直达：家庭百货快递

对于纽约居民来说，点菜方便可能听起来不切实际。但这正是生鲜直达公司渴望提供给大众的服务。该公司已经进入正轨，并在第一年达到了 90 万美元的收入。其劳动成本比其他美食杂货店低 60%，随着不断增长的客户群，公司比预期提前赢利。生鲜直达公司并不是一个互联网公司（参见是《生鲜直达从戴尔 DELL 学到了什么》，作者：Tim Laseter，分类：策略和商业，期号：30）。与维伯万相同，生鲜直达接受线上订单，直接为顾客进行配送，但也仅仅是这一点有相似之处。生鲜直达将集中提供新鲜的食品并且送货上门作为公司一个重要的价值体现。顾客可以指定 T 骨牛排的厚度和大小，可以选择腌制牛排的酱料类型，可以要求鱼是切开还是不切开，甚至可以选择西红柿等水果的成熟状态。生鲜直达公司提供最新鲜的产品，他们直接从农民、奶制品供应商、牛肉供应商以及码头的鱼市场订购原材料，然后按订单要求在自己的工厂完成最后的加工。就这一点而论，生鲜直达公司更多的灵感来自戴尔公司而不是维伯万公司。

[①]   经过许可，本章引用"生鲜直达：扩张战略"（案例号码 UVA - OM - 1115）。作者是德拜西斯·查特吉，由蒂莫西·M. 拉斯特指导，出版于弗吉尼亚大学达顿商学院出版物。

生鲜直达公司大约74％的销售收入来自销售容易腐坏的食品，其价格比当地的百货商店低25％～30％。消除中间的供应商环节有助于降低成本。生鲜直达从传统百货商店所经历的保质期限制问题中获得经验，清楚如何在最大程度上消除8％～30％的肉类和鱼类的变质。依据个别订单的要求来切割、包装和烘烤，消除了对预先切割或预先包装的物品的浪费，这些预先切割和包装好的物品在临近保质期限时进行打折，最终在过了保质期后再进行处理。

直接经营模式（见图13-1）是生鲜直达公司最为重要的优势。通过去除中间商以确保在较低的价格下拥有更加新鲜的食物。阿克曼与电子货车公司的建立者们不同，电子货车公司的建立者们认为，以互联网为基础可以轻而易举地获得竞争优势，而阿克曼认为互联网其实并不能提供任何真正的竞争优势。他之所以使用互联网只是因为互联网可以以更低的成本接近顾客。到2003年的秋天，生鲜直达公司已经拥有12万客户，并且每一周新增2500个客户。平均每个订单大约100美元，并且78％的客户可以被保留下来。生鲜直达没有像电子货车公司一样计划提供连续的免费配送和精确配送（提供一个半小时的交易窗口用于交付当日的货物）。为了避免纽约糟糕的交通影响，且根据晚间两小时的预约时段和周末时段的调查，公司一个拥有23辆卡车的车队中，送货人员平均每小时达到9～10次的配送（是电子货车公司的3倍）。郊区的配送形式是不同的。冷藏车要在聚集的地点等候，例如火车站和办公楼停车场。在这些地方，顾客可以在他们下班回家的路上取走他们所购买的货物。

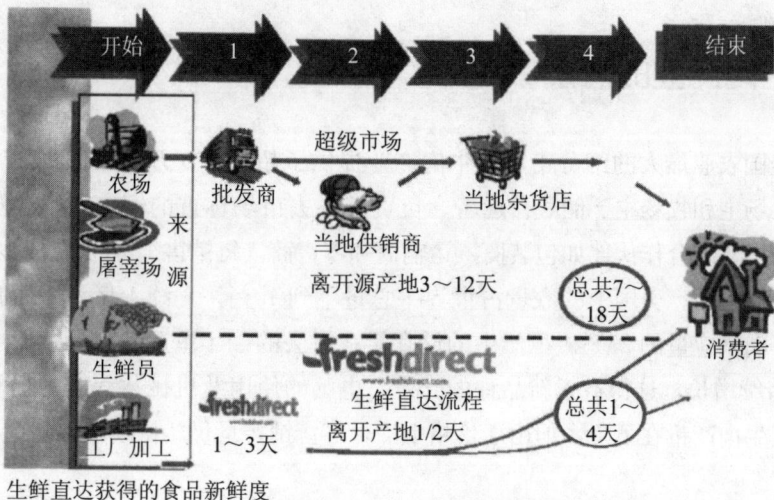

图13-1 生鲜直达的供应链

资料来源：生鲜直达公司。

联合首席执行官约瑟夫费德勒（Joseph Fedele）是一个拥有27年食品业务经验的元老，他声称生鲜直达公司是一个在食品加工方面自动化程度最高的工厂。它类似于一个巨大的餐厅厨房来切割和包装肉食，并将产品装进袋子，然后按照订单要求放入箱子中。超过 1000 个工人从凌晨 1 点工作到早上 7 点，因此可以满足每天 3500 个订单。工厂能够在 10 小时的轮班工作制中处理 1 万个订单，所以有足够的增长空间。

生鲜直达的加工工厂并不怎么像一个配送中心，反而更像是一个制造工厂，因为它可以屠宰肉类，制作香肠，切割整个鲑鱼，烘焙咖啡，烤面包、糕点和甜品，它还可以加工成熟的水果和蔬菜以及熟食。相比较而言，生鲜直达公司海鲜部门一天的库存价值相当于一个运营良好的百货商店海鲜柜台 7～9 天的库存。工厂有 12 个不同的温度区，用来满足不同种类食品对温度的需求。例如，鲜肉的切割在一间冷却至零下 38 度的房间进行，以防止细菌污染。公司明白卫生条件是重中之重，同时使用先进的软件系统来管理食品的配送，可以查寻到 20 英尺之内的订单。

与电子货车公司在很多城市迅速扩张的战略不同，生鲜直达公司只在纽约市这个唯一的市场中进行有条不紊的扩张。管理团队认为，完美执行力的关键是建立一个长期的、重复购买的客户群，这也是他们所面临的最大挑战。尽管公司可以控制成长的欲望，但在关键加工领域的产能过剩问题，例如肉类部门，依然困扰着阿克曼："目前，我们只使用一个班次的设备来满足我们当地的配送时间表。此外，如果我们有更多的订单量，我们可以投资更多的自动化设备，以进一步降低加工成本。虽然我不能确定其他销售渠道的可行性，但是对我们来说那感觉就像失去一个可以提高我们肉类加工能力的机会。也许，我们可以像奥马哈牛排一样，将肉类通过邮件出售给当地的餐厅或游轮牛排屋。"

13.2 牛肉产业的背景

作为美国农业最大的细分市场，牛肉产业提供了超过 100 万的工作机会，其中包括饲养牛的农场主和牧场主、储藏营运者、负责带牛去市场称重的饲养者，以及数以百计的各种关联产业的合作伙伴如包装商、运输商和零售商。每销售 1 美元的牛肉将产生 5 美元的额外商业活动。美国牛的数量占世界牛总量不到 10%，大约 1 亿头，但它的产出将近全世界牛肉供应量的 25%。虽然牛的储存量在过去的十年里逐渐减少，但牛肉产量从 2002 年起持续增长，这得益于新品种的开发、电脑的使用及机械化程度的提高。目前的趋势显示了牛肉产量在下降，但由于价格上涨，零售销售量仍然持续增加（见下表）。

黄牛数和牛肉产量

年 份	黄牛库存总量（千）	母牛（千）	牛肉产量[a]（百万磅）	牛肉消耗零售总额（十亿美元）
1996	103548	44739	25421	50.7

续 表

年 份	黄牛库存总量 （千）	母牛 （千）	牛肉产量[a] （百万磅）	牛肉消耗零售 总额（十亿美元）
1997	101656	43776	25420	50.1
1998	99744	43084	25634	51
1999	99115	42878	26400	54.6
2000	98198	42759	26777	58.5
2001	97277	42590	26108	63.9
2002	96704	42229	27090	65.2
2003	96100		26502	
2004	94900		25780	

注：a——胴体重量。

2002 年，消费者在牛肉上花费 650 亿，牛肉的消耗量占肉类总消费量的 46.1%（猪肉、鸡肉和火鸡肉位列其次）。在牛肉上的人均花费为 213 美元，零售重量相当于 69.5 磅。牛排是最流行的以牛肉为主的菜肴，占所有家庭用餐的 14%，汉堡位列其次占 9%。根据 AC 尼尔森的数据显示，同 1998 年相比，由于新便利商店货架上的牛肉产品种类越来越多，导致超市上牛肉半成品的销售量增长了 67% 以上。

几个销售不同品种牛肉的公司曾试图推销一个品牌的产品，并在其包装上以他们各自的品种命名，这一决策已经进行了大规模的广告备案。许多有异国情调的公司尝试去推广"精简版"牛肉，这些牛肉低热量、低脂肪。其他一些公司纷纷推出有机的和天然的牛肉产品。在 20 世纪 90 年代，有超过 200 家公司试图发现和利用这样的小型市场，但只有少量业务在保持营运。行业不断地在寻找建立成功牛肉品牌的方法，以作为一种提高销量的方式。最成功的品牌产品已通过了安格斯牛肉（Angus Beef）认证，其特点就是经营高质量的安格斯牛肉。传统意义上，牛肉价格的上涨是在春季和初夏的这几个月里，因为这时正是零售商为"烧烤"季节做囤货准备的时候。

传统牛肉供应链的参与者包括生产者、饲养员、屠宰员、包装商和零售商（见图 13 - 2）。由于供求失衡对商品定价的影响，虽然相对价值份额组合在月与月之间有着显著差异，但随着过去 10 年中的一个显著的销售结构性变化，这种情况在业界已经消失。2001 年，零售商的市场份额占到 45%，达到了史无前例的水平，并且似乎有望以高于前 10 年牛肉价格的水平继续保持良好的运转。在 20 世纪 90 年代，随着一个 10 年的结束，打包机所占市场份额几乎翻了一番，从 5% 上升到 10%。相反，随着直接上市的牛供给量的增加，牛肉喂养价格下跌，生产者的市场份额已经从 60% 左右急剧下降到不足 50%。

阶段	成长	宰杀	加工	销售	

份额 ←————— 45% —————→ ←— 10% —→ ←— 45% —→ 零售价65亿美元

主要成员 养牛户 → 饲养场 → 屠宰场 → 包装 → 商店 / 餐厅 / 直销 → 顾客

国王牧场
（King Ranch），
德州98%中小型

Cactus养殖场
（Cactus Feeders）
康地牛肉（Conti Beef）
康尼格拉牛饲养公司(ConAgra)
国家农场（National Farms）
盖层实业(嘉吉公司)
(Caprock,Cargill)

泰森食品（Tyson Foods）
Excel(嘉吉公司Cargill)
康尼格拉牛饲养公司
(ConAgra)

营销渠道

产量		46亿磅	27亿磅	24亿磅	19亿磅	消减1亿磅 暂停8亿磅
库存	9600万头黄牛（价值72亿美元）	4600万头母牛（子集）		8~10天		
产量&售价	600磅/头	<1250磅/每磅0.75美元	650磅畜体/每磅1.05~1.09美元	540+磅/每磅1.15~1.35美元	430磅/每磅3~14.8美元	
交货时间	8个月	90~150天		48小时	半天~6天	

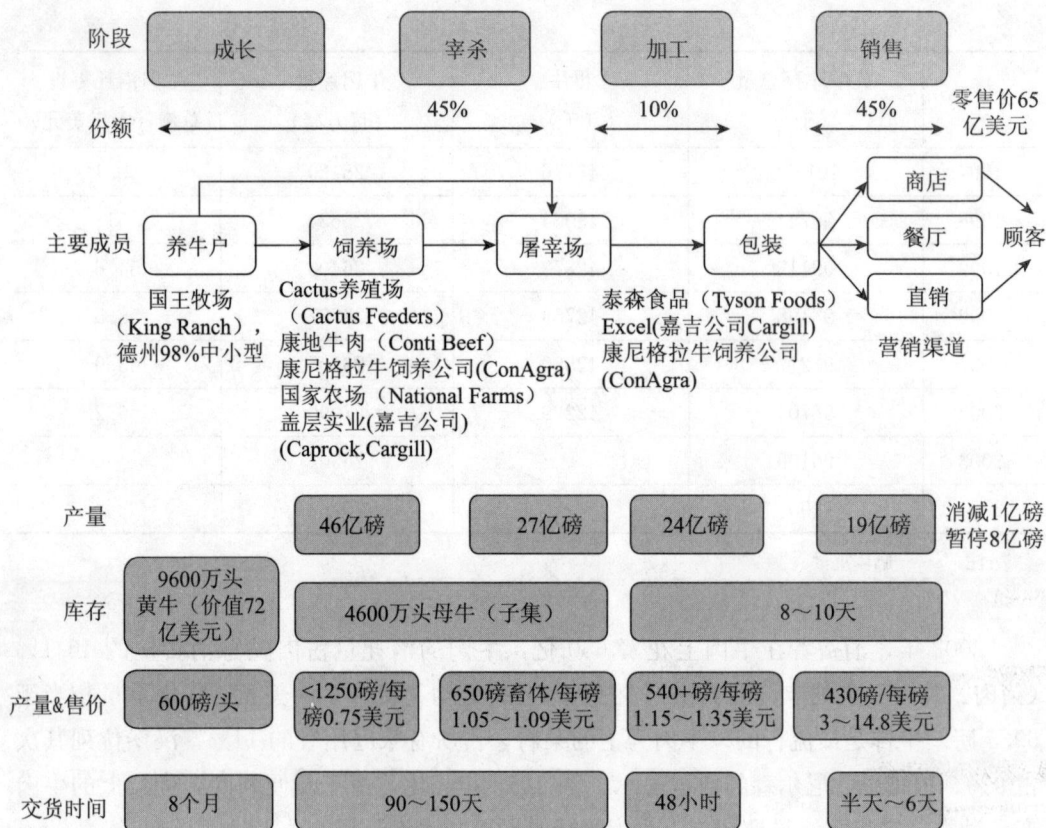

图 13 - 2　牛肉产业供应链

资料来源：USDA，Hoovers，Encyclopedia of American Industries.

13.3　牧场工人

生产者（包括个体农民、牧场主、农民专业合作社、公营和私营的公司）饲养黄牛。2001 年，美国泰森食品公司（Tyson Foods，Inc.）在兼并了 IBP 牛肉公司（IBP，Inc.）后，成为牛肉、家禽和猪肉最大的供应商。2004 年，合并后的公司预计产生销售额为 247 亿元（标准普尔预测 Standard & Poor's projections）。他的竞争对手包括康尼格拉食品公司（ConAgra Foods，Inc.）、皮尔格林公司（Pilgrim's Pride Corp）、嘉吉公司（Cargill，Inc.）、桑德森农场公司（Sanderson Farms，Inc.）、史密斯菲尔德食品公司（Smithfield Foods，Inc.）和荷美尔食品公司（Hormel Foods Corp）。

大多数养牛的农场是小型的、私人运营的农场。在得克萨斯州，最大的养牛牧场拥有 60000 头牛，这个家族牧场被称为国王牧场。然而，牛肉总产量的 85% 左右却来自 100 万个独立的美国农场，平均每个牧场供给不到 500 头牛（事实上，100 万个养牛牧场中有 80 万个牧场只提供 50 头甚至不到 50 头牛）。成年牛和小牛的销售仍然占美国农业经济最大比重，养牛人管理的土地比其他任何一个行业都多。在蒙大拿州或加州的灌溉草场，1英亩①土地可以饲养一头成年牛和它的幼崽整整一年，而在西南的沙漠中需要数百英亩土地来提供同样的饲养支持。

如今，在美国很难找到一个有利可图的牧场。牧场主通常根据牛/小牛的单位来定价，即根据喂养一头牛和它的小牛一年所需要的土地数量来定价。这种计算方法在过去是用来计算土地的承载能力的。如今，一般一个牧场在任何地方卖一头牛或者一头小牛价格定在1500～3000美元。其实这并不奇怪，农场通常在一个家庭中经历多代被保留下来。养牛户应尽量保持育种和商业库存之间的搭配。通常，小牛在经历了9个月孕期后，在春天诞生，饲养员对它们的繁殖和护理可以达到8～10年。小牛出生时的平均重量在80磅到85磅，它们以青草和母亲的乳汁作为生存的食物。这些小牛犊会一直奔跑在母亲的身边，直到他们在6～8个月后断奶。当小牛到达这个年龄时，虽然由于管理和饲养条件的不同导致一些变化，但通常小牛犊的重量应在500～550磅。断奶的牛犊可能会继续被饲养在牧场里或直接进入最终收尾阶段的饲养场。

13.4　饲养场和屠宰场

21世纪初呈现出一种趋势——大饲养场的运营，这种运营方式造成了环境破坏并产生了通过给牛注射生长激素以促进其体重快速增长的质疑。根据美国农业部的调查，将近1100万头成年牛和小牛生活在大型的饲养场（有1万头或者更多）。在2003年4月初，这些被养肥的牛最终被屠宰。混合生产的牛肉中大约2/3来自公牛，其余1/3来自小母牛，其中70%产自以下三个州：得州（270万头）、堪萨斯州（230万头）和布拉斯加州（220万头）。在这些地方和其他一些大型饲养牧场不是任何时间都可以看到超过10万头育肥的黄牛。在20世纪60年代中期，分散在全国各地的饲养场饲养着大约20万头牛，但今天这一数字已经减少了一半。

得克萨斯州阿马里洛市的养殖场（Cactus Feeders of Amarillo，Texas）是美国排名第一的牛饲养场，它拥有一个容量为48万头牛的育肥场。其2001年的收入为6.25亿美元，并且能够在同一时间喂养40.5万头牛，在一年的时间内营销近百万元，康地的部门（ContiGroup's division）——康地牛肉（Conti Beef）是全国第二大肉牛育肥场。科罗拉多州格雷利市的康尼格拉牛饲养公司（ConAgra Cattle Feeding of Greeley，Colorado）排第三名，拥有4个育肥场，有能力喂养32万头肉牛。位于密苏里州堪萨斯城的国家农场公司（National Farms，Inc.）排名第四，它拥有7个育肥场，饲养容量为27.4万头牛。在得克萨斯州阿马里洛的盖层实业（Caprock Industries of Amarillo，Texas）（嘉吉公司的一个部门），在全国牛饲养企业中位列第五，它拥有4个饲养

①　1英亩＝6.07亩。

场，容量为 26.3 万头牛。如今，2％最大的畜养企业（拥有 2000 左右的饲养场）供给的牛数量占全国的 95％。饲养场通常喂养 100～150 天的年幼肉牛，喂养它们的饲料包含粮食、副产品和干草，因此美国牛肉以其独特的口味享誉世界。整个过程中，一头牛会从起始重量为 600 磅的牛犊长成一头重量为 800～1250 磅的成牛，价格随之每头 600 美元涨到每头 900 美元。

13.5　肉类加工企业

新英格兰殖民农场是美国第一个肉类加工厂并使用盐来进行肉类保鲜。随着国家不断地向西扩张，屠宰场建造在离居民居住更近的地方，以保证肉类在变质之前能够到达人们的餐桌上。出于对卫生安全的考虑，肉类加工业运营仅能在冬天寒冷的几个月进行，可以用冰来冷藏食物。在 19 世纪下半叶，机械制冷和冷藏厢的发展改变了这一切。20 世纪开始，肉类加工合并成具有机械化拆装、输送程序、卫生系统及包装的大型设备工程，远远优于传统的小型工厂。在过去的 20 年里，该行业不断巩固并搬迁至中心地带。屠宰场不断向饲养场靠近，从而减轻了饲养场的压力。动物体重下降，减轻了拥挤的牛车和卡车经过长途跋涉对动物所带来的伤害。他们雇用的农村社区工会工人也提供了低成本的优势。

20 世纪 80 年代中期以来，超过 405 个包装工厂倒闭，三大公司泰森（Tyson）、康尼格拉（ConAgra）和嘉吉（Cargill）控制着将近 80％的美国牛肉罐头的生产。为了保持竞争力，一个食品加工厂计划每年加工超过 50 万头牛，例如：IBP 公司（现在是泰森公司的一部分）。公司的工厂在内布拉斯加州的达科塔市，肉类货物要通过超过 20 英里的运输系统运送。48 小时内，一头 650 磅重的牛被切割，并被挤压进 65～80 磅重的箱子里装运到超市。公司在不断地改进生产领域，以便给最具有战略优势的肉类市场供货。

通过屠宰和食品加工，牛肉最终流入三个主要分销渠道。近 70％的牛肉通过零售商店出售，大约 29％的牛肉通过餐厅和机构直接销售给消费者。只有很小的一部分（不足 1％）牛肉是通过邮购或线上预订销售给客户的。

13.6　零售商店

在很大程度上，牛肉仍然作为一种通用的商品在零售杂货店出售，而鸡肉和猪肉往往是以"品牌"产品来出售，因为它们具有特殊的包装和有吸引力的标签。牛肉产业里的一些小型的生产商已经推出了很多自有品牌，并努力将此方法作为一种有效的营销策略，但收效甚微。肉类加工业主要集中在三大肉类加工企业，他们都表示不愿加入品牌肉业务，这很可能会继续阻碍扩大品牌牛肉发展的机会。在过去 10 年中人均牛肉消费量可能有一部分已经被差的品牌营销（与猪肉和鸡肉相关联的品牌营销）带动下降。

根据美国人口普查局的统计数据，美国有 16.3 万家零售店，还有 2.46 万家超市（定义为至少有 250 万美元的年销售额）。2000 年，这些超市的年销售总额为 4538 亿美元。根据 1999 年《食品营销业者说》（《Food Marketing Industry Speaks》），超市中的物品数量为 40333 件。

基于 AC 尼尔森进行的研究调查，一年里，顾客光顾杂货店的人均次数从 1998 年的 86 次下降到 2001 年的 75 次，而每年去超级市场的人均次数从 1998 年的 14 次增长到 2001 年的 18 次，超级市场将传统超市和量贩店合为一体。在 21 世纪初，沃尔玛（Wal-Mart）通过传统的食品杂货连锁店成为全国领先的零售商店，并在 2002 年占据了 12％ 的市场份额。零售商业的其余市场份额被多单元和地区性的连锁超市所占有，包括克罗格公司（Kroger）、艾伯森公司（Albertsons）、西夫韦公司（Safeway）、大西洋（A&P）和太平洋食品公司（Winn-Dixie）、美国超价商店公司（Supervalu）、美国大众超级市场公司（Publix）和雄狮食品公司（Food Lion）。

肉类部门通常占总销售量、空间占有量、项目储存量和利润总额的第二，在所有这些领域，排名第一的则为食品杂货部门。然而，与食品杂货部门相比，肉类部门随着销售量增加有着更多的毛利润。肉类部门非常重要，因为商店忠诚度与一个肉类部门优秀与否联系密切。当消费者与家人一起吃饭，他们可以从肉的风味和鲜嫩程度上判断该产品的好坏。

虽然肉从生产到销售过程中通常被分成越来越小块，但这已经远离了超市里的肉类加工，从而转向中央处理厂模式。中央处理可以确保肉质的均一性，提高对细菌的控制，减少体积收缩，同时降低储存空间和商店的培训需求。现在肉类部门的员工可以有更多的时间来联系客户，并提供他们准备和烹饪肉类的技巧和服务。然而，随着商店内工作的减少，也有很多人反对这种举动。此外，全行业的技术突破和切分肉标准化的调整，都减少了商店的定制能力。

在肉类部门，牛肉是最多的单品种类。在整个超级市场上，牛肉的销售额比任何其他的单品种类销售量都高。牛肉的销售额约占其所属部门总销售额的 1/3，并且接近于超级市场总销售额的 8％。这将导致牛肉成为超市中每天促销的重点。

13.7　餐厅

最大的餐饮连锁店，包括那些单一经营概念的连锁店，如麦当劳（McDonald's），2002 年销售总额为 154 亿美元。根据分析，在美国 16～65 岁的人中，至少有 96％ 的人吃过全世界 3 万家的麦当劳（McDonald's）中的一家。汉堡王（Burger King）位居第二大食品连锁店，2002 年的销售额为 17 亿美元。1999 年，汉堡王（Burger King）的销售额接近 16 亿，并且每天接待顾客量超过 140 万人。其他的大型连锁经营店，如红苹蜜美食餐饮（Applebee's T. G. I.）、星期五餐厅（Friday's）、露比餐厅（Ruby

Tuesdays）和 Outback 餐厅都放弃了快餐或自助模型，转向"休闲餐饮"（Casual Dining）的形式，有服务员、酒精饮料及高于平均水平的定价。

然而大型连锁餐厅虽拥有全国品牌知名度，但实际上行业分布是相当分散的。根据全国餐饮协会在 2003 年的调查，在美国有超过 8.7 万家餐厅，销售总额为 4260 亿美元。超过 70% 的餐馆是独立的、单一业务的，并且少于 20 名员工。根据全国餐饮协会数据，在 2000 年，一家提供全面饮食服务的餐馆平均年收益为 6.5 万，快餐厅平均年收益 5.85 万，其中销售成本占到大约 28%。

13.8 直接零售：奥马哈牛排

奥马哈牛排（Omaha Steaks）是全国最大的直销牛排和冷冻美食公司，销售额为 3.25 亿美元，拥有超过 150 万的来自世界各地的客户。公司生产、销售和分销多种顶级牛排、红肉及其他美食。这些产品通常被定制切割和包装以满足各个市场的需求。作为一个成立于 1917 年的家族企业，奥马哈牛排现在已发展成为拥有超过 1800 名员工的大型企业（见图 13-3）。奥马哈牛排总部设在内布拉斯加州的奥马哈，其生产设

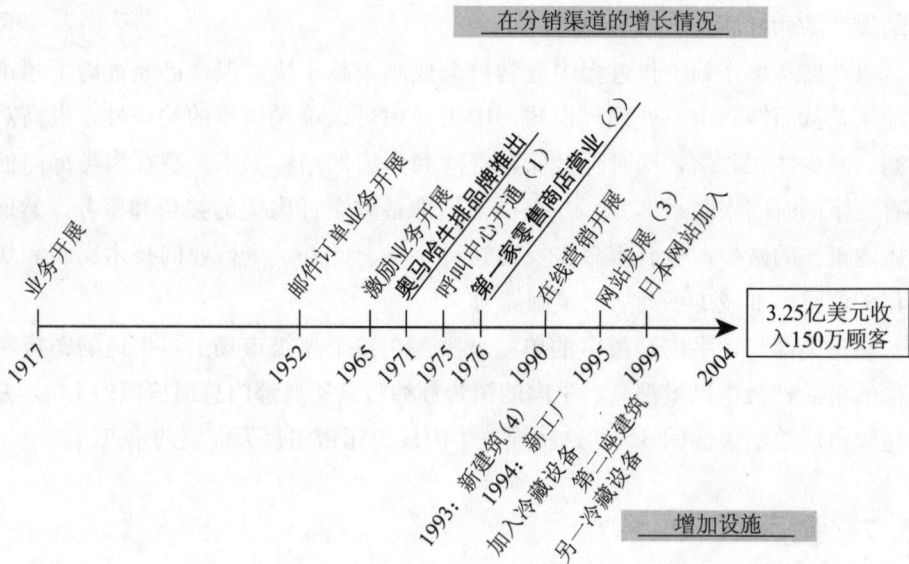

1. 1978 年加入了呼出电话营销；1987 年建立了自动下单系统；1979 年加入了免费客服电话服务。
2. 1985 年他们将零售店扩张到内布拉斯加州以外地区；现如今已经在 14 个州建立了 70 个商店。
3. 1998 年成为微软网络的一部分。
4. 60000 平方英尺大楼作内部营销、人力资源、IT 和呼叫中心（1999 年建立了同样大小的新建筑）。

图 13-3 奥马哈牛排历史

资料来源：胡佛公司网站。

施包括两座制造工厂、配送中心和一个冷冻仓库。在 1999 年，奥马哈牛排开辟了新的企业及营销办事处，以配合其不断扩大的电话营销设施。

全国及海外市场包括食品服务、邮购、促销、电话销售、零售商店、餐厅订货销售、食品商店销售以及互动销售。奥马哈牛排网站（Omahasteaks.com）是奥马哈牛排建立的一个独立的公司，它为客户提供更全面的服务和令人难以置信的购物体验。奥马哈牛排这个品牌的推广和宣传已经 35 年了，它最终被定位为一家拥有一流服务和产品质量的网上零售商。

13.9 生产

到 1990 年，奥马哈牛排厂（Omaha Steaks）没有多余的空间成为严重的问题。公司在南奥马哈（South Omaha）购买了一栋建筑将其转化为一个配送中心。奥马哈牛排（Omaha Steaks）巨大的消费需求说服公司在 1994 年开设位于内布拉斯加州的斯奈德的新厂。为了支持销售增长，该公司于 1998 年购买了一套冷藏设施，并在 2000 年购买了另一套冷藏设施。

公司对食品安全与工厂卫生的关注遍及生产流程，测试频率和标准均超过由美国农业部所要求的水平。在 20 世纪 80 年代和 20 世纪 90 年代的销售量爆炸性增长阶段，公司扩大了其所有运营设施，包括生产、管理和营销。1993 年，公司位于奥马哈（Omaha)的一个 6 万平方英尺的大楼建好了，设有呼叫中心、市场营销部、人力资源部和信息科技部。1999 年，另一栋同样规模的大楼也建立完成。

13.10 运输

奥马哈牛排标准的运输方式为：在收到订单之日起 7 个营业日或更少时间内进行运送。该公司目前使用 UPS 和 FedEx，这些快递公司可以在顾客门前留下一个包裹，所以当没人在家时也可以接收包裹。快递公司还提供快速送达和隔夜递送服务。产品出厂时用干冰包装冷却，以确保到达顾客手中时肉是冷冻完美的状态。

13.11 直接零售：网上杂货店

早在 2003 年，网上杂货行业只有几个名字，于是区域杂货店准备试试自己在互联网上的运气。令人惊讶的是，Peapod 经受住了网络失败的考验并持续保持商业开放，这要感谢荷兰零售商皇家阿霍德（Royal Ahold）。艾伯森（Albertson's）运营的网上商店分布在西雅图和圣迭戈地区。公司使用现有店铺及员工接受订单，并慢慢发展成为一定规模。帕巴里科斯超市（Publix Supermarkets）总部设在东南部，还推出了网上购物服务。2002 年 8 月，Vons 开始在南加利福尼州提供网上购物服务。连锁店的母公司西夫韦公司（Safeway）已经在北加州和俄勒冈州提供网上购物的服务。所有这些企业和合作伙伴一起运营，省去了昂贵的仓库建设成本。

英国的零售商特易购（Tesco）也收获了网上销售带来的好运。在英国顶级的超级市场连锁店——特易购不同于传统的杂货店，它使用了在线订购和订单配送的混合模型。一些分析师将特易购的成功归于伦敦稠密的人口。由于伦敦的紧凑，送货员能在一小时完成七八家的送货任务。相比美国市场，司机面临着郊区广泛和交通堵塞等问题，运送时间要长达三个或四个小时。在 21 世纪初，特易购不相信美国地区是互联网食品零售行业的一个失败者。2001 年 6 月，特易购初步形成了西夫韦公司（Safeway）和其网站 Groceryworks.com 的合作。

13.12 从农场到餐桌：供应链的协调

大多数参与牛肉行业的公司都同意牛肉产业价值链似乎总是以牺牲另一个公司而暂时受益。现行体制下，当牛肉价格上涨时饲养场业主将受益，因为他们可以销售更多的"成品"肉类。当市场上有太多的牛肉时，牛肉生产商迫于压力降低价格，而屠宰厂将实现高边际利润，这是由牛肉在农场层面的无弹性供给曲线造成的。因此该行业正试图找到一个更好的方式来组织牛肉的生产和销售形式——"概念消费"，每个人所获收益的多少都与全球牛肉市场日趋波动的价格相关。增加垂直整合和以质量为基础的定价结构为行业参与者们提供了最有可能的发展路径。不断发展的猪肉和家禽业使牛肉产业压力巨大。在近几年中猪肉和家禽产业在肉类市场上的占有率显著增加，它们也加大了垂直整合的力度。

13.13 优先级的问题

贾森·阿克曼（Jason Ackerman）过去认为其竞争对手奥马哈牛排使用的潜在销售渠道为生鲜直达提供了机遇。他研究了 20 世纪 80 年代领先的邮购公司，发现在 20 年间奥马哈牛排从 2500 万美元的市值增长到 3.25 亿美元的市值。邮购的贸易壁垒很低，也不需投入很高的资本。在过去，客户通过邮件购买各种食品是有很多原因的，例如方便、价格较低或者干脆出于新奇而已。

另外，在纽约市价值 110 亿美元的分支机构包括企业会议策划、餐饮业和酒店。在这样大的市场以及当前市场能力下，生鲜直达的目标设定为 5 亿美元似乎是有道理的，但它需要建立合作关系，并设立销售机构。究竟哪条路才是生鲜直达最好的经营战略呢？

14 今日音乐有限公司（Musictoday，LLC）：夜车乐队（Night Train）的库存管理①

在 2004 年 1 月一个寒冷的早晨，杰克·墨菲（Jack Murphy）坐在他的办公桌思考怎么能够使他的夜车乐队（Night Train）回到正轨。墨菲（Murphy）是今日音乐公司（Musictoday，LLC）的运营副总裁，今日音乐是电子商务供货商，提供票务和音乐产业的商业服务。对于各种各样的艺术家，今日音乐通过网络商店售卖现场活动的门票，并销售包括 CD、T 恤、帽子、海报和贴纸等在内的商品（见图 14‐1，代表性商品）。今日音乐也负责包装和运送这些商品，该公司的商品都存放在位于弗吉尼亚州夏洛茨维尔的仓库里。

尽管对于今日音乐来说夜车乐队只有相对较小的客户群，但该公司致力于为其所有客户提供高水平的服务。在过去的几个月中，每当节日高峰期，今日音乐都将夜车乐队在重要销售期的专辑存储起来，因此错失了获得利润的重要机会。与此同时，墨菲发现补货数量变化显著，通常情况下小数目的收入来自于某些可能做了溢价处理的供应商。这些大幅波动的订单量可能是由于今日音乐的买家非正式的购买操作，或者是由于艺术家的直接参与。虽然今日音乐经常直接发放订单给 CD 经销商和产品促销公司，但是在其他时候，购买者只需将订货量转发给艺术家，再由艺术家向供应商下订单，供应商随后将货物装运至今日音乐的物流中心。

缺货是令客户极其失望的，但对于今日音乐的运营者来说，销售损失更令其痛苦。今日音乐的主要收入来源于商品销售，同时艺术家通过销售 CD 和巡回演出来获取对自身价值的认可。糟糕的是，收取加急订单的额外费用触碰到了今日音乐的痛点，提高自己的库存规划对于今日音乐的长期成功至关重要，现在是时候解决这个问题了。

---

① 经过许可，本章引用"今日音乐有限公司：夜车乐队的库存管理"案例（案例号码 UVA‐OM‐1204），作者是杰·艾什顿和文森特·顾，由蒂莫西·拉斯特指导，出版于乔治尼亚大学达顿商学院。在该出版物中您可查询到关于此案例的多媒体版。

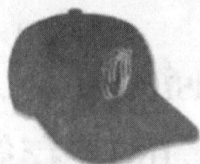

滚石鸭舌帽

来自Mike Doughty.CD

来自艺术家MobyT恤

来自Evanescence乐队吉他书

来自Blue Man集团钥匙环

图14-1　今日音乐公司销售产品的样品

14.1　从一个乐队到多个乐队

今日音乐的起源要追溯到早年的戴夫·马修斯乐队（Dave Matthews Band），当时这个乐队的管理者在夏洛茨维尔（Charlottesville）的一个小场地里售卖 T 恤。随着乐队逐渐成功，他们的商品销售已增长为一个数百万美元的业务。今日音乐成立于1998年，当时戴夫·马修斯乐队（Dave Matthews Band）的管理者合并了他的网络服务公司（红灯通信）和商品实践操作公司（MMF）。

一经成立，今日音乐便迅速吸引了一些在音乐领域上最成功和最知名的艺术家。随着公司规模的不断扩大，公司开始采用一种全面的营销方案，包括客户所持的公司股票、商品经营和库存管理，还包括为艺术家们量身打造的电子商务网络。因此，从库存管理到销售，再到最终的挑拣包装运输，今日音乐为任何一个想要在线售卖商品又害怕在线销售操作麻烦的艺术家们提供了一个可靠且适用的方案。

这个运营方案帮助今日音乐成长为音乐领域内商品服务和销售实践的领头羊。客户包括了：滚石乐队（Rolling Stones）、埃米纳姆（Eminem）、戴夫·马修斯乐队（Dave Matthews Band）、金属乐队（Metallica）、南方小鸡乐队（Dixie Chicks）、感恩而死乐队（the Grateful Dead）、O. A. R. 乐队、钟爱乐队（Particle）和杰森·玛耶兹（Jason Mraz）。除此之外，还有一些不太知名但是很有前途的艺术家，例如：大卫·格雷（David Gray）、D. J. 罗杰克（D. J. Logic）以及声音部落 9 号（Soundtribe Sector 9）。

今日音乐（Musictoday，LLC）把艺术家商品存放在夏洛茨维尔（Charlottesville）的一个 5 万英尺的仓库里。大多数商品是由他们的客户寄卖的，这意味着艺术家有权知道商品是否已经被运送到消费者手中。当今日音乐（Musictoday，LLC）的电子商务平台收到订单后，墨菲的执行部门开始进行分拣包装运输等操作，把订单产品从库存中分拣出来，并进行运输包装，最后通过货运公司运送订单，通常通过美国邮政服务运送的货物可以在 24 小时内被送到消费者手中。下午三点前收到的加急订单可以通过加急运输与普通订单在同一天被运出。每天晚上，美国邮政服务和美国联合包裹服务的卡车会到今日音乐的码头接收订单，然后运送货物。

14.2　成功的问题

今日音乐快速成长为一个全方位服务的商品平台，不管从任何标准来衡量它都是成功的。1998—2003 年，在今日音乐储存和售卖商品的客户数量年复合增长率为 66％[①]（见图 14 - 2，今日音乐的增长数据）。除了大牌客户名单不断扩大外，今日音乐也经历了商品数量和销售收入显著增加的阶段。在 2003 年之前的 5 年里，今日音乐销售收入增长的复合年增长率为 52％。在 2001 年和 2003 年之间，墨菲所处理的商品订单数量年复合增长率为 43％。

到 2003 年，今日音乐（Musictoday，LLC）平均每天处理的订单数量将近 1500 单，内部系统开始经历一些痛苦的成长。然而，我们不能只看平均每天的订单量，实际上周期高峰才是运营真正紧张的时候。公司的商品销售经历了两个循环高峰。第一个循环高峰发生在假期销售季，每年第四季度的订单数量会显著的增加。然而这种假期销售循环对于音乐产业来说并不是好事，今日音乐（Musictoday，LLC）的另一个销售循环高峰是其他零售商没有经历过的。在夏季的几个月中，有很多乐队的巡回演出并且正值学校学生的假期，该时期成为了商品销售另外一个重要的增长阶段。

[①] 所有的一手数据通过对今日音乐公司 2004 年 4 月 20 日的电话采访获得。部分数据有修改。

1998—2003年顾客数量

2001—2003年每日商品订单量

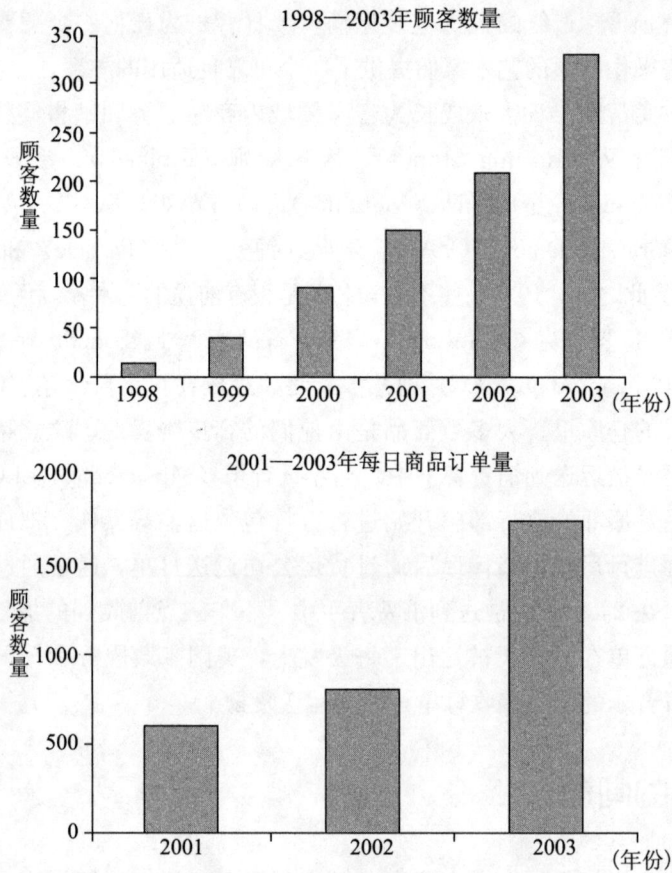

图 14 - 2　今日音乐的发展

14.3　让火车回归正轨

墨菲并不十分确定该如何解决断货的问题，这个问题比之前假期销售高峰的问题更困扰夜车乐队（Night Train）。他早就决定，他的第一目标应该是为每一个夜车乐队（Night Train）的库存单位确定订货点，以避免因缺货而产生的不必要的费用，从而增加销售收入。墨菲并不十分确定在所有产品类别中，什么样的服务水平该是合适的。然而，作为最初的目标，墨菲认为所有今日音乐的存货点都应存有夜车乐队的商品并且至少保证在 90％的时间里是可供出售的。在第一轮运作过后，他认为他应该能够了解服务水平的调整是如何影响安全存储水平和最终成本的。

接下来，墨菲考虑了一些能够影响他安全存储水平的重要因素。一开始，他收集了在过去 52 周内夜车乐队库存单位的数据（见表 14 - 1）。历史数据表明，公司每周的销售量都是随机变化的，但在暑假期间销售量明显增加，因为这期间学生们走出校门并且乐队开始巡演。在秋天，销售量开始下降，但在圣诞节前再次增加。在来年，墨菲期望看到类似的模式。

表 14－1

2003 年一季度夜车乐队商品销售、收入和库存数据

2003 年夜车乐队产品需求

产品编号	产品描述	周结束日期													2003 年一季度销售额
		1.5	1.12	1.19	1.26	2.2	2.9	2.16	2.23	3.2	3.9	3.16	3.23	3.30	
NTCD06	NT 洋基旅馆狐步舞 CD	577	644	514	480	351	534	508	380	666	230	260	608	387	6139
NTCH01TBBK	NT 黑雪橇帽	56	37	46	94	71	57	69	62	74	43	65	57	83	814
NTCT08SXWH	NT 月球越野车 T 恤 SS 白	184	130	180	102	119	188	74	98	89	163	84	147	101	1659
NTCT10SXWH	NT Farm Wheel RingerT 恤 白	37	78	79	53	44	69	43	66	76	35	87	55	78	800
NTCD12	NT Farm Wheel Rolls CD	360	351	289	236	184	137	199	187	255	305	187	329	162	3181
NTCT26SXGT	NT 老学校标志 T 恤 SS 花岗岩	138	93	151	103	115	93	122	125	68	58	109	72	146	1393

2003 年夜车乐队产品收入

产品编号	产品描述	周结束日期													2003 年一季度销售额
		1.5	1.12	1.19	1.26	2.2	2.9	2.16	2.23	3.2	3.9	3.16	3.23	3.30	
NTCD06	NT 洋基旅馆狐步舞 CD	1000			5000						250			2000	8000
NTCH01TBBK	NT 黑雪橇帽		500												750

续 表

2003 年夜车乐队产品收入

产品编号	产品描述	周结束日期													2003 年一季度销售额
		1.5	1.12	1.19	1.26	2.2	2.9	2.16	2.23	3.2	3.9	3.16	3.23	3.30	
NTCT08SXWH	NT 月球越野车 T恤 SS 白									2000					2500
NTCT10SXWH	NT Farm Wheel Ringer T恤白				500										500
NTCD12	NT Farm Wheel Rolls CD						1000								1000
NTCT26SXGT	NT 老学校标志 T恤 SS 花岗岩							500							500

2003 年夜车乐队产品周结算清单

产品编号	产品描述	周结束日期													2003 年一季度销售额
		1.5	1.12	1.19	1.26	2.2	2.9	2.16	2.23	3.2	3.9	3.16	3.23	3.30	
NTCD06	NT 洋基旅馆狐步舞 CD	988	344	(170)	4350	3999	3465	2957	2557	1911	1681	1421	813	2426	1438
NTCH01TBBK	NT 黑雪橇帽	297	760	714	620	549	492	423	361	287	494	429	372	289	(8)
NTCT08SXWH	NT 月球越野车 T恤 SS 白	360	230	50	(52)	(171)	141	67	(31)	1880	1717	1633	1486	1385	1025
NTCT10SXWH	NT Farm Wheel Ringer T恤白	2451	2373	2294	2741	2628	2628	2585	2519	2443	2408	2321	2266	2188	(263)

续　表

2003 年夜车乐队产品周结清单

产品编号	产品描述	周结束日期													2003 年一季度销售额
		1.5	1.12	1.19	1.26	2.2	2.9	2.16	2.23	3.2	3.9	3.16	3.23	3.30	
NTCD12	NT Farm Wheel Rolls CD	4309	3958	3669	3433	4112	4112	3913	3726	3471	3166	2979	2650	2488	(1821)
NTCT26SXGT	NT 老学校标志 T 恤 SS 花岗岩	1584	1491	1340	1237	1029	1029	1407	1282	1214	1156	1047	975	829	(755)

2003 年夜车乐队产品需求

产品编号	产品描述	周结束日期													2003 年二季度销售额
		4.6	4.13	4.20	4.27	5.4	5.11	5.18	5.25	6.1	6.8	6.15	6.22	6.29	
NTCD06	NT 洋基旅馆狐步舞 CD	234	377	423	245	543	457	436	329	942	1410	1278	1568	1281	9523
NTCH01TBBK	NT 黑雪橇帽	38	49	93	80	38	81	36	49	155	173	168	171	196	1327
NTCT08SXWH	NT 月球越野车 T 恤 SS 白	82	139	105	128	76	107	149	138	198	350	450	393	416	2731
NTCT10SXWH	NT Farm Wheel Ringer T 恤白	74	51	88	48	68	43	88	66	127	168	178	190	196	1385
NTCD12	NT Farm Wheel Rolls CD	333	144	330	327	332	204	358	237	371	734	721	707	727	5525
NTCT26SXGT	NT 老学校标志 T 恤 SS 花岗岩	72	102	115	74	144	73	87	104	271	291	385	390	300	2408

2003 年夜车乐队产品收入

产品编号	产品描述	4.6	4.13	4.20	4.27	5.4	5.11	5.18	5.25	6.1	6.8	6.15	6.22	6.29	2003 年二季度销售额
												周结束日期			
NTCD06	NT 洋基旅馆孤步舞 CD								5000				2000		7000
NTCH01TBBK	NT 黑雪橇帽					1000					500				1500
NTCT08SXWH	NT 月球越野车 T恤 SS 白									2000					2000
NTCT10SXWH	NT Farm Wheel Ringer T恤白														
NTCD12	NT Farm Wheel Rolls CD			1000							1000		1000		3000
NTCT26SXGT	NT 老学校标志 T恤 SS 花岗岩							500				500	500	500	2000

2003 年夜车乐队产品周结单

产品编号	产品描述	4.6	4.13	4.20	4.27	5.4	5.11	5.18	5.25	6.1	6.8	6.15	6.22	6.29	2003 年二季度销售额
												周结束日期			
CDNTCD06	NT 洋基旅馆孤步舞 CD	2192	1815	1392	1147	604	147	(289)	4382	3440	2030	752	(816)	(97)	(2289)
NTCH01TBBK	NT 黑雪橇帽	251	202	109	29	991	910	874	825	670	997	829	658	462	211

14 今日音乐有限公司（Musictoday, LLC）：夜车乐队（Night Train）的库存管理

2003年夜车乐队产品周结清单

产品编号	产品描述	周结束日期													2003年二季度销售额
		4.6	4.13	4.20	4.27	5.4	5.11	5.18	5.25	6.1	6.8	6.15	6.22	6.29	
NTCT08SXWH	NT 月球越野车 T恤 SS白	1303	1164	1059	931	855	748	599	461	2263	1913	1463	1070	654	(649)
NTCT10SXWH	NT Farm Wheel Ringer T恤白	2114	2063	1975	1927	1859	1816	1728	1662	1535	1367	1189	999	803	(1311)
NTCD12	NT Farm Wheel Rolls CD	2155	2011	2681	2354	2022	1818	1460	1223	852	1118	397	690	(37)	(2192)
NTCT26SXGT	NT 老学校标志 T恤 SS花岗岩	757	655	540	466	322	249	662	558	287	(4)	111	221	421	(336)

2003年夜车乐队产品需求

产品编号	产品描述	周结束日期													2003年三季度销售额
		7.6	7.13	7.20	7.27	8.3	8.10	8.17	8.24	8.31	9.7	9.14	9.21	9.28	
NTCD06	NT 洋基旅馆狐步舞 CD	1159	1165	1562	1327	1532	1434	1408	1265	819	288	394	552	427	13332
NTCH01TBBK	NT 黑雪橇帽	220	172	214	215	184	216	214	162	105	42	36	37	40	1857
NTCT08SXWH	NT 月球越野车 T恤 SS白	328	404	327	448	387	355	403	338	288	130	111	132	191	3842
NTCT10SXWH	NT Farm Wheel Ringer T恤白	163	190	176	160	203	191	169	174	95	56	83	47	75	1782

续　表

2003 年夜车乐队产品需求

产品编号	产品描述	周结束日期													2003 年三季度销售额
		7.6	7.13	7.20	7.27	8.3	8.10	8.17	8.24	8.31	9.7	9.14	9.21	9.28	
NTCD12	NT Farm Wheel Rolls CD	662	725	729	852	777	613	661	710	453	265	347	159	297	7250
NTCT26SXGT	NT 老学校标志 T 恤 SS 花岗岩	389	330	393	380	346	360	339	296	255	114	107	118	141	3568

2003 年夜车乐队产品收入

产品编号	产品描述	周结束日期													2003 年三季度销售额
		7.6	7.13	7.20	7.27	8.3	8.10	8.17	8.24	8.31	9.7	9.14	9.21	9.28	
NTCD06	NT 洋基旅馆狐步舞 CD	2000	2000	3000	3000	1000	1000	1000	5000	3000				2000	16000
NTCH01TBBK	NT 黑雪橇帽				1000			500			500				2000
NTCT08SXWH	NT 月球越野车 T 恤 SS 白			2000					2000			500			4000
NTCT10SXWH	NT Farm Wheel Ringer T 恤白	250						500	5000						1250
CDNTCD12	NT Farm Wheel Rolls CD	2000	500	1000		1000	1000	500							10000
NTCT26SXGT	NT 老学校标志 T 恤 SS 花岗岩	500	500	500				500	500	500				500	3500

续　表

2003年夜车乐队产品周结清单

CD产品编号	产品描述	周结束日期														2003年三季度销售额
		7.6	7.13	7.20	7.27	8.3	8.10	8.17	8.24	8.31	9.7	9.14	9.21	9.28	
NTCD06	NT 洋基旅馆狐步舞 CD	744	1579	3017	4690	4158	3724	3316	2051	4232	3944	3550	2998	2571	1827
NTCH01TBBK	NT 黑雪橇帽	242	70	(144)	641	457	241	527	365	260	718	682	645	605	363
NTCT08SXWH	NT 月球越野车 T恤 SS 白	326	(78)	1595	1147	760	405	2	1664	1376	1246	1135	1003	812	486
NTCT10SXWH	NT Farm Wheel Ringer T恤白	890	700	524	364	161	(30)	301	127	32	(24)	393	346	271	(619)
NTCD12	NT Farm Wheel Rolls CD	1301	576	847	(5)	218	605	(56)	4234	3.781	3516	3169	3010	2713	1412
NTCT26SXGT	NT 老学校标志 T恤 SS 花岗岩	532	702	809	929	583	223	384	88	333	219	112	(6)	353	(179)

2003年夜车乐队产品需求

产品编号	产品描述	周结束日期														2003年四季度销售额
		10.5	10.12	10.19	10.26	11.2	11.9	11.16	11.23	11.30	12.7	12.14	12.21	12.28	
NTCD06	NT 洋基旅馆狐步舞 CD	535	407	429	481	559	343	1066	1413	1699	2131	2713	2125	1948	15849
NTCH01TBBK	NT 黑雪橇帽	64	45	44	51	88	80	123	175	233	337	348	314	239	2141

续表

2003 年夜车乐队产品需求

产品编号	产品描述	周结束日期													2003 年四季度销售额
		10.5	10.12	10.19	10.26	11.2	11.9	11.16	11.23	11.30	12.7	12.14	12.21	12.28	
NTCT08SXWH	NT 月球越野车 T 恤 SS 白	195	139	168	160	80	184	224	442	580	647	723	618	544	4704
NTCT10SXWH	NT Farm Wheel Ringer T 恤白	74	46	31	82	36	60	116	202	218	283	372	294	237	2051
NTCD12	NT Farm Wheel Rolls CD	193	155	168	142	286	215	542	662	1090	1330	1539	1255	901	8478
NTCT26SXGT	NT 老学校标志 T 恤 SS 花岗岩	113	114	137	142	110	158	256	324	424	521	713	604	416	4032

2003 年夜车乐队产品收入

产品编号	产品描述	周结束日期													2003 年四季度销售额
		10.5	10.12	10.19	10.26	11.2	11.9	11.16	11.23	11.30	12.7	12.14	12.21	12.28	
NTCD06	NT 洋基旅倩狐步舞 CD		5000			3000	3000	3000	3000						17000
NTCH01TBBK	NT 黑雪橇帽	250								500		500	500	500	2250
NTCT08SXWH	NT 月球越野车 T 恤 SS 白						2000				2000				4000
NTCT10SXWH	NT Farm Wheel Ringer T 恤白	500			500						250	500	500	500	2750

续　表

2003 年夜车乐队产品收入

产品编号	产品描述	周结束日期													2003 年四季度销售额
		10.5	10.12	10.19	10.26	11.2	11.9	11.16	11.23	11.30	12.7	12.14	12.21	12.28	
NTCD12	NT Farm Wheel Rolls CD									1000	1000	2000	2000	4000	10000
NTCT26SXGT	NT 老学校标志 T 恤 SS 花岗岩			500				500	500		500	1000	2000	1000	6000

2003 年夜车乐队产品周结清单

CD产品编号	产品描述	周结束日期													2003 年四季度销售额
		10.5	10.12	10.19	10.26	11.2	11.9	11.16	11.23	11.30	12.7	12.14	12.21	12.28	
NTCD06	NT 洋基旅馆孤步舞 CD	2036	6629	6200	5719	8160	10817	12751	14338	12639	10508	7795	5670	3722	1686
NTCH01TBBK	NT 黑雪橇帽	791	746	702	651	1063	983	860	685	952	615	267	453	714	(77)
NTCT08SXWH	NT 月球越野车 T 恤 SS 白	617	478	310	150	70	1886	1662	1220	640	1993	1270	652	108	(509)
NTCT10SXWH	NT Farm Wheel Ringer T 恤白	697	651	620	1038	1002	942	826	624	406	373	501	707	970	273
NTCD12	NT Farm Wheel Rolls CD	2520	2365	2197	2055	1769	1554	1012	350	260	(70)	391	1136	4235	1715
NTCT26SXGT	NT 老学校标志 T 恤 SS 花岗岩	240	126	489	347	237	79	323	499	75	54	341	1737	2321	2081

目前，今日音乐还没有建立正式的订单处理系统。每当仓库员工发现他们在某些乐队的库存上缺货，今日音乐将会发出相应的采购订单或者由艺术家直接提供给供应商。依据夜车乐队（Night Train）的收据和库存的格局来看，很显然，今日音乐已经大体上对订货有所掌握。买家购买商品种类繁多，今日音乐一般情况下能避免缺货，但是他们缺少一些实用工具来决定什么时候下单以及下单量的多少。一张 CD 在零售店售价 14.95 美元，如果购买数量达到 100 张，成本大约为 9 美元。T 恤和帽子也都在夜车乐队的零售网站上提供，不同的购买数量有着不同的价位和不同的利润（见表 14 - 2）。公司可以将整套物品拆分为若干少量货物订单，但是随之产生的"破碎整套物品"（Broken Case）成本通常令人望而却步，所以买家一般订购整套物品数量的倍数。

表 14 - 2　　　　　　　　产品成本　运输包装数量　零售价

产品编号	产品描述	成本（美元）	数量（件）	零售价（美元）
NTCD06	NT 洋基旅馆狐步舞 CD	9.18	100	14.95
NTCH01TBBK	NT 黑雪橇帽	12.23	25	29.95
NTCT08SXWH	NT 月球越野车 T 恤 SS 白	8.75	50	24.95
NTCT10SXWH	NT Farm Wheel Ringer T 恤白	8.75	50	24.95
NTCD12	NT Farm Wheel Rolls CD	9.18	100	14.95
NTCT26SXGT	NT 老学校标志 T 恤 SS 花岗岩	8.75	50	24.95

夜车乐队的 CD 是由娱乐联盟公司（Alliance Entertainment Corporation）提供的，其总部设在佛罗里达州的科勒尔斯普林斯。为了补充夜车乐队的 CD 库存，今日音乐先向乐队提交采购订单，乐队通常在两个工作日内将它转发到娱乐联盟公司。娱乐联盟公司收到订单后，将在 5 个工作日内将产品发货，运输时间大约为 3 个工作日。夜车乐队的所有其他商品来源于一个产品促销公司，通常在今日音乐发出采购订单的 4 周后，将货物送达。

墨菲意识到想要为今日音乐的客户提供更好的服务，他的部门还需要建立正式的订购程序。首先，他认为一定要有一个最优订单数量。墨菲估算接收一个货物（无论大小与接收顺序）的成本为 100 美元（忽视放置物品的成本，这个成本的变化取决于物品的数量）。他估计今日音乐库存的搬运成本每年占 10%～15% 的资本成本，3% 的设施运行成本和 2% 的折旧成本。当然，当库存被托运，今日音乐只需考虑设备成本的变化。

14.4 十字路口上的火车

对于库存经济学的驱动因素有了更深入的了解后，墨菲觉得他应该开始实施一个实验性的项目，即为夜车乐队提高服务水平。夜车乐队正准备发布新专辑并进行夏季巡演，他认识到这对于夜车乐队来说将是意义重大的一年。把握住这个客户是今日音乐长期成功的关键，并且可以对货物短缺的局势有所控制。然而，墨菲希望他的部门可以改善存货规划同时消除断货的情况，但这并不是最终的目标。因为墨菲意识到，改善存货规划这样简单的一步将提高今日音乐的整体经营效益。

15　美丽书世界① (Better World Books)

"有着灵魂的网络书店"，美丽书世界公司（Better World Books）在线收集与销售书籍，并支持全球扫盲活动。由于库存中有超过 200 万个书籍标签，美丽书世界立志成为一个自己自足的公司，他们的所有利益都要兼顾社会、经济和自然环境三方面的和谐统一。

——美丽书世界网站（www. betterworldbooks. com）

在一天将要结束的时候，美丽书世界公司（Better World Books）的厂务和安全部经理弗洛伊德林奇（Floyd Lynch）从办公室的窗户向外望，他思考着会议之前联合创始人兼运营副总裁克里斯·福克斯（Chris Fuchs）提出的问题——美丽书世界是应该扩大他们目前的仓储设施，还是应该考虑新建一个仓储设施。林奇是达顿商学院（Darden School）的 MBA，他对美丽书世界近期的销售增长有着重要影响，同时也着手解决仓库容量这个可以维持未来销量增长的关键问题。

15.1　公司背景

2002 年，毕业于圣母大学的三个朋友，在面对资金流动性不足的问题上，他们萌生了通过在网上交易二手图书来赚钱的想法。与此同时，他们希望将对社会和环境的责任感作为经营的核心。这种想法驱动着他们创建了美丽书世界公司，这个公司的产生本是为了解决他们自身的经济问题，后来它逐渐成为企业社会责任感方面的先驱，同时有着推动文化扫盲的使命。

他们能够理解一些校园书店对于采购二手教科书没有兴趣，因为他们不能保证下一批学员可以再次使用这些书籍。但是作为网络销售的一个巨大优势，他们可以把书籍再次卖给那些有这方面需求的学校，既赚钱又为当地社区作出服务。美丽书世界收集那些过时的教科书，并将它们在网上卖出的利润捐给扫盲和慈善机构。

在 2002 年，美丽书世界在圣母大学（University of Notre Dame）一次收集了 2000

---

① 经作者许可，本章引用"美丽书世界"案例（案例号码 UVA - OM - 1432），由蒂莫尔·M. 拉斯特和埃利奥特·拉比诺维奇引自亚历杭德罗·桑切斯·阿瓦尔卡，胡里奥·格瓦拉·莫利纳，拉乌尔·奈特，赫克托昆卡和悉达多·辛哈等作者撰写的论文，出版于乔治尼亚大学达顿商学院。

本书来支持当地非营利性的扫盲组织，并创立了当地读书项目基金。在 2003 年夏季，美丽书世界的建立者每一天的工作都没有薪水。羽翼未丰的公司通过赢得圣母大学的麦克洛斯基社会企业商业计划大赛（McCloskey Social Venture Business Plan Competition）冠军，获得了巨大的名誉和经济帮助。公司在 2003 年 8 月正式雇用了第一批全职员工，并很快将经营范围扩大至城市中的所有院校。

2004 年 9 月，美丽书世界将其业务划分为图书馆部分和旧书店部分，来扩大除了校园教科书以外的库存种类。收入的增加和良好的现金流为公司带来了更多策划人才、销售人才和更好的运营团队，同时为公司快速增加库存等级打造了良好的基础。

2007 年是美丽书世界公司开始赢利的一年。在这一年中，美丽书世界公司进行了大幅度的运营改造，从而获得了更多的利润。例如：他们安装了手持设备——接受/拒绝技术，它能够加快书目从目录中被筛选和淘汰滞销书的速度。他们将美丽书世界网站作为一个销售品牌。

到 2008 年，美丽书世界网站已经发展成了一个有力的销售平台。出租、出版和套利业务的收入将在未来呈爆炸性趋势的增长。公司年收益从 2003 年的 2 万美元增长到 2004 年的 80 万美元，2005 年 400 万美元，2006 年 940 万美元，2007 年 1680 万美元，2008 年 2150 万美元，2009 年 3000 万美元。美丽书世界公司不得不通过引进经验丰富的财务总监及营销副总裁来完善它的核心管理团队。

15.2 公司文化

美丽书世界公司可以被定义为一个以营利为目的的"创业型社会企业"。美丽书世界公司的使命宣言是"把握书的价值，投资和支持本地、国际及全世界的扫盲活动"。为此，美丽书世界公司深深致力于使"社会、经济、环境三方面相互和谐"，因为这衡量着环境、社会和经济的可持续发展。因此，美丽书世界将生态和社会绩效纳入到他们的财务报告中。

到 2009 年，美丽书世界公司已经给超过 80 家的非营利扫盲项目募集了 230 万美元，并且提供了超过 230 个全职工作岗位。公司的一贯目标是"让所有的利益相关者而不仅仅是股东获益"。美丽书世界公司被认定为"B 级企业"（以营利为目的的代表公司），被誉为在新兴领域上造福社会的企业领导者之一。作为一个以营利为目的的公司，从赢得快公司和摩立特集团的社会资本家奖（Fast Company/Monitor Group Social Capitlist Award）到好资本公司（Good Capital）的重大股权融资，都归功于其潜在的实质性和可持续性的社会影响。美丽书世界承诺将通过推进全球扫盲和改善教育来打破贫穷和依赖性。

15.3　二手书行业

　　公司拥有各种各样的销售渠道，范围从本地书店到互联网上的书展，还有二手图书市场。大多数二手图书的销售都是在所有者和购买者之间进行的非正式交易，因此没有任何正式的记录，也很难制作真实的销售图表和评估整个二手图书市场的规模。这些零散的可用数据多是来源于网络书店零售商，例如：亚马逊的数据记录来源于一些被调查的学生，还有几百家书店。2004 年，美国二手图书市场公布的报告提到，书籍范围从几百本到 350 万本，其中有 8000 到 1 万册的二手图书是通过各种各样的销售渠道进行交易的。

　　在过去的二十年中，二手图书市场迅速扩张，这归功于多种因素：

　　(1) 新书的成本更高；

　　(2) 书籍收藏者的数量增加；

　　(3) 互联网巨大的渗透作用，使读者能更容易地通过互联网搜索二手图书。

　　有很多不同的渠道可用于售卖二手书，这些渠道包括：商店，邮件订单/网络订单，私人约见，古董商场，本地和区域的书展，印刷品目录，零售商，跳蚤市场，非营利书籍销售，旧货销售和拍卖。根据 2002 年猎书出版社（Book Hunter Press）的调查，商店出售渠道占二手图书市场的 57%，紧随其后的是网络销售渠道占 19%，私人约见占 18%，古董商场占 6%。

15.4　趋势

　　图书研究集团进行的一项研究表明，从 2003 年到 2004 年二手图书的售卖增加了 11%，占所有消费者购买数的 8.4%（图书业研究集团，2005 年）。另外一份来自益普索（Ipsos-Insight）的调查显示，从 2002 年到 2003 年二手图书的类别增加了 5%。图 15-1 和 15-2 分别展示了 2003 年和 2004 年的收益及这些渠道增加的销量。

　　二手图书可被进一步细分为两大部分：教育类和非教育类。教育类的图书包括大学教科书和带有教育标题的图书，非教育类图书包括与贸易相关的专业书籍和宗教学科领域的书籍。教育类图书占二手图书市场的主导地位，2004 年的销售额为 16 亿美元。然而，2004 年的销售趋势显示出在非教育类图书的销售增长比教育类图书销售增长要快很多。2003—2004 年，教育类图书的销售只增加了 7%，而非教育类图书的销售量增加了 25%。AbeBooks. com 是一个互联网上专门卖二手书籍和罕见书籍的网站。基于 AbeBooks. com 的实际销售增长率来看，图书业研究集团估算：假定每年销售增长率为 20%，二手图书的销售额在 2009 年能够达到 15 亿美元。

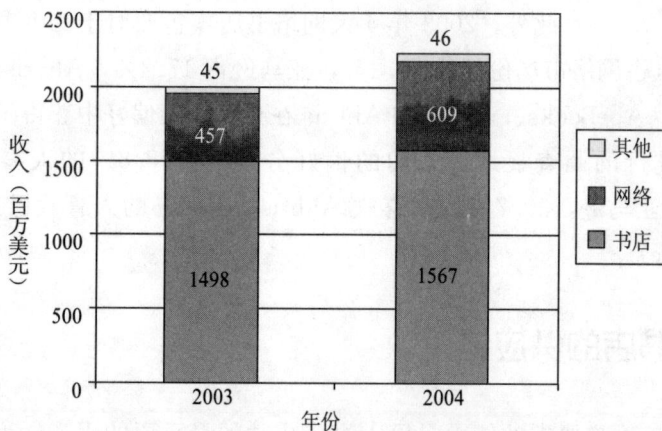

图 15-1　销售渠道的销售收入

数据来源：来自图书业研究集团，网络二手图书市场的快速增长，2005 年 9 月 29 日。http：//www. bisg. org/news - 5 - 23 - rapid - grouth - in - used - book - market - driven - by - the - internet. php.

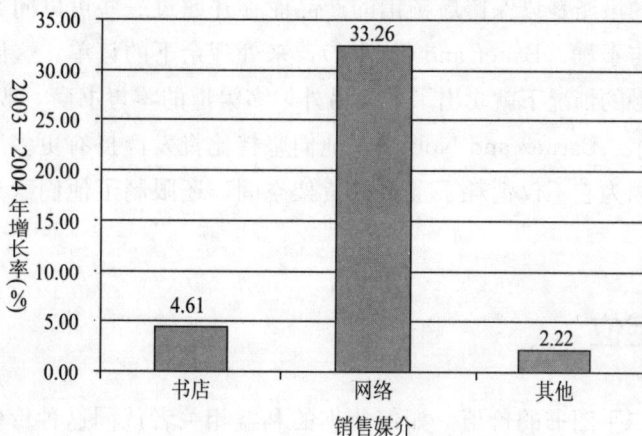

图 15-2　各销售渠道的增长率

数据来源：来自图书业研究集团，网络二手图书市场的快速增长，2005 年 9 月 29 日。http：//www. bisg. org/news - 5 - 23 - rapid - grouth - in - used - book - market - driven - by - the - internet. php.

15.5　作为书籍销售平台的互联网

互联网已经转变了买书的过程。在过去，买书的人只有通过实体商店这个销售渠道，而这本书可能实体店里没有。网络售书加大了价格竞争，降低了书价并且消除了顾客去实体店的麻烦。互联网商店提供了易于搜索的数据库，并联结着成千上万的卖书者和买书者，进行数以百万计的书籍交易。根据图书业研究集团的调查研究，在2003 年和 2004 年之间，通过互联网售卖的二手书增加了 33％，而通过传统书店售卖的书籍只增加了 4.6%。此外，2003 年 4 大网络书店零售商对于二手书的售卖占比分别为：AbeBooks 占网络市场份额的 39.2%，亚马逊占 17.3%，Alibris 占 12.7%，易趣占 9%。而且，AbeBooks、亚马逊和 Alibris 在买家购买偏好中获得了大量支持。对二手图书顾客进行的调查显示，人们的偏好分别为：78.8% 的人喜欢 AbeBooks，58.1% 的人喜欢亚马逊，50.7% 的人喜欢 Alibris，44.4% 的人喜欢巴恩斯（Barnes）和诺布尔（Noble）。

15.6　网络书店的供应链

　　能够快速回应客户要求的能力是网上书店成功的最重要的因素。为此，很多网络书店零售商，例如亚马逊，都采用先进的系统来管理用户的订单运送时间。根据书的类型、题目和实用性来确定交货日期以确保客户能在承诺的时间内收到书。尽管这是零售商们共同关注的焦点，但大多数线上零售商采用了一种混合式的供应和分销策略。例如亚马逊采用的策略是只保留最畅销的产品库存并通过一些可以向客户直接发货的批发商，如贝克与泰勒（Baker and Taylor），来处理余下的订单。这使得亚马逊可以在没有和客户接触的情况下就卖出了书。另外，多渠道的零售书商一般设有配送中心，如巴恩斯和诺布尔（Barnes and Noble），他们坚持比批发商持有更多库存，但这样的策略仍需权衡，因为它不仅消耗了宝贵的货架空间，还限制了他们购买更多同名书籍的能力。

15.7　价值定位

　　你如何创造二手图书的价值？如何让你的利益相关者认同这种价值？美丽书世界的创始人大卫·墨菲（David Murphy）、克里斯·福克斯（Chris "Kreece" Fuchs）和 F. 泽维尔赫尔·格森（F. Xavier Helgesen）坐在位于印第安纳州南本德市社区中心一个小房间的一堆图书中间，他们想知道通过什么可以区分圣母大学（University of Notre Dame）的校园书店和本地书店。

　　创始人们思考着互联网的角色，以及互联网将在今后岁月里如何改变图书界。他们想要创立一个在线商业计划来重复利用仍然具有社会影响的二手图书，并将他们收入的一部分捐赠给扫盲计划，这能使公司与传统者区分开来，并且让他们与图书馆和校园成为合作伙伴。学生团体可以帮助他们想办法筹集资金，因为学生倡议并乐意参加扫盲运动，同时可以在校园里收集书籍来支持他们的书籍运转。网上销售图书产生的收入可以提供给非营利的扫盲合伙人和老年人，卖不出去的书籍也可以捐赠给非洲的学校，来支持扫盲任务。

　　作为创始人的愿景，美丽书世界能够从被丢弃的书籍中创造价值，通过匹配供给和需求，将图书馆和校园中没有用的书直接送到书籍稀缺的国家。其中连接不同利益相关者的价值主张是至关重要的：通过销售产品和创收，他们向图书馆和在校学生提供一些优惠。他们给非洲学生捐书，并且在没有签订资金使用契约的情况下就给非营利扫盲合伙人投资。

有一些图书直接捐赠给特定的合作伙伴，大部分书籍在线转售的收益将直接投资给社会团体，例如非洲、为家庭扫盲的国家中心、阅读室、世界基金和看不见的儿童。

美丽书世界也为他们的顾客——学生创造了价值，他创造了一个买卖二手图书的平台，并且减少了他们在追求学术时对于书本支出所带来的财务影响。他们和校园里的书店合作，也会在出售多余的书籍时给学生一些优惠。此外，公司建设了一个可持续发展的竞争优势，为股东、员工、扫盲计划和环境同时创造价值，美丽书世界公司能够呼吁利益相关者们重视企业的社会责任。如今，该公司在 Facebook 上拥有超过 1.9 万个粉丝，在 Twitter 上有 6700 多个追随者，这些人只从他们那里购买图书。

15.8　运营

美丽书世界公司能够把最好的离线收集/分发和在线零售结合在一起来创造价值。公司雇用了高水平的运营专家，并采用一个由公司工程师进行专门软件开发的内部技术支撑体系。2009 年，公司系统将 1500 个校园和 1000 个图书馆的运输信息进行综合，然后直接用包装纸盒包装装运，并在全国范围内推动节省入境运费。小货物可以通过客户端的邮件系统直接被运到仓库，该客户端可以通过公司的门户网站直接访问。学生团体和图书馆人员可以提前进行包装，打印 UPS 标签，并在美丽书世界公司员工的参与下直接将纸箱运送到仓库。这大大减少了公司的仓储处理成本，使公司能够把更多的精力投入到仓库运输成本的优化上。

书籍抵达美丽书世界后，可以通过扫描唯一客户端的条码来跟踪始发者，这些书被堆放在一个能容纳 280 万本书籍的仓库中。内部开发的堆叠系统还可以确定货架上的空间，并通过标签系统指示位置。在收到订单后，配货员使用定位代码标识书籍，提高发货速度，将发货时间控制在 20 分钟之内。公司高效的处理能力使书籍一天的运输量高达 5 万册。运输和订单处理的劳动工时实行 24 小时三班倒，优先考虑国际订单和紧急订单。

仓库也可以充当其合作出版商的在线新书订单配送中心。对于既涉及新书又涉及二手图书购买的订单，仓库会将接收到的新书和二手书重新打包在一起，以减少重复的运费成本。

美丽书世界了解到每个月的潜在销售是随着每学期周期循环波动的，因此它使用专有的软件系统计算出与仓库库存匹配的销售量。这会进一步减少存货周转率，存货流动时间和空间利用率将不断改进。高密度的货架和机械自动化提高了生产率并缩短了书籍的排序和选择时间，减少了劳动力成本并改善了客户服务。

UPS 是该公司在仓库方面唯一的运输合作伙伴，美丽书世界公司在印第安纳州南本德市，已经成为 UPS 最大的客户。美丽书世界公司凭借出入境的大销售量，已经可以同那些网络图书零售行业的领先者相抗衡。

美丽书世界公司对所有运往美国境内的订单都是免费的，对国际运送均收取统一3.95 美元的运费。目前，公司已经扩展至英国，在英国当地有仓库，并且不久将在澳大利亚进行本土运营，其目的是为了在这两个说英语的重要国家减少运输成本。

15.9 南本德市的工厂

BWB 成立 2 年后，在 2004 年 BWB 创始人把仓储业务移动到南本德的仓库，目的是让他们发展他们的业务，并且至少在若干年内无须租用额外的空间。从长远的角度来看，他们需要投资一个仓库，而在当时，这似乎超过他们所需。五年后，随着公司的增长，创始人探索扩大南本德（South Bend）的仓库（见图 15-3）。林奇想知道怎样扩张能够做到让仓储更为经济（见表 15-1）。和克里斯·福克斯（Chris Fuchs）以及其他美丽书世界公司的成员商议后，林奇收集潜在的成本和容量信息，来扩大南本德的仓储设施（见表 15-2）。

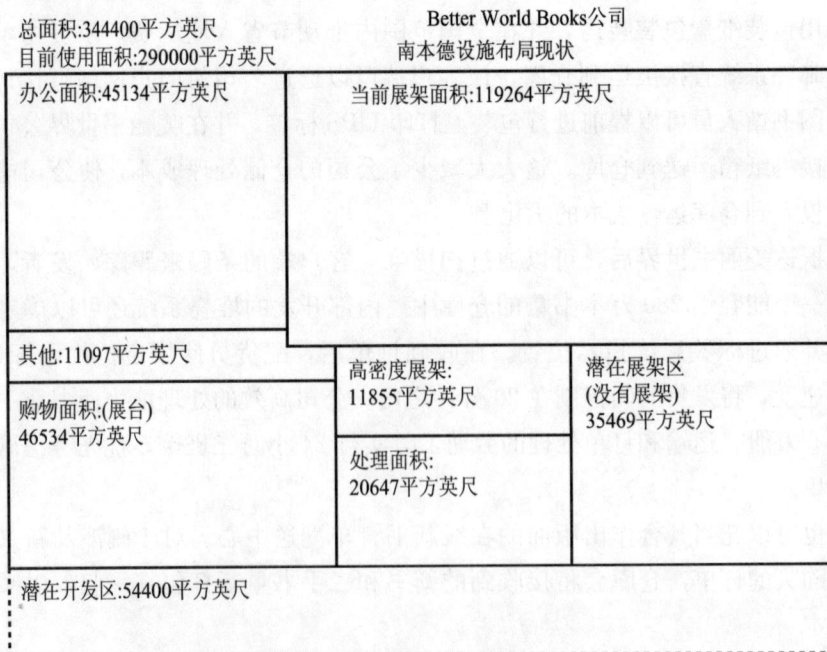

总面积:344400平方英尺
目前使用面积:290000平方英尺

Better World Books公司
南本德设施布局现状

办公面积:45134平方英尺

当前展架面积:119264平方英尺

其他:11097平方英尺

购物面积:(展台)
46534平方英尺

高密度展架:
11855平方英尺

处理面积:
20647平方英尺

潜在展架区
(没有展架)
35469平方英尺

潜在开发区:54400平方英尺

图 15-3　仓库的布局和当前的扩张

资料来源：美丽世界图书。

表 15 - 1 　　　　　　　　　　　　　**南本德市设施损益** 　　　　　　　　　　单位：美元

美丽书世界公司
南本德市设施损益表（千）

	2010（E）	2009
净销售额	9854	8456
销货成本	3879	313
库存	2534	2153
直接人工成本	1345	1160
毛利	5975	5143
管理及销售费用	335	285
租赁，维修和使用费	1134	1057
Deprec. and amort.	289	247
其他收入	（2356）	（1945）
息税前利润	1861	1609
网络花费	904	865
利息开支	957	744
税	574	446
净收入	383	298

资料来源：美丽书世界网站（hppt：//www.betterworldbooks.com）。

表 15 - 2 　　　　　　　　　　　　**设施扩张成本与资产评估**

资产 （月图书持有量）	可变成本 （美元/本）	总固定成本	总单位成本 （美元/本）
5500000 本	1.20	1542380	1.48

资料来源：美丽书世界网站（hppt：//www.betterworldbooks.com）。

　　林奇也知道，目前的固定成本为 105.7 万，用于房租、维修和公用事业，其他成本为 28.538 万。林奇计算成本的前提是假设扩大后的工厂可以满负荷工作。因此，林奇想知道这个满负荷的假设有多大的可能被现实，又该如何被实现。

　　如果假设全产能利用率是不现实的，这肯定会影响到与南本德仓储装运处理相关联的单位成本。林奇知道，随着时间的变化，南本德存储的利用率会对书籍订单的处理成本有着显著的影响（见图 15 - 4）。最后，林奇思考了规模曲线和表格上的其他建议。他是否能够使用他所知道的有关当前仓库和扩建后仓库的信息来估计其他仓库的成本？

单位：美元

月平均单位量	隐含资产使用量	可变单位成本	固定设施成本	总成本	平均单位成本
643188	20%	1.20	1342380.00	2114205.60	3.29
1286376	40%	1.20	1342380.00	2886031.20	2.24
1929564	60%	1.20	1342380.00	3657856.80	1.90
2572752	80%	1.20	1342380.00	4429682.40	1.72
3215939	100%	1.20	1342380.00	5201506.80	1.62

(a)

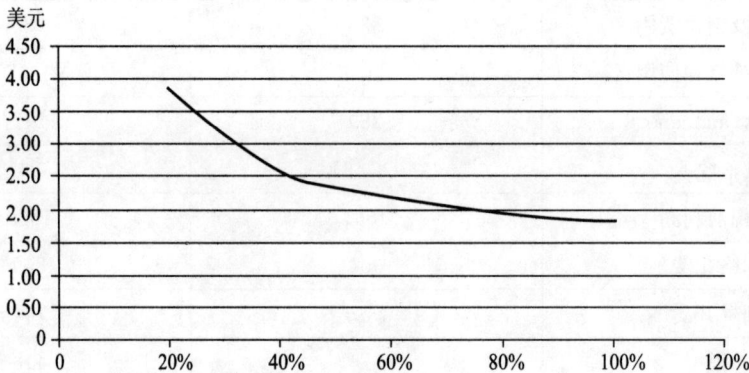

(b)

图 15－4　设施利用率和成本相关信息

资料来源：作者与美丽世界图书的对话。

15.10　扩展选项

为了尽量减少成本，增加效率和灵活性，林奇为美丽书世界（Better World Books）提供了三种不同的选择。

1. 扩大南本德的仓储设施

这一备选方案将允许美丽书世界公司（Better World Books）保留当前所有雇员，并且不需要培养新的雇员。美丽新世界公司（Better World Books）可以将当前仓库扩大到 34.04 万平方英尺，这将容纳大约 450 万册书籍。但是，加大对这个仓库的投资也可能是有风险的

2. 在不同的地方开设多个仓库

与只拥有一个仓库相比，美丽书世界公司（Better World Books）也分析了在不同的地区开立多个仓库的想法。尽管这可能是最资本密集型的方案，但它也很可能对降

低运输成本有影响。

3. 什么也不做

美丽书世界公司（Better World Books）可以保持南本德现有的 29 万平方英尺的仓库，该仓库可以容纳 320 万册图书。

参考文献

［1］安瑞恩．使用图书出版商的问题［EB/OL］．［2004 - 7 - 13］．http：//journal. bookfinder. com/2004/07/publishers - question - used - books. html.

［2］B公司［EB/OL］．http：//www. bcorporation. net/betterworldbooks.

［3］更好世界的书［EB/OL］．http：//www. betterworldbooks. com.

［4］伯乐，安吉拉．二手书销售：关于美国二手书市场的消费行为，结构，规模和增长量的研究［EB/OL］．［2006 - 2 - 27］．http：//www. bisg. org/news - 5 - 28 - the - first - comprehensive - report - on - used - book - sales. php.

［5］互联网驱动下二手书市场的快速增长［EB/OL］．图书行业研究集团（BISG）［2005 - 9 - 29］．http：//www. bisg. org/mews - 5 - 23 - rapid - growth - in - used - book - market - driven - by - the - internet. php.

［6］李颖，等．二手书市场的增长［EB/OL］．http：//are. berkeley. edu/～sber- to/UsedBooks. pdf.

［7］意大莱，希勒尔．研究：二手书市场有 20 亿的大市场［EB/OL］．［2005 - 09 - 28］．http：//www. highbeam. com/doc. 1P1 - 113615085. html.

［8］雷纳，理查德．一个互联网真实的成功案例［EB/OL］．［2002 - 6 - 9］．ht- tp：//www. nytimes. com/2002/06/09/magazine/an - actual - internet - success - story. html? pagewanted＝all.

［9］山特凯恩，麦克．供应链对互联网图书销售的影响［EB/OL］．［2003 - 3 - 14］． http：//www. idealog. com/supply - chain - impact - of - internet 扩大 bookselling.

［10］西格尔，苏珊，大卫．美国二手书市场的画像［EB/OL］．http：// www. bookhunterpress. com/index. cgi/survey. html，2004.

［11］维基百科［EB/OL］．http：//en. wikipedia. org/wiki/Better ＿ World ＿ Books.

16   烹饪网^①（Cooking.com）

烹饪网（Cooking.com）的总裁兼创始人特雷西·兰德尔（Tracy Randall）阅读完"点击的隐性成本"（The Hidden Cost of Clicks）这篇文章后，将《战略与业务》杂志的副本放在了桌子上。她回顾了一下文章中所提的建议以及她最近在为公司发展更深层次的服务成本理念所做的努力。销售量持续增长的需要以及降低成本的必要性都给兰德尔施加了很大压力，公司需要通过提高生产能力来挖掘更大的赢利潜力，而不仅仅是提高毛利润。尽管公司已经开始施行各种各样的运营模型，但是兰德尔仍不知道烹饪网是否已经拥有了最佳商业战略组合。

该公司已经与杰西卡饼干公司（Jessica's Biscuits）合作，通过服务外包向顾客提供美食菜谱。杰西卡饼干公司是一个专注于美食菜谱的在线零售商。它的一些供应商直接向客户发送部分商品，从而为公司节省订单处理和仓储成本。烹饪网拥有 35000 种产品和 8000 种食谱，已经成为同类互联网零售商之中产品范围最广的公司，但是兰德尔知道公司仍需通过增强客户服务来进一步获利。尽管从理论上讲，互联网零售模式使虚拟商店拥有无限的货架空间，但是在实际运营过程中仍然需要进行库存管理，这就需要一定的运营成本。

16.1   公司的历史

烹饪网成立于 1998 年，该公司是由位于格兰岱尔市、加利福尼亚州和创意工作室（Idealab）（纽约的一个高新技术创业服务中心）的迪斯尼专卖店的同事合作创立的。在看过了几个成功的电子商务案例后，创意工作室开始侧重于投资一些垂直的电子商务企业。由于对互联网零售业务的前景非常有信心，所以公司的创始人和创意工作室选定了制作烹调厨具产品这一想法。该零售产品类型可提供巨大的利润，并具有合理的订货量，最重要的是只有少数几个竞争对手。一般消费者日常生活中与该产品种类有着非常紧密的联系，久而久之，便能降低营销成本。

创始者们为公司确立了四个目标来指导其经营策略：

（1）提供分类完整、品种齐全的产品，包括每一个顶级品牌；

---

① 经作者许可，本章引用"烹饪网"案例（案例号码 UVA - OM - 1321），作者是蒂莫尔·M. 拉斯特和埃利奥特·拉比诺维奇，出版于乔治尼亚大学达顿商学院。

（2）提供非常直观且简单的购物体验；

（3）创建可信赖且低成本的发货方式；

（4）提供快速高效的客户服务。

该公司的发展相当迅速，并积极寻求由互联网蓬勃发展所带来的机会，在1999—2000年筹集了几百万美元的资金。随着2001年互联网炒作开始消退，烹饪网像大多数互联网零售商一样将注意力从收入增长转移到了利润上。与其他许多在互联网泡沫破灭后就失败垮台的竞争者不同，烹饪网成功地对其业务进行了重整，并消除了进一步资金注入的需要，从而得以幸免于难。然而在2004年，公司虽然实现了微弱的赢利，但是销售增长量却停滞不前。幸运的是，由于建立了稳定的基础，在2005年管理团队重新将公司的重点放在规模发展并且进一步为2006年销售量增长策划了方案（见表16-1中的关键财务指标）。

表16-1　　　　　　　　　　　　烹饪网关键财务指标　　　　　　　　　　　单位：美元

项　　目	2004年财务	2005年财务	2006年财务（预计）
平均订单量	86	80	85
年订单数	372100	462500	529400
收入	32000000	36000000	45000000
毛利率	37%	36%	40%

到2005年年底，烹饪网巩固了其作为互联网厨具零售商的领先地位。4000万美元的销售额使烹饪网在2006年互联网零售业500强排名指南中名列第176位。烹饪网的规模虽然远小于它的大部分在线和传统零售业的竞争对手，但是它清楚地将业务核心定位为厨具，这使得它在这个支离破碎的行业中有了举足轻重的地位。

16.2　厨具行业概况

烹饪网共提供8种产品：餐桌和酒吧酒具、小型电器、炊具、烹饪工具、贮藏库、烤盘、食谱以及刀叉餐具，这在美国构成了一个价值154亿美元的市场。截至2005年，互联网销售额约占这些产品总销售额的5%。如表16-2中所示，烹饪网在网络销售中占了很大比重，但是其市场份额却是多变的。

表 16-2　　　　　　　　　　烹饪网市场规模和份额（2005）

产品目录	美国零售市场（十亿美元）	美国网络市场（百万美元）	烹饪网销售额（百万美元）	烹饪网市场份额（%）
桌子及酒具	4.2	210	9.5	4.5
小家电	4.2	210	6.3	3.0
炊具	3.2	160	4.5	2.8
烹饪工具	1.5	75	1.5	2.0
仓储	0.8	40	3.1	7.8
烤盘	0.6	30	1.4	4.7
食谱	0.5	25	0.4	1.6
刀具	0.4	20	5.0	25.0
小计	15.4	770	31.7	4.1
其他目录[a]			3.8	
总计			35.5	

资料来源：互联网零售商；家天下家居用品；烹饪网评估。

注：a 指特产食品，大家电，户外设备和厨房家具。

　　历史上，梅西（Macy's）、里奇（Rich's）和赫克特（Hecht）这些百货商店在厨具零售市场占据了统治地位。随着时间的推移，面对来自诸如沃尔玛超市和塔吉特百货（Target）这类大卖场带来的竞争压力，百货商店销售渠道逐渐衰落。专业零售商，例如价值 35 亿美元的威廉姆斯-索诺玛公司（Williams-Sonoma），在这个市场中扮演了重要的角色；威廉姆斯-索诺玛公司 43% 的销售额是通过书页销售和网络操作直接面向消费者的。在线业务上，亚马逊网站也占据着举足轻重的地位，其厨房和家用器皿等产品已经跻身于亚马逊网 34 个较大的产品类别之中。如表 16-3 中所示，相比于其他零售商，烹饪网在烹饪产品的线上销售达到了行业较高水平，但是在具有更广泛生产线的大型零售商和传统零售商面前，烹饪网则变得相形见绌。

表 16-3　　　　　　　竞争对手利润及烹饪产品市场份额（2005）

烹饪产品网络零售商	美国烹饪网络销售额（百万美元）	美国零售总额（百万美元）	网络销售总额（百万美元）	网络零售商销售额排行	月访问量（千次）	客户转化率（%）	平均额（美元）
索诺玛公司	200	3539	766.3	19	5500	10.5	110
亚马逊	90	8490	8490.0	1	120236	3.2	184

续　表

烹饪产品网络零售商	美国烹饪网络销售额（百万美元）	美国零售总额（百万美元）	网络销售总额（百万美元）	网络零售商销售额排行	月访问量（千次）	客户转化率（％）	平均额（美元）
Sears Holding	70	49124	2160.0	7	36000	5.0	100
Target	60	52620	896.0	16	41509	2.0	90
Crate&. Barrel	50	929	173.1	59	3679	5.6	70
烹饪网	**40**	**40**	**40.0**	**176**	**1500**	**3.0**	**86**
沃尔玛	40	312400	1050.0	12	41667	2.8	75
JCPenney	30	18781	1039.3	13	20057	2.9	150
QVC	20	6501	1017.0	14	20243	6.9	70
Costco	20	51900	534.0	27	8500	1.3	400
Federated	10	22390	450.0	29	13733	2.2	125
小计	630	526714	16.616.3				
其他	430		92758.7				
总计	1060		109375.0				

资料来源：网络零售商评估；家天下家居用品调查；烹饪网评估。

　　厨具制造商，也被称为"准备食物的产品"（Food-preparation Product），包括诸如价值 1330 亿美元的韩国三星电子（Samsung）和价值 810 亿美元的日本松下电器（Matsushita）等全球巨头企业，都算是微波炉的主要制造商。美国地区的大公司包括价值 140 亿美元的惠而浦公司（Whirlpool Corporation）和价值 60 亿美元的纽威尔集团（Newell Rubbermaid）。惠而浦公司销售美国厨宝品牌（KitchenAid）下各种各样的小型电器和厨房用具；纽威尔集团（Newell Rubbermaid）25％的销售额来源于厨房清洁和整理产品。国内一些规模较小的公司，比如价值 6.09 亿的康宁餐具公司（World Kitchen）、里维尔（Revere）、康宁（Corelle）、芝加哥餐具（Chicago Cutlery）、埃里克·科克汉姆·柯尔（EKCO）等公司旗下的烹饪和烘焙用具产品制造商现正朝另一个经营方向发展。它们将重点放在美国市场，并提供各种各样的非家电产品。其他的美国公司，例如 2005 年销售额为 4.44 亿美元的星光公司（美国家庭公司的子公司）和咸美顿/普罗克特-西勒特斯公司（Hamilton Beach/Proctor-Silex）（是价值 32 亿美元的美国纳科公司的子公司），他们都专注于搅拌机和烤箱之类的小型家电市场。因为没有一家公司专注生产该行业所有细分门类的产品，这就导致了该类产品销售相对分散的情况，如图 16-1 所示。不管公司的总部位于何处或专注于生产何种细分产品，大多数炊具制造公司均在亚洲进行生产制造或采购相当大比例的货物。

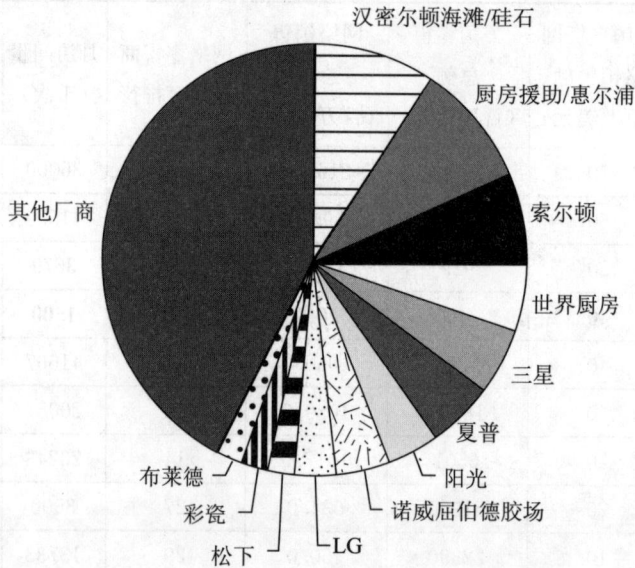

图 16-1 食品加工供应商份额

资料来源：食品加工产品，2002 年里尔德市场营销集团。

16.3 成本与服务驱动

烹饪网提供的 35000 种产品中，有超过 5000 种产品存储在其加利福尼亚州安大略市的订单运营中心。如表 16-4 所示，7 个领域的产品平均价格和毛利润大相径庭。小型家电产品的平均价格第二，每件产品为 78 美元，但是其毛利润最低，为 34%。烹饪工具和储存库的价格要低得多，分别为 18 美元和 23 美元，但是却产生了较高的毛利润，分别为 50% 和 49%。

表 16－4　**烹饪网按产品分类测量内部股票持有量（SKUs）**

产品类型	2005年年销售额（美元）	每件平均价格（美元）	毛利率（%）	内部股票持有量人账	库存周转率（每年）	均重（磅）	入境船舶成本	平均尺寸（立方英尺）	特殊内部股票持有量	回报率（%）
桌子及酒具	8631000	32	44	1979	6.3	6.9	224000	0.42	60	3.2
小家电	5928000	78	34	882	6.1	8.4	176000	0.86	26	4.2
炊具	4252000	80	42	815	7.5	6.6	97100	0.61	12	3.1
烹饪工具	1168000	18	50	330	5.1	1.3	17200	0.10	2	1.7
储藏用品	2419000	23	49	296	7.8	3.7	44100	0.35	19	3.0
烤盘	1488000	19	46	474	5.6	2.6	26000	0.16	13	1.8
刀具	3921000	56	43	406	8.3	2.5	39700	0.12	0	2.5
总计	27807000	44	42	5182	6.5	4.7	625000	0.40	19	1.2

资料来源：烹饪网数据分析。

然而，价格和毛利润并不能说明销售的整体情况。尽管公司运营中心产生了 2780 万美元的销售额，毛利润却为 42%，因为设施运营成本花费大约为 280 万美元，剩余的运营利润率大约为 32%。烹饪网同样也提供了多种送货方式，送货费根据订单价值的大小收取，但是通常会超过支付给承运人的费用，因为这有助于抵消设备成本并且可以为免运费服务提供资金支持。

兰德尔（Randall）意识到持续的赢利增长必须是在对运营成本驱动因素有更深的理解并充分了解所提供产品的真实赢利能力后才可能实现。为了解决这个问题，她成立了一个专责小组，由财务副总裁劳拉·雪弗（Laura Shaff）牵头，并得到了首席营运官布莱恩·海德伦（Bryan Handlen）的支持。该小组与外部专家联手，确定了 6 大营运成本类型并且对每个类型的驱动因素都有了更深的理解。

16.4　入境船舶运输

根据将近 300 万英镑的产品收据来看，安大略省工厂每年的入境船舶运输成本达到了 625000 美元。所有供应商都从工场——制造商，或者更典型的从位于美国境内的配送中心运货。大多数亚洲生产的产品都来自于靠近美国西海岸的配送中心，其他运输货物来自美国中西部和东海岸。烹饪网最大的供应商之一卡福莱（Calphalon）是一个炊事用具制造商，其体积庞大的货物整车装运的成本为 9.8 美分/英镑，像微波炉等高单位体积产品无法整车装运时，成本价格范围为从西海岸的 24 美分/英镑到中西部的 38 美分/英镑，再到东海岸的 43 美分/英镑。其余的供应商，那些销售诸如烹饪用具或其他较低单位的小件物品时，供应商则通过邮包来运送货物。这些货物运送价格从西海岸的 29 美分/英镑到中西部的 47 美分/英镑，再到东海岸的 56 美分/英镑，各不相同。有一些供应商，如小型家电制造商美国厨宝（KitchenAid）和厨房用具与烘培用具供应商乐克勒塞（Le Creuset）提前预付给烹饪网运送费用，而运费成本则隐藏在他们的产品定价中。表 16-4 中按产品类别提供了总入境运输成本明细。

16.5　接收和储存

产品接收后被储存在工厂的各个不同的存储地点。大型货物，如小型电器和大型炊具套装等产品数量居多。它们都被高架起货机运到工厂主过道中的高货架上进行储存。一些为数不多的昂贵物品，例如餐具，则被放在大楼中访问受限区域的货架上，以便将"损耗系数"（Shrinkage）降到最低。"损耗系数"是指某一分销机构的预期库存量和实际库存量不一样，这种差别是由错误的存储方式、产品损坏以及盗窃造成的。一些较小的物品则放入手提箱里面，方便日后拿取。图 16-2 中提供了这三种基本货架系统类型的图像。接收和存储运营部以平均 1 年（满勤）475000 美元的成本雇用了 21

名全职员工（包括支领薪水的管理人员）。

（a）

（b）

（c）

图 16-2　烹饪网库存

资料来源：烹饪网。

16.6　库存维护的成本

如表 16-4 中所示，库存周转率在不同产品类别之间也都存在显著的差异。烹饪工具的库存一年只周转 5 次，而餐具每年需要周转 8 次以上。当然，存货价值并不是周转唯一的考虑因素。一美元低单位成本的大件库存货物（例如：农畜产品）比诸如餐具之类的高价商品占用更多的空间。餐具的平均价格比大件物品的平均价格高出近四倍，但是它所占的容积却不足大件储存物品的 1/2。

烹饪网通常每 8 周周转一次库存。基于订单运营中心的产品实现了 2780 万的年度销售额和 42％的平均毛利润，它一年内将平均持有约 260 万的库存。公司可以以最优利率获得银行贷款，但是相对于它从私人风险投资者那里获得的资金而言，其整体资本成本明显偏高。这些风险投资者往往希望每年能获得超过 30％的回报。

烹饪网通过不断地循环计数来确保库存量的准确性，而这些统计工作是在一个全职受薪员工的指导之下，由一些小时工完成的。有记载表明，有 8 个全职工人专门负责库存问题，他们全负载的劳动成本为每年 235000 美元。库存同时也产生了税收成本，且库存商品变坏的损失等于年库存价值的 2％。固定设备成本，包括租金、折旧和公用事业等，每年花费 425000 美元；每个库存中心 75％的建筑空间是用于库存存储，10％用于接收货物，15％用于包装与装运。

16.7 分拣、包装和发货

烹饪网雇用了 24 个全职员工，包括 1 名全职主管。其每年在"分拣、包装和发货"这一环节花费的成本为 650400 美元，并且每年消耗 331800 美元的瓦楞纸箱和包装用品。尽管许多货物被运送进来的时候就被装在箱里，但是烹饪网对装运箱里的货物均以自己的品牌名义进行了重新包装。因为在大多数情况下，包装充当了产品的视觉展示平台，典型的炊具产品会在包装盒上配上包装盒里产品的图片。这样，如果顾客购买的是一个礼物的话，重新包装便不会破坏礼物的惊喜。此外，重新包装增强了收货人对该品牌的认知度。但遗憾的是，很多产品需要进行特殊处理。玻璃器皿需要额外的包装用品，并且某些产品需要被"单独出货"，因为如果该类产品与其他产品被放置在同一个盒子里往往会损坏其他产品。订单运营管理中心估计这种"特殊处理"会增加 5％的劳动力成本，同时增加 30％的包装材料成本。

16.8 出站送货

正如前面所提到的，烹饪网会基于订单的价值对每个客户收取不同的运输费用。49 美元以下的订单统一收取 7.99 美元的标准运费和手续费，而 49 美元以上 99 美元以下的订单会收取 9.99 美元的标准运费和手续费。99 美元以上 150 美元以下的商品需要收取 10.99 美元的标准运费和手续费，那些价格在 150 美元和 250 美元之间的商品则收取 12.99 美元的运费。250 美元以上的订单会收取 14.99 元的运费。全部运输收入总额为每年 230 万美元，或者为销售额的 8.1％。然而，包裹的重量和运输的距离增加了实际运输成本，平均每磅大约会花费 76 美分。

16.9 收益

虽然总体的收益回报率平均不到 2％，但是烹饪网发现回报率会随着产品类别的不同而发生变化，正如表 16－4 中所示。在大多数情况下，客户支付退货费用以信誉作为产品成本，但是其中有 1/3 的退货情况是烹饪网信任客户会购买产品，并为其支付了原始运输费用和退货成本，这导致公司一年要增加大约 27600 美元的运输成本。一般情况下，被退回运营中心的商品会被重新储存起来或者全额抵免返还给供货商，但是在大约 1/3 的情况下，烹饪网不得不丢弃该产品，或者将它卖给员工。这种情况平均占了公司 15% 的产品成本，并且冲销了 85% 的原始产品成本，为公司抵销了大约 48000 美元的利润。这相当于可以雇用一个全职员工在闲暇的时间来处理退货，且一个全负荷劳动力成本仅为每年 28800 美元。

16.10　结论

当兰德尔（Randall）想到她即将召开的董事会时，她想知道目前为止她对服务成本驱动因素的理解是否能明确进一步投资的产品类别。一方面，随着订运中心的满负荷运转，兰德尔知道只有在其他商品减少的时候才能够使用额外的库存单位。另一方面，许多制造商都表示愿意直接将产品提供给最终消费者，以获得 60 美分到 15 美元不等的利润，再加上实际支付他们的运输费用。或许管理团队是时候和劳拉（Laura Shaff）进行核对了，看看最终能达成什么样的结论。

17 接力食品网①（RelayFoods. com）

接力食品网的创始人兼首席执行官扎克·巴克纳（Zach Buckner）向他的主要投资者简短地道谢之后挂了电话。尽管他和总裁兼首席运营官阿尼卡茨（Arnie Katz）在最近的几周用完了所有现金，但是他们已经成功地完成了新一轮股权融资，预计该笔资金能够帮助公司运营到次年年底。巴克纳（Buckner）的创新之道攻克了互联网杂货零售业"最后一公里"的挑战。不到 2 年，弗吉尼亚州的夏洛茨维尔试点年度生产收入率已经超过了 100 万美元。更关键的是，有预测表明，公司在明年年底之前都能保持良好的现金流。试点在实施 3 个月后扩张到了弗吉尼亚州的里士满，且销售量的增长每月都超过了三位数，但是现金却仍然严重消耗。然而，当市场扩大到以前的 7 倍，里士满的销量应该会很快超越夏洛茨维尔。

接力食品网的商业模式是建立在当地零售商、农民及雇主之间伙伴关系的基础上，并且将库存和配送设施成本减到最低。然而，重大电子商务活动需要根据复杂性进行协调。公司目前有超过 25 个转运中心，与 90 多个供应商合作伙伴合作建立了超过 15000 个库存单位。其中星型模型虽然起到了作用，但是管理团队仍然认为不理想。到目前为止，该公司采用了一种低成本的实验理念来勘探基地地址是否已经被前人证实为不合适的。现在看来，公司是时候需要在经营方针上下一些更大的赌注了。

17.1 接力食品网的历史

扎克·巴克纳（Zach Buckner）2002 年从弗吉尼亚大学（University of Virginia）电气工程专业毕业，之后开始了他在咨询研究所的职业生涯，并在最近一段时间里担任公司技术副总裁的职位。创业精神使得巴克纳在高中时期就成立了几家小企业，并且在其就读于弗吉尼亚大学（University of Virginia）时期创立了文档销售管理。

作为一名咨询顾问和家庭中的顶梁柱，巴克纳学会了充分利用他的闲暇时间。每当他在沃尔玛、克罗格（Kroger）或其他商店购物时，他都会仔细考虑很多不便之处，如找停车位，在过道中寻找商品，站在结账的队伍中以及将他购买的商品开车带回家。

---

① 经过许可，本章引用案例"接力食品网"（案例号码 UVA - OM - 1431），由由蒂莫尔·M. 拉斯特和埃利奥特·拉比诺维奇整理，原作者为以利·约夫，法比奥·科斯塔，帕克·加勒特和安苏尔·夏尔马，出版于乔治尼亚大学达顿商学院。

他知道需要有一种更有效率的方法去做这些事情。

为了满足他的创业欲望，巴克纳开始研究"最后一英里"并且发现包括电子货车公司、网路杂货店（NetGrocer）及新鲜直达在内的很多最初的互联网企业，已经探索出了更为便捷的送货方案。虽然前两个企业失败了，但新鲜直达仍然活跃在纽约市，这个城市的人口密度与供应商直接采购的方法对公司的经营非常有帮助。

尽管行业内有失败的先例，但巴克纳仍然坚信一个可持续发展的经济模式可以在美国的一些特定城市展开实施。通过与顾问交谈并且分析失败原因后，巴克纳意识到上门配送系统固有的低效率是失败的主要原因之一。

巴克纳认为，需要设计一个无须顾客开车到店但也避免送货上门的方法。与其送货到"最后一公里"，他更希望消费者能和他在半路某个地点碰面，这样比送货到顾客家中更加方便。经过一年多的考虑并制订商业计划书后，他获得了第一轮融资并且成立了零售接力公司，这个公司后来发展成为接力食品网。

几个有工程和IT背景的实习生帮巴克纳设计了一个互联网网站，并且在2008年年底推出了服务。在公测阶段，巴克纳的家人和朋友们成了第一批客户。虽然他在2009年年初几乎放弃了该业务，但是一小笔至关重要的现金的注入帮公司度过了寒冬期。公司招聘了一些新的人才，包括现任总裁兼首席运营官阿尼卡茨，在2009年的夏天他的业绩以每月两位数的速度急速增长，并且在该商业模式中为巴克纳重拾信心。几个经验丰富的天使投资者的投资进一步建立了巴克纳的信心，促使他重新设计网站界面，将业务更名为接力食品网，并且将这一概念扩展到了里士满。

17.2　美国的杂货店与超市

美国在全国范围内共拥有7000多家杂货店，这些零售杂货店收入接近每年5000亿美元[1]。其中50家最大的杂货连锁店，如克罗格（Kroger）、西夫韦（Saveway）、超价商店（Supervalue），占行业收入的70%左右。典型的混合销售杂货铺内的产品包括50%的易腐食品，30%不易腐烂的食物和20%的非食用性产品。非食品产品包括保健及美容产品、清洁用品和药物治疗产品。

两个因素促进了购买需求并且造成了竞争格局：人口的不断增长和不停变化的购物形式。美国以每年1%的人口增长限制了整体行业的增长。传统杂货店面临着来自其他零售行业的竞争；批发俱乐部、便利店、药店、一元店和餐馆都试图抢占消费者对于食品和家庭用品的消费额。尽管在1998年90%的杂货是通过传统杂货店购买，但是到2010年为止，其市场份额已经下降到了50%以下。

众所周知，杂货店利润微薄，它的赢利能力取决于高销售量和高效经营。大公司

---

① 引自IBIS世界工业报告：美国超级市场和杂货店行业报告。

的优势在于他们有能力提供广泛的产品选择，并且通过规模经济进行集中采购、配送、营销和融资。小的公司可以通过销售利基产品和大的零售商铺中缺货的产品来进行竞争，并且可以在充分了解当地客户需求的基础上为客户提供更贴心的服务。

17.3　替代性的在线杂货零售模式

鉴于零售行业的庞大规模，在 20 世纪 90 年代末的互联网时代的全盛时期，各种各样的公司都瞄准了这一市场。不幸的是，大部分公司都没有形成一个可以替代传统零售的赢利模式。

17.4　电子货车公司

电子货车公司由路易斯·鲍德斯（Louis Borders）在 1996 年网络公司泡沫时期建立，最初是由基准资本（Benchmark Capital）资助的。电子货车公司发生了令人震惊的互联网泡沫过度炒作案例。鲍德斯（Borders），一个成功的企业家以及鲍德斯集团（Borders Group）庞大库存系统创造者认为除非拥有一个更快、更便宜并且更加高效率的配送方式，否则网上零售商绝不可能将书籍推广到普通消费者的家庭中[①]。他认为电子货车公司可以在顾客通过开车到店里获得即时购物的满足感与互联网购物的便利性之间架起桥梁[②]。电子货车公司在公司开幕当天筹集到超过 8 亿美元的资金，并且其首次公开募股（IPO）的估值价达到了 79 亿美元，这相当于业内先头公司克罗格（Kroger）公司的一半资产，尽管它当时的销售量不到普通杂货店的一半。虽然有该估值以及大量的现金注入，电子货车公司在 2001 年仍然宣布破产，只留下一些配货资产。尽管失败了，但是该公司还是提供了一个极好的杂货店送货经济的案例。

电子货车公司的商业模式以"最后一公里"电子商务为核心。公司在低零售房产成本的地区建立了一个 33600 平方英尺的大型配送中心，相当于 20 个杂货店面积。高度自动化的配送中心包含了超过 5 公里长的传送带和 40 多个特别设计的旋转货架来减少分拣的距离。每一个配送中心的成本大约为 3500 万美元，并且要求不少于 500 人在满负荷的情况下进行订单处理[③]。

客户通过公司的网站下单后，订单会以电子信息方式传输到相关的配送中心。先进的软件处理系统会根据产品重量、可破碎性、大小等特定参数来建立装运订单的最优方案。员工在各旋转货架后分拣货物的同时使用"挑光系统"（Pick to Light）来评

---

① 琳达·希姆尔斯坦，*Can You Sell Groceries Like Books?*《商务周刊》，1999 年 8 月 26 日。
② 安德烈·麦卡菲和莫娜·阿什娅，"Webvan"，哈佛商学院，2003 年 3 月 13 日。
③ 同上。

估每个货物适于携带的重量。在其他部分，订单分拣人员通过简单的技术从流通货架上分拣出诸如汽水之类的大体积货物。传送带传送着已经装好的包裹，包括冷冻区和厨房的产品，并将货物传送到每个中转站，在分配后装车运往航运码头等地方①。

一个半径为 50 英里的大型配送中心可以补给 10～12 个小的交叉型货仓，在该范围内，司机将订单分配到 60 个小货车里，这些小货车设置有多个温度区，可以将干燥的、易腐的、冷冻的货物直接运送到客户的家里面②。

为了最大限度地减少顾客的等待时间，电子货车公司在上午 7 点到晚上 10 点之间设置了 30 分钟的指定窗口③。司机使用无线设备检查订单并打印收据，可以给客户提供及时的信贷账户信息或帮助他们解决其他的问题。

电子货车公司声称：他们专业自动化的配送中心让他们往返超市的平均总次数从传统超市的 14 次减少到 8 次④。相比于一个普通超市每年周转库存 12 次，电子货车公司计划每年周转库存 24 次。每个工人的分拣率每小时超过 400 件，远远大于一个人在杂货店里的购物速度。在这个高度之上，电子货车公司在美国的 10 个城市中都建有运营设施：亚特南大、芝加哥、达拉斯、丹佛、纽瓦克、费城、萨克拉门托、旧金山、西雅图以及华盛顿。

电子货车公司每个配送中心都可储存 50000 件货物并且每天可以处理 8000 个订单⑤。由于在配送中心的技术上进行了大力投资，电子货车公司配送中心一天需要处理 4000 个平均 103 美元的订单才能实现收支平衡⑥。电子货车公司预计 8000 个订单可以给他们带来 10%～20% 的营业利率，相对于传统超市 2%～3% 的经营利润率而言，这将是一个相当了不起的数字⑦。遗憾的是，公司从未在任何一个市场节点上达到过销售量的盈亏平衡，相反，其配送中心的所有订单几乎都损失 160 美元。

17.5　新鲜直达

新鲜直达由食品行业经验丰富的老将乔·费德勒（Joe Fedele）和一个以食品行业为重点的银行投资家贾森·阿克曼（Jason Ackerman）在 1999 年建立⑧，并且于 2002 年 9 月（约为电子货车公司申请破产一年多后）在纽约市大都会区挂牌运营。通过为曼哈顿大部分地区和布鲁克林区、皇后区、布朗克斯区、斯塔滕岛、拿骚县、威彻斯

① 安德烈·麦卡菲和莫娜·阿什娅，"Webvan"，哈佛商学院，2003 年 3 月 13 日。
② 同上。
③ 拉斯特、休斯顿、郑、拜恩、特纳、德闻达恩. *The Last Mile to Nowhere：Flaws and Fallaciesn in Internet Home-Delivery Schemes*，《策略务》，2000 年 7 月 1 日。
④ 电子货车集团，美国证券交易委员会提交的招股说明书，1999 年 11 月 5 日。
⑤ 同上。
⑥ 简·墨菲，*Webvan：Rewriting the Rules on 'Last-Mile' Delivery*，全球物流和供应链策略，2000 年 8 月。
⑦ 亨瑞·布洛杰特，维伯万报告，美林公司，2001 年 1 月 26 日。
⑧ 行动与成就，2003 年 7 月，P34。

特县、霍博肯和泽西市的部分地区提供翌日运送服务，新鲜直达没有重蹈电子货车公司的覆辙，因为高交付密度的市场通过垂直整合适于运送利润率更高的新鲜产品。

新鲜直达每天使用 SAP 软件来处理提交到他们网站的成千上万的杂货和餐点订单。公司的产品直接购买于农场、渔场及乳制品厂，并且只要顾客在午夜前提交了订单，他（她）就可以于第二天晚上在提货处获得他们购买的那些新鲜食品。订单被分派到厨房、面包店、熟食店、新鲜品储藏室、生产催熟室及公司内有冷藏设施的生产领域。所有新鲜的商品都会被定量切割、打包、称重和定价。干货和冷冻食品会从存储区里被挑选出来，然后沿着传送带运输到分拣区进行扫描并且被集中放置在瓦楞纸板箱里。纸箱上会贴上标签，做上记录，然后装入冷藏运输卡车①。参见图 17-1 来自新鲜直达网站摄影之旅的照片。

图 17-1 维伯万屏幕，挑光系统，交叉货架

资料来源：电子货车网站，IE 浏览器，2000 年 9 月。

新鲜直达在 2009 年每周获得 230000 个订单，产生了大约 240 亿美元的销售额。这家私营公司并未披露其财务状况，但是宣称在开张 16 个月后已经转亏为盈。新鲜直达把它的成功归因于可以为客户提供较便宜的食品和更为灵活的交付方式。在经营了近

---

① 珍妮佛·海萨尼，电脑杂志，2004 年 5 月 8 日，第 76 页。

10 年后，该公司确实影响了纽约的杂货市场：和新鲜直达刚开业时相比，2008 年纽约市的超市数量减少了 1/3[①]。

新鲜直达在与曼哈顿隔河相望的地方开设了一个相当于 5 个足球场大小的完全冷冻处理设施。由于配备了多个无线接入点以保持大量的技术设备和手持式扫描器可以处于持续不断的沟通状态，新鲜直达可使用由德国高科技巨头公司定制的 SAP 库存控制和订单处理工具[②]。多亏了优越的地理位置和实时的订单处理，新鲜直达可以保持异常快速的海鲜库存周转率，一般杂货店平均需要 7~9 天周转一次海鲜库存，而新鲜直达可以每天周转库存[③]（见图 17-2）。

图 17-2 新鲜直达垂直整合处理设施

资料来源：来自新鲜直达网站。

当客户下单时，库存系统将实时跟踪产品库存量，如果可供货量太低，系统将显示该项目不可用。公司同时向顾客展示装产品的箱子以及填写一份订单要包括多少内

---

① 2008 年舒尔曼 R. *Groceries Grow Elisive for Many in New York City*，华盛顿邮报，2008 年 2 月 18 日。
② 2009 年 SAP 客户的成功故事——生鲜直达，SAP 网站。
③ 同上。

容。订单中所有的货物都将被放置在不同的包装箱里，并由一名工人在分拣中心重新进行分拣和包装，最后将货物装入可控温度的卡车上。为了完成这个物流过程，公司聘请了大约1400名分拣工人和600个送货司机。

新鲜直达从供应商那里直接购买货物，并按天支付费用，以避免传统零售中常见的"上架费"（Slotting Fees）（为供应商提供货架空间所支付的费用），所有这些有利的条件都能帮助新鲜直达与供应商进行谈判。这些优势再加上公司所提供的低价的新鲜货物可以削弱多达35％的竞争者[①]。新鲜直达可以在20％的经营利润率范围内做到这些，远远超过了传统零售商所赚取的2％的微薄利润。有趣的是，新鲜直达商业模式独有的一项高成本支出是停车罚单费用：加起来每年约600000美元[②]。

17.6 接力食品网

接力食品网吸取以前的"最后一英里"的失败教训，开发了一个独特的商业模式。像新鲜直达一样，接力食品网将重点放在利润更高的易腐物品上。该公司货物来源于当地的小农场和小零售商，从而避免了之前大量的资金投入，并且通过客户自提货物避免了"最后一英里"的高成本，见图17-3。

在接力食品网的最初试点夏洛茨维尔，客户在午夜之前提交的订单会被发送到一个网络供应合作伙伴那里，包括17家当地的农场、14家预制食品供应商、5家当地农产品供应商、4个当地的肉贩与鱼贩、4家专业杂货店以及2家固定的杂货店。在某些情况下，供应商所提供的货物是由顾客在早上进行挑选的。在完成收集环节以后，司机返回订单处理中心并和其他员工为客户所购买的食品进行分类，最后分别放进干燥、易腐或冷冻的购物包中。一般情况下，农民直接把货物交付到订单处理中心，而在其他情况下，接力网在经营场所附近建立存货中心以降低交付频率。目前，接力网通过司机和兼职分拣工人，在订单处理中心的窗口，每人每小时分拣约为500美元的产品。

在将食品重新分配到带有顺序标记的箱子后，司机将开车前往整个城市中十几个不同的送取货物地点之一。一般司机运送时间为下午3点到下午7点；有些客户是自己走到取货点附近领取货物，有些客户则是从他们工作或是从健身房回家的路上顺便领取货物，其他的客户只是沿着自己通常回家的路线就能收到货物。

---

① 策略与技术，www. gallaugher. com/Strategy%20&.%20Technology.pdf，2008年9月。

② 基线，*Is Online Grocer Fresh Direct about to Succeed Where Webvan Failed Miserably* 2004年2月，拉里·迪格南，第60页。

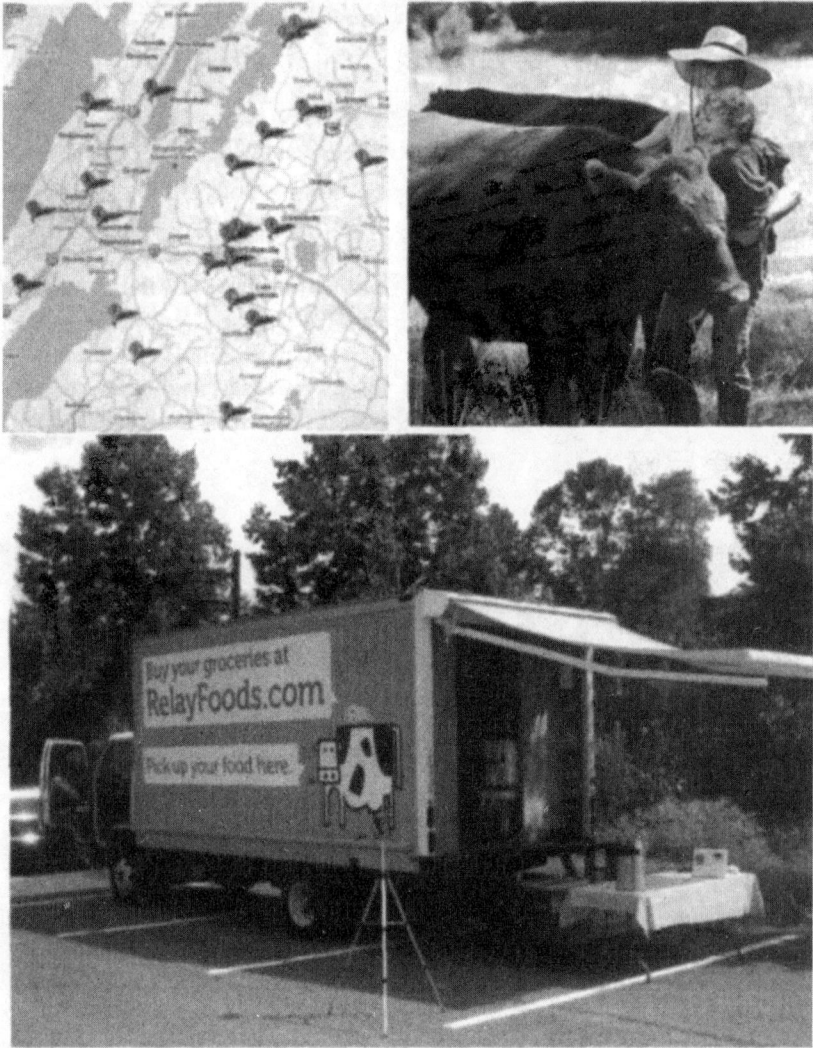

图 17-3 接力食品网农场位置坐标及取货点示意

资料来源：接力食品网站。

接力网不像它的竞争对手一样，它不是直接从制造商那里进货，而且也不设定价格。自动交易所的供应商和接力网一起通过预先商定的保证金比例（一般为零售商获得的毛利润的 1/3）来确定产品的结构和价格。因此，商品价格等同于支持接力网的个别零售商。截至 2010 年夏季，夏洛茨维尔（Charlottesville）的接力网站共建立了约 15000 个库存单元，其中绝大多数是与供应商伙伴们达成合作的，他们每月从顾客信用卡中收取费用来支付供应商，从而使接力网拥有一个正资产现金流。

17.7 接力网站的经营战略

接力经营战略在弗吉尼亚州夏洛茨维尔的最初试验点实施成功后，到 2010 年秋季，公司每月收入都在以两位数的复合增长率增长，并且连续 21 个月销售额超过 100 万美元。该公司刚刚在弗吉尼亚州的里士满启动了第二个试点，比之前的市场大了 7 倍。巴克纳（Buckner）对此感到十分有信心，因为基本接力模型为解决"最后一英里"的挑战提供了一个更优越的方法（见下表）。

"最后一英里"的成本比较结构

	电子货车	新鲜直达	接力食品网
延误赔偿金	3.00 美元	5.00 美元	N/A
每天每车交付订单数	最多 20	最多 40	最多 70
每车人数	1	2	1
每车行驶公里	100 英里	40 英里	50 英里
平均订单量	103 美元	100 美元	80 美元
毛利率	20%	30%	15%
平均运输费	无	6.00 美元	无

资料来源：笔者是通过多种渠道来进行评估的。

公司还建立了与健康食品超市（Whole Foods Market）和超价商店（Super Valu）两家大型公司的战略合作伙伴关系，以便为客户提供更多的服务。全食超市提供了 365 个自有品牌商品，使接力网在为顾客提供性价比高的商品时还能收获更高的毛利润。不易腐败的商品，例如谷物、果汁和罐头汤，由夏洛茨维尔和里士满当地的超市零售商供应，一旦公司的这种混合经营模式达到足够大规模，母公司将提供可以直接到达处理中心的大规模散装货物运输。将产品直接交付给处理中心可以明显提高毛利率，但这需要更多库存方面的投资和更高的处理成本。

公司还尝试在夏洛茨维尔的市场街区提供 8 美元送货上门服务，如果按周大量订购这种服务，价格将降至 5 美元。虽然不是原始战略的一部分，但是接力网还是将送货上门服务作为一个低成本实验。结果表明，提供送货上门服务使客户订购数量更频繁。有趣的是，尝试送货上门服务的客户订货率高，但他们最终还是更倾向于选择取送服务。而在里士满的公司不提供送货上门服务是因为它考虑了适当程度的向前和向后的垂直战略整合。

巴克纳希望继续进行这种小规模的实验，但也认识到是时候需要在本公司的运营策略中加入一些后台智能传输服务器。对接力网、电子货车公司和新鲜直达之间运营策略的比较将有助于投资者进行信息分析。

18 eBags：管理增长[①]

在 2004 年年初，乔恩·诺马克（Jon Nordmark）和他的管理团队（见图 18-1）坐下来审查最近万众期待的假期中的销售数额。到目前为止，eBags 的管理可谓是春风得意。相对来说，该公司算是毫发无损地度过了 2000 年到 2002 年间的高科技泡沫破灭，并且是为数不多的扭亏为盈的互联网零售商之一。在 12 月，他们被互联网零售商杂志评为前 50 名的网站之一。现在，摆在他们面前的财务报表显示出他们的公司可以夸口说拥有连续 7 个季度的正向现金流以及连续两个季度的赢利。

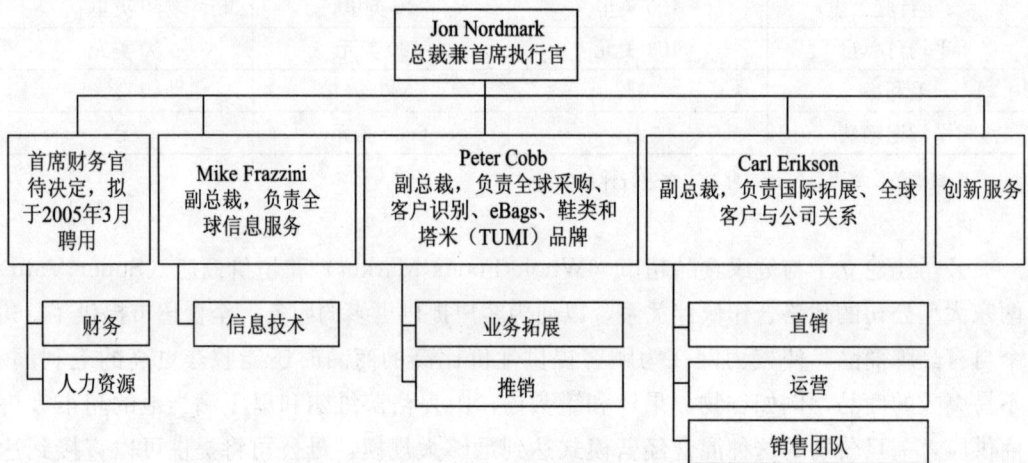

图 18-1 组织架构

虽然诺马克和他的团队对 eBags 目前的状况感觉相当乐观，但是他们意识到电子商务的发展非常迅速，并且他们在接下来的几个月内所作出的战略选择将对他们公司的未来发展起到决定性的作用。到目前为止，该管理团队将其精力主要放在市场营销和销售之上，但是他们发现进行业务扩展需要更全面的业务考察。

该团队得出的结论是 eBags 将不得不寻求额外的收入来源以维持其较高的增长水平。目前正在考虑两项业务扩展提议。一项涉及将目前的商业模式扩展到欧洲，而另

---

① 经许可，本章引用案例"eBags——管理增长"（案例号码 UVA-OM-1179），作者为蒂莫·拉斯特，埃利奥特·拉比诺维奇和马纽斯·拉格塔斯纳海姆，助手有托德·拉皮和肯·克拉克，出版于达顿商学院。

一项涉及为 eBags 的产品组合增添附加值。虽然两个选择看起来都很有前景，但是诺马克深知从操作的角度来看会有挑战，而且他要确保他自己已经完全地理解了每个选择的含义。

18.1　eBags 的发展历史

在 1998 年的春天，乔恩·诺马克说服了其他 4 个人——彼得（Peter）、埃利奥特·柯布（Eliot Cobb）、弗兰克·斯蒂德（Frank Steed）和安迪·杨斯（Andy Youngs），和他一起联手创建一个网上箱包和旅游用品商店。诺马克、彼得、埃利奥特·柯布、弗兰克·斯蒂德和安迪·杨斯他们选择的业务是提供各种各样的皮箱、袋子、背包和旅游用品，这并不令人感到意外，因为他们都是美国新秀丽（Samsonite USA）和美旅（American Tourister）箱包的高层管理人员。总之，他们将互联网看成充分展示和利用他们经验的平台，以及建立一个大型零售公司的机会。

这个举动对他们之中的每一个人来说都是十分冒险的。为了设立该公司，他们每人各出资 5 万美元并且同意免费工作，直到该公司能够从外部获得设立资金来源。当他们在努力寻找启动资金时，诺马克拿了他自己的信用卡透支现金，从他的家人那里借钱，并且用自己的房屋做了第二次抵押贷款以保持公司的运作。在 1998 年年末的某一时刻，诺马克和 eBags 完全破产了。

在 1999 年 1 月，标杆资本（Benchmark Capital）——一个领先的硅谷风险投资公司，加紧进入了融资板块。标杆资本的合作伙伴罗伯特·卡格尔（Robert Kagle）称赞诺马克是一个既具有远见卓识又十分务实的商人。首次投资完成后不久，其他风险投资家也嗅到了利益的味道并开始投资，他们的投资总额为 680 万美元。

1999 年 3 月，eBags 网站正式建立。更多的风险资本紧随其后，到 1999 年 11 月，eBags 已经收到了超过 3000 万以上的资金。由于有充足的资金，诺马克和他的管理团队专注于推动销售额的增长和提高产品品牌的知名度。截至第一年运营的年底，eBags 每月平均销售额的增长已达到 98%，并且其提供的品牌已经从 6 个扩大到了 56 个。2001 年是 eBags 的标志性转折年，因为它被目录时代（Catalog Age）评为了"年度网站"，并且在 12 月有了第一个赢利月。在接下来的几年里，该网站又获得了无数的营销和销售方面的奖励。

到 2004 年，eBags 成为了最大的网上箱包及其配件供应商，经营超过 200 个品牌和 8000 多种产品。eBags 已经卖出了超过 250 万个箱包，并且已经成为了一个持续赢利的公司，是为数不多的几个生存下来并且茁壮成长的公司之一。

18.2　箱包行业

像美国的大多数行业一样，由于第二次世界大战后国家进行了转型，所以箱包行业出现了显著增长和创新。诸如防撕裂尼龙、玻璃纤维、塑料、铝、皮革和仿真面料等被开发用于战时的材料现在已经在该行业中投入使用。制造商们设计的产品不仅非常耐用，而且重量轻，足以满足联邦航空旅行的需求。在 20 世纪 70 年代，随着带标签的箱包成为一种时尚，实用性渐渐屈从于时尚。同时，由于航空旅行变得更为高效，他们强调的是速度，并且制造商们开始生产能随身携带的箱包以使旅行者避免排队检查和去行李认领处。在 20 世纪 80 年代，箱包成为了一种身份的象征。消费者要求他们的箱包能展示他们的财富、地位与时尚品位。为此，制造商们生产了各种款式、颜色、尺寸及材质面料不同的箱包，这导致了该行业在广度范围上的激增及行业的分化。虽然时尚仍然是一个关键的决定性因素，但是在 20 世纪 90 年代和 21 世纪初，由于在新的全球经济中国际商旅的大爆炸，该行业又重新回归到注重实用性上面来。

国内箱包市场，一个在 2000 年市场值为 12.8 亿美元的市场，已经被一系列广泛的产品所分散。这些产品的主要区别是产品质量、产品用途及产品价格。箱包市场包括传统的旅游包、手提箱、公文包、背包、手袋、电脑包以及其他旅游用品。高端市场由高品质、功能全的名牌产品组成。这些物品上贴有高价格标签，并且被选择性地分发到专卖店和一些主要的零售商处。中间部分市场则充斥着大量的依靠功能、品牌名称和价格来进行区分的产品。在这部分市场中广泛存在着分销问题，将产品送到专卖店、大型零售商店和折扣商品店。低端市场则由自有品牌产品和杂牌产品组成。这些产品几乎没有与众不同的特点，而且以低廉的价格大量销售，这导致了零售商和制造商的低利润率。

由于市场的分散，只有为数不多的几个主要竞争者拥有重大的国内市场份额，即：新秀丽（Samsonite）、美旅（American Tourister）、杰斯伯（Jan Spot）和依斯帕克（Eastpark）。其余的部分市场被划分为较小的国内或地区品牌，服务于一个特定的市场。诸如乐斯菲斯（North Face）、凯特丝蓓（kate spade）、托特包（Totes）、逸客（Eagle Greek）和丽丝卡邦（Liz Claiborne）等品牌都仅仅只是市场上发现的许多为人熟知的品牌之中的少数几个而已。

生产管理是通过全球采购进行的，其重点关注的是在该流程中以最低成本生产出符合质量标准和规格的产品。例如，唯一真正的全球箱包生产商新秀丽在全世界开设了 11 个制造基地，其中两个开设在美国，3 个开设在西欧，其余的开设在东欧、墨西哥、印度和中国这些发展中国家。杰斯伯在其网站上列出了 20 多个合同制造商，其中

---

① "箱包"美国行业百科全书，在线版，2004。再版于商务和公司资源中心。法明顿·希尔斯，MI：Gale集团，2005。http：//galenet. galegroup. com/servlet/BCRC.

5 个在美国，4 个在中国，3 个在萨尔瓦多，2 个在墨西哥。其他地点包括越南、马达加斯加、印度尼西亚、新加坡、马来西亚、洪都拉斯、中国澳门和印尼雅加达。

箱包生产商的生产基地分散及产品广泛的质量和价格分类也导致了一个广泛而分散的零售市场。箱包和旅游用品可以从很多零售商处买到，包括百货商店、箱包专卖店和量贩店。在某些情况下，还可以从制造商自有门店里买到。市场营销方案侧重于增强产品独特品质的品牌广告。店内销售网点方案和促销活动也支持了这种营销策略。

正是箱包市场的分散性以及诺马克在新秀丽中的丰富经验，使得诺马克推出 eBags 作为一种创新性的业务解决方案。

18.3 eBags 的商业模式

诺马克和他的管理团队在箱包行业中的经验为取得成功奠定了坚实的基础，但是 eBags 的商业模式严重偏离了传统的模式。它试图减少行业的分散性，同时通过将各种不同的名牌产品收集起来放在网上商店里销售，从而使消费者更贴近制造商。

eBags 是通过与主要制造商建立紧密联系以及运营四条不同的产品营销线，即袋子、公文包、手提包和背包来开始着手的。公司试图生产上述这些种类的产品，使其能涵盖三个部分的市场（高端市场、中端市场和低端市场）。eBags 要强调将广泛的消费者分散群体紧密联系起来所产生的附加值，从而将其概念传达给制造商。此外，网上店面缩短了供应链，从而提供了大量节省库存成本的机会。eBags 对制造商推行直接出货的库存模式（见图 18-2）[①]，以作为使消费者接近制造商的条件。在这一模式下，库存管理是在制造商或分销商层面进行的。在担任消费者中介的过程中，eBags 将每天的订单提供给供货商，然后由这些供货商直接把货物运送给消费者。这一模式消除了 eBags 的存货跌价的风险，而这种由时尚而非功能来驱动的风险是市场上的重要考虑因素。

大多数产品是放在可装运的纸箱里出售的，所以直接出货模式对主要的箱包供应商来说并非具有特别多的偏差，并且相较于传统的零售模式而言，这种直接出货模式给了他们更多的、及时的客户反馈。对 eBags 而言，直接出货模式实际上几乎消除了库存的需要，从而降低了库存成本，使之低于传统零售商。此外，eBags 还可以比传统箱包零售商提供更广泛的"虚拟"分类，因为传统零售商要面对物理空间的限制和/或需要扩大昂贵的占地面积。

---

① *Looking Big*：*How Can On-line Retailers Carry So Many Products* 华尔街日报，2003 年 4 月 28 日。

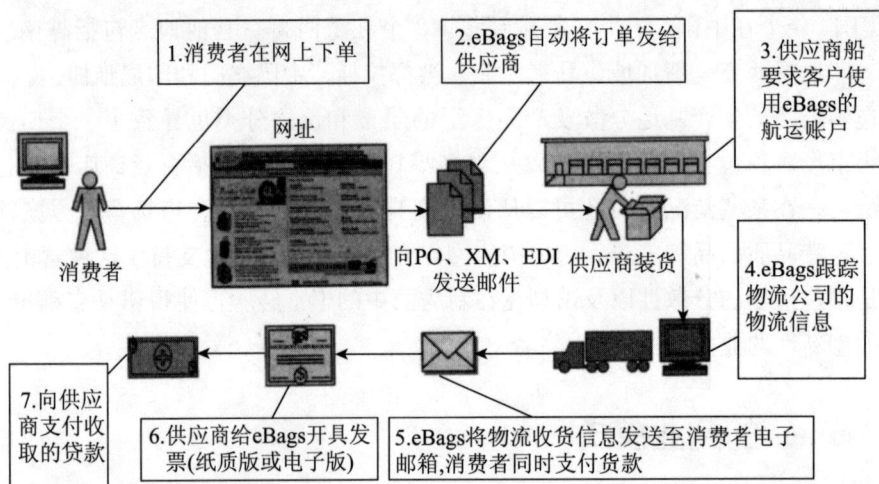

图 18－2　线上线下订单流程

为了有效地影响到所有潜在客户，eBags 建立了一个吸引人的网站店面，在需求和可用性的基础上来销售产品。对消费者来说，eBags 的主要卖点是它有能力将各种各样的产品集中到一个地方。在没有店面的情况下，消费者必须花费时间和金钱前往不同的专卖店和百货商店以寻找完美的产品。有了 eBags 的网站，消费者可以通过类型、品牌、生产线和价格来搜索。eBags 做出了一个慎重的决定，即不在价格上竞争，而宁愿选择在产品的广度、选择和便利等方面来竞争。因此，eBags 网站上的产品显示的是制造商建议的零售价（厂商建议零售价）。由于在一个如此分散的市场中货比三家的能力对消费者而言十分重要，所以在到达目标市场方面，eBags 网站被认为是成功的。

eBags 的挑战源于必须打破存在于制造商和零售商之间的传统价值链。百货商店和专卖店与网上销售系统产生了重大的冲突。在 1999 年，eBags 网站初次推出的时候，网络零售仅占市场销售额的 1％，但是基于亚马逊网站和易趣网的成功，迹象显而易见。零售商认为他们为制造商们提供了一致的需求和库存缓冲，而这些优势是 eBags 无法提供的。eBags 反对此种观点，它认为其商业模式以更快的速度为制造商们带来了更多的消费者，并且这些优势超过了库存成本的优势。eBags 的商业模式能及时地为制造商们提供网上市场数据，使他们能更好地估计需求量和处理库存。此外，eBags 认为这一商业模式使他们能广泛地关注产品推广和市场营销活动以提高销售水平。eBags 承担了维护网站、拍摄产品以及营销和推广产品与品牌的责任。

由于初始产品和品牌销售有了成功的经验，eBags 得以将其供应商网络从 10 个供应商扩大到 300 个供应商，同时将其产品线从 1000 个库存单位增加到超过 15000 个库存单位。为了提高知名度，eBags 设计了一个联盟计划，即鼓励非零售网站来推广 eBags。作为对联盟网站在其独立的网页上设置 eBags 链接的回报，对于由于消费者点击 eBags 的链接而促成的交易，该联盟网站每笔可获得高达 20％的佣金。这是对 eBags

网进行营销的一种低成本方法，并且该方法促进了先前尚未开发的细分市场上的商品销售。

随着供应商基地的扩展，eBags 发现有必要更好地服务于低端市场，注重这一部分市场的成本节省。网站反馈的信息表明客户正在寻找可靠并且成本低的通用旅游产品。对此，eBags 推出自己的私有品牌，该品牌是来源于亚洲低成本的制造商。通过这种方式，eBags 能够满足低端市场的需求，同时获得可观的利润。但随之而来的缺点是 eBags 必须为其自有品牌维持库存，因为直接出货模式在亚洲合同制造商中无法得到有效适用。

18.4　eBags 的运营模式

为了消除超过 8000 种不同的箱包物品和 15000 个独立库存单位所产生的高库存持有成本，eBags 采用了直接出货模式（见图 18 - 2），这占了 eBags 出货量的 85％。然而，在比传统零售商收入较低利润及无法控制制造商出船日期方面，该模式是得有失的。

随着自有品牌的发展，eBags 采用了传统的投机性库存模式。自有品牌占出货量的15％，在德克萨斯州的达拉斯，eBags 的仓库大约维持了 1000 个库存单位。为符合其有限库存持有成本战略，eBags 要尽力为其自有品牌维持两个月左右的库存销售水平，并且要在与直接出货的产品保持同样的时效性和准确性目标的同时，最小限度地减小生产运行。eBags 从许多低成本的亚洲制造商中为其自有品牌寻找全球采购制造商，并且实施严格的库存管理，从而得以满足有低成本意识的消费者，同时还能获得较好的利润。

数据管理对 eBags 的运营效率来说是至关重要的，并且公司通过维持高透明度从而建立了稳定的供应商关系。eBags 每天通过一个名为 eBags 合作伙伴的网络平台与供应商们交换数据。这种基于网络界面而进行的数据交换占了数据交换的 60％，而传统的文件传送协议和电子数据交换则占了剩余的 40％。eBags 合作伙伴网络允许供应商们对每个独立库存单位的库存状态进行实时更新，将它们标记为有库存、缺货或者是停产（见图 18 - 3）。反过来，这使得 eBags 能更有效地将产品线推销给消费者，确保消费者没有要求制造商们提供无法提供的货物。

eBags 将供应商记分卡系统纳入了 eBags 合作伙伴网络，使供应商们能跟踪关键指标，如产品销售、产品收益客户评级以及客户评价（见图 18 - 4）。供应商记分卡上的信息可以作为一个激励工具以使供应商们提高各运营因素的运营绩效，如后台订单率、交货时间和处理速度。eBags 为供应商们设定了严格的目标，并且努力实现维持 95％的准时交货率、99.995％的发货准确率、低于 1％的后台订单率及处理一个订单的时间少于两天的总体目标。供应商计分系统是一个相当有价值的工具，它使 eBags 维持与供应商之间的联系，而且在提高客户满意度和促使销售额强劲增长方面起到了积极的增强作用。

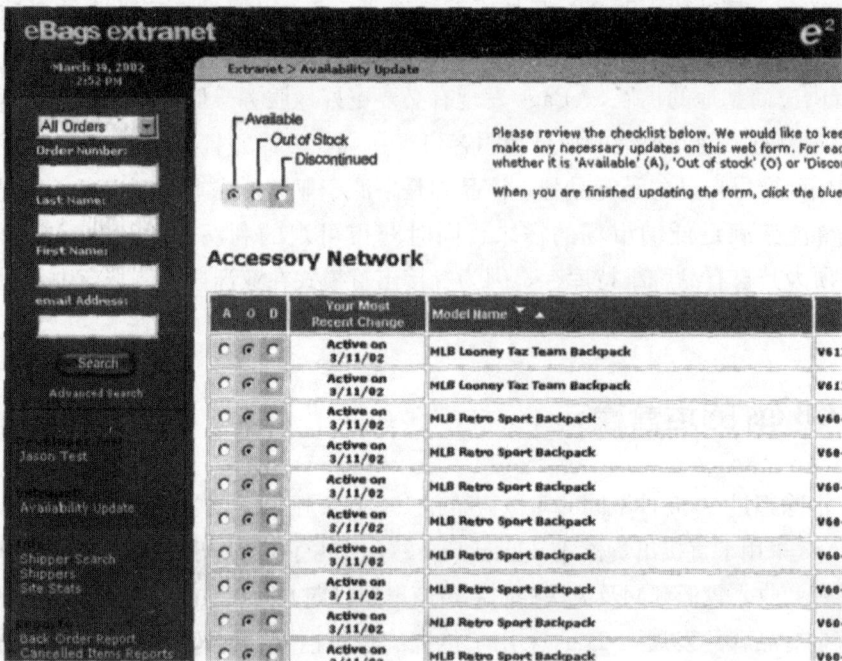

图 18-3 EPN 屏幕案例 库存更新

运输是通过美国邮政服务这一主要承运商来处理的。产品直接从制造商或 eBags 自己的仓库运送至消费者。eBags 和消费者可以通过美国邮政服务的在线系统跟踪产品的发货状态。eBags 得承担将货物运送至消费者而产生的运费以及任何未满足消费者期望的产品所产生的退货运费。它直接给消费者发送了一个预付的美国邮政服务运输标签，消费者只需根据其与独立供应商之间签订的协议将包裹邮寄回制造商或 eBags。

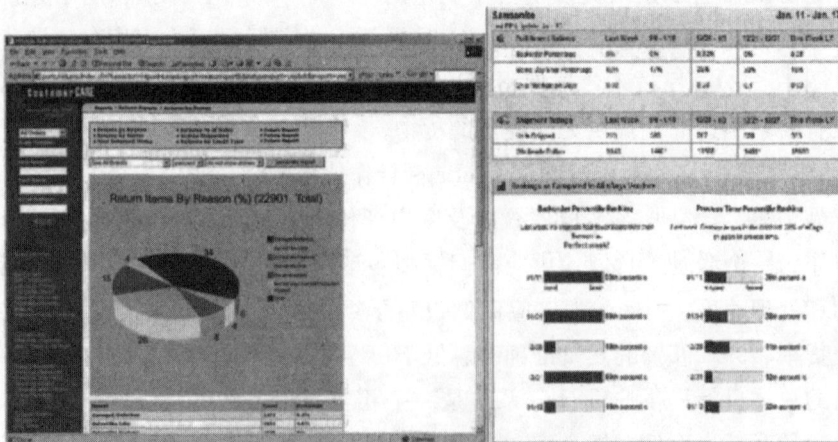

图 18-4 EPN 屏幕案例 供应商销售数据和供应商计分卡

退货政策是宽松的，但是与其他网络零售商一致。eBags 提供 30 天的免费退货宽限期。已售出的箱包的平均退货率为 6%～7%，这是一个相对较低的比例。由于消费者在购买前评估而后了解产品的能力，所以退货被认为是最基本的。尺寸、面料/材料、颜色和用途等这些决定性因素都很容易通过网站上的产品照片进行沟通交流。

18.5 鞋类行业[①]

在 2003 年，美国国内制鞋行业是一个 407 亿美元的市场，比目前 eBags 所服务的箱包和旅游用品市场大 3 倍。与箱包行业相比，制鞋行业是高度竞争和极度分散的。美国前 5 大鞋类制造商是耐克公司、琼斯服装集团、锐步国际有限公司、天伯伦公司和布朗鞋业公司，他们之中没有一个竞争者持有的市场份额超过了 8%。该行业的竞争性质导致了其分散性，因为鞋子是由性能、设计、产品质量、时尚意识、样式及最后一点——价格来加以区分的。随着将近 30% 的国内消费者展示出了对强劲品牌的忠诚，制造商们的当务之急是研发满足目标市场需求的一致和可靠的产品。

消费者市场被划分为了 3 个部分：女性市场（50.4%）、男性市场（40.3%）和儿童市场（9.3%）。个人鞋类消费占整个服装消费的 15%，其中女性消费比男性平均多出 80%。随着折扣零售商进入市场，鞋类的平均价格降低，100 美元以下的鞋占了美国鞋类市场销售总额的 36%。该市场同时还具有季节性，在返校、圣诞节和复活节期间会出现销售高峰。

分销管理主要是通过专卖店（占市场的 47%）、百货公司（20.6%）以及量贩店（16.7%）进行的。专卖店专注于特定类型的鞋类，例如：福乐克的运动鞋。专卖店通常小于量贩店，提供的品牌和样式也比量贩店少。与沃尔玛等折扣零售商不同的是量贩店只出售鞋类产品并且提供各种各样的款式，这是因为供应多个品牌使他们能够为消费者提供广泛的低价格产品。

在 21 世纪初，消费者对价格的敏感度显著增加，并且像国别、DSW 和帕尔斯鞋等量贩店增加了对低价格产品策略的关注，从而持续不断地把对价格敏感的消费者带入他们的销售渠道。因此，专卖店零售渠道在国内鞋类市场地位降低。eBags 希望能利用市场上对价格的灵敏度和电子商务的优势。

从许多方面来看，将产品延伸到鞋类对 eBags 来说似乎是非常符合逻辑的。凭借其在营销和市场销售方面的优势，eBags 非常自信，它可以通过给消费者提供一站式服务来开发同样分散的制鞋业。虽然制鞋业和箱包、旅游用品行业相比的确呈现出一些特殊的挑战，但是制鞋业产品的广度和消费者的行为都与箱包行业十分相似。鞋类必须先由消费者试穿才能使消费者对产品满意，而且网上购买行为也表明消费者通常会

---

① *Footwear in the USA*，http：//www.euromonitor.com/mrm/scripts（assessed 2004 年 6 月）。

同时购买多双鞋且完全打算退回那些尺寸不合适或其他无法满足他们期望的产品。

　　eBags 的另一大挑战源于它不得不提高消费者对它的认知水平。eBags 这个名字并不能暗示消费者在这个网站上还可以买到鞋。eBags 需要一种方法来克服这一障碍，无论是通过网站收购/合并、网络会员制营销计划，还是通过广告与市场推广。截至 2004年，市场上存在超过 36 个在线鞋类零售商。它们之中的每一个都被 eBags 视为潜在的收购/合并对象。网络会员制营销计划可以通过 eBags 与其他非零售网站之间签订协议来构成。eBags 在自己的网站上做推广的过程中，对于由消费者浏览联盟网站而促成的每一笔交易，这些联盟会员都可以得到一笔佣金。

　　潜在的合并候选商 Shoedini 所作的比较中强调了制鞋业和 eBags 目前的产品链之间存在许多差异（见下表）。如果能在鞋类市场上取得成功，那么 eBags 就能看到将来把产品延伸到服装和礼服市场，从而成为最大的网上零售市场的潜力。

数据的分类比较

产品分类	购买率	退货成本	模型计数	最小库货量	平均销售价格（美元）	平均毛利率（%）	产品生命周期	产品回报率（%）
背包	1.08	15.1	621	1486	53	46	2 years	7
商务	1.05	12.3	330	557	55.00	49	5 years	6
商务附件	1.06	20.2	383	873	25.00	48	4 years	6
手提包	1.23	12.9	1913	4571	55.00	52	3 months	10
皮箱	1.14	10.8	832	1818	90.00	47	6 years	6
鞋	1.16	9.87	3123	92218	68.00	48	3～6months	25

18.6　欧洲市场

　　欧洲箱包市场被认为是和 eBags 目前所面临的国内市场一样高度的分散。大多数欧洲箱包零售商是小型家族式经营的商店，营业时间有限，并且提供的多样化产品线更少。随着国际游客的增加，这些零售商们根本无法充分满足其顾客的需要。消费者们正在寻找更广泛的选择和更广阔多样的款式与性能。同时，更为重要的是，那些在同一个国家的人对从邻国来的人有不同的侧重点。例如，德国消费者十分重视功能性；而法国和意大利消费者很在意风格、颜色和季节性；英国消费者在选择箱包的时候则追求各方面平衡，他们更喜欢功能、价值和质量兼具的产品。

　　发展欧洲箱包市场的一个关键性刺激因素是截至 2002 年，欧洲在互联网使用上所达到的高水平。估计在欧洲各地有 1.9 亿互联网使用者，而在美国，互联网使用者的数量则超过了 1.65 亿。此外，在欧洲的前 12 个国家中互联网的普及率（能够上网的人口比率）平均接近 50％（见图 18-5）。并且最终，从 1997 年开始，这两个最大地区（德国和英国）的互联网零售水平已经大幅上升，于 2002 年达到 19.4 亿美元的总销售额（见图 18-6）。eBags 估计到 2004 年，可到达的欧洲市场能够扩大至 170 亿美元，年度欧洲电子商务市场增长 33％的计划支持了 eBags 之前的预测[①]。最近在欧洲市场取得成功的在线零售商亚马逊网和易趣网都为 eBags 提供了鼓励。

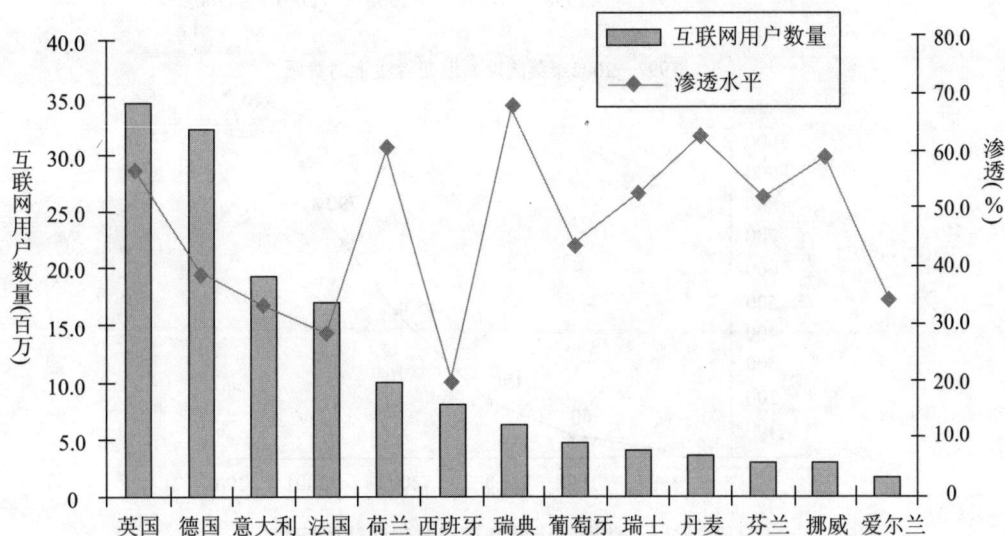

图 18-5　欧洲互联网使用情况

eBags 意图占领欧洲市场空间中存在的一片重大空白领域。欧洲供应商尚未与在线零售商建立重要联系，eBags 可以利用这个机会来巩固其分销渠道，降低行业分散性。在欧洲市场上为消费者建立一站式购物体验能够使 eBags 在欧洲市场上取得与它在美国市场上所取得的同样水平的成功。

然而，要将 eBags 的商业模式应用到海外是存在很多挑战的：与包装和标签相关的语言障碍、运输需求、品牌意识、EPN 接口的维护以及网页管理。

---

① *On-line Retailers Look Overseas*，纽约时报，2005 年 1 月 10 日。

1997—2002年德国网站上消费者消费额

1997—2002年英国网站消费者线上消费额

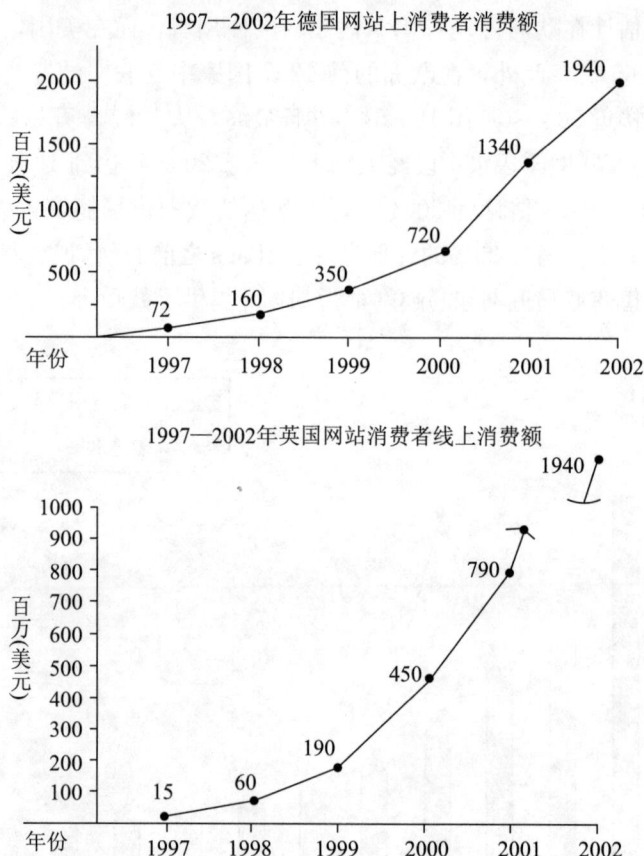

图 18-6　欧洲线上消费额—英国和德国网站

18.7　我们要从这里去哪里

　　乔恩·诺马克靠在椅子上考虑他所面临的决定。eBags 所享有的成功源于创新的思维与积极进取的管理，这种创新和管理创造了一个独特的机会来整合分散的箱包市场。现在很明显，eBags 需要制订一种策略将其成功延伸到将来。

　　eBags 是否应当考虑将产品延伸到鞋类，并希望进一步扩展到网上服装零售市场呢？该公司是否应该考虑将业务扩展到欧洲呢？如果答案是肯定的，那么它该进入什么样的欧洲市场，并且延伸到鞋类产品的这一计划是否也要引入欧洲市场呢？每一个选择都有其一系列独特的优势和挑战。

　　显然，网上零售业在未来是呈上升趋势的。消费者们正在享受在线市场在便利性、多样性、速度及个性化裁剪等方面所带给他们的购物体验。这种现象已经蔓延到除箱包行业之外的所有分散性零售市场中。eBags 得以利用其优势并且从电子商务的不断增长中赢利的最好方法是什么呢？